Are Kalvø

FREI.
LUFT.
HÖLLE.

**Mein Selbstversuch,
den Outdoor-Wahnsinn
lieben zu lernen**

Aus dem Norwegischen von Wolfgang Butt

© 2018 Kagge Forlag AS
Die norwegische Originalausgabe ist unter dem Titel
»Hyttebok frå helvete« bei Kagge Forlag AS erschienen.

Dieses Buchprojekt wurde vermittelt durch
Stilton Literary Agency, Oslo, und Arrowsmith, Hamburg.

Der Verlag dankt NORLA – Norwegian Literature Abroad – für die Förderung der Übersetzung.

1. Auflage 2019
© 2019 für die deutsche Ausgabe: DuMont Reiseverlag, Ostfildern
Alle Rechte vorbehalten
Übersetzung: Wolfgang Butt
Lektorat: Sylvia Kall
Gestaltung: Birgit Kohlhaas
Zeichnungen Bildteil: Linda Blaasvær
Fotos Umschlag: Elisabeth Reiersen (Buchrückseite), John Andresen (Klappe hinten)
Fotos Innenteil: mauritius/Tetra images/Alamy (S. 166, oben), mauritius images / Photononstop 2190 / Pascal Deloche (S. 166, unten), alle anderen Bilder: Are Kalvø
Printed in Spain
ISBN 978-3-7701-6689-3

Anmerkung des Übersetzers
Norwegische Hüttennamen sind selten so klar und eindeutig übersetzbar wie im Fall Myggheim = Mückenheim. Ihre Entstehung ist oft nur auf sprachwissenschaftlich verschlungenen Wegen nachvollziehbar. Die hier in Klammern hinter dem norwegischen Namen angegebenen Übersetzungen sind daher teils nur assoziative Annäherungen.

www.dumontreise.de

Ich habe in den letzten Jahren viele Freunde an die Natur verloren. Lustige Leute, die früher mit in die Kneipe gegangen sind. Jetzt stehen sie früh auf, fotografieren eine Skispur, posten das Bild und schreiben dazu: »Super Tag im Freien.« Das ist das Beste, was sie jetzt hinkriegen.

INHALT

01 Daran liegt es nicht 10
02 Dinge, die ich nicht verstehe 29
03 Indoorberge und Popcorn fürs Lagerfeuer 46

ERSTER VERSUCH:
NACH JOTUNHEIMEN, UM BEKEHRT ZU WERDEN 63

04 Die letzte Nacht in Freiheit 64
05 Aus der Stadt in den Wald, Stunde um Stunde 76
06 Abschied von der Logistik 99
07 Gemeinsames Abendessen in Unterwäsche 104
08 Dem Gipfel entgegen 116
09 Kollektive Bewältigung in Unterwäsche 145
10 Hör auf unerfahrene Bergwanderer, Teil 1................................ 159

ÜBER DIÄTBIER UND OUTDOORLABSKAUS 185

11 Die Rückkehr des Frohen Wandersmanns 186
12 Hör auf unerfahrene Bergwanderer, Teil 2 204
13 Dem Licht entgegen! 205
14 Welches Fazit ziehst du? 212

ERSTER VERSUCH:
NACH JOTUNHEIMEN, UM BEKEHRT ZU WERDEN –
DAS ERGEBNIS 214

FÜNF MONATE SPÄTER 217

15 Ich gehe in mich, und ich gehe in die Stadt 218

**ZWEITER VERSUCH:
ZUR HARDANGERVIDDA, UM LEUTE ZU TREFFEN** 239

16 Proppenvoll und lebensgefährlich 240
17 Die Kunst, einen Japaner zu vergessen 257
18 Wohin altes Essen geht, um zu sterben 268
19 Schnaps und Zigarillos 284
20 Eingebildete Wildnis 303
21 Mensch oder Maus? 320

FJELLSPRACHE – DIE WICHTIGSTEN BEGRIFFE 335

22 Hör auf unerfahrene Bergwanderer, Teil 3 336
23 Weiße, die über Blasen reden 337

EIN JAHR SPÄTER 348

Einer von diesen Tagen 350
Und wo ist die Studie, die das belegt? 352

In einer kürzlich durchgeführten Umfrage erklärten fast achtzig Prozent meiner Landsleute, in den vergangenen zwölf Monaten mindestens eine Wanderung im Fjell oder im Wald gemacht zu haben.

Ich habe in den letzten dreißig Jahren keine einzige Wanderung unternommen, weder in den Bergen noch im Wald.

Das bringt mich an den Punkt, an dem ich mich fragen muss: Kann es sein, dass mit mir etwas nicht stimmt?

01

DARAN LIEGT ES NICHT

**Meine Jugend ist voll von Natur, Erde,
Tieren, Tradition, selbst gepflücktem Obst und Beeren.
Und Bergen. Vielen Bergen. Sehr vielen Bergen.**

Dort, wo ich aufgewachsen bin, gibt es eine Stabburtreppe. Eine schiefe Steintreppe, die aussieht, als hätte es sie dort schon immer gegeben. Die Vorratsspeichertür, zu der sie führt, ist schwer und schief, sie lässt sich nur mit Mühe öffnen und muss mit einem rostigen Schlüssel von der Größe eines wohlgenährten Babys aufgeschlossen werden. Der Vorratsspeicher ist voll von dem, wovon Speicher voll sind: Sachen, die du nicht wegwirfst. Und wenn du auf einem Bauernhof lebst, dann wirfst du nichts weg. Denn da hast du so viel Platz, dass du nie gezwungen bist, etwas wegzuwerfen. In diesem Speicher findest du Küchengeräte und landwirtschaftliche Maschinen, die einmal eine Funktion hatten, jetzt aber nur noch gefährlich aussehen. Du findest altertümliche Dinge mit ebensolchen Namen. Tröge. Spinnräder. Holztruhen. Butterfässer, Tretschlitten. Sitzpolster. Alte Illustrierte. Comics. Ein Puppenhaus, das unheimlich aussieht, wie Puppenhäuser es so an sich haben. Meine alten Maxisingles aus den Achtzigerjahren mit unnötig langen Versionen von mäßig großen Hits englischer Musiker mit toupierten Haaren. Elektronik, die nur Staub ansammelt, bis sie eines Tages auf einmal wieder in Mode kommt. Hier fand ich kürzlich ein vierzig Jahre altes Radio, das ich mit nach Hause nahm und das jetzt im Wohnzimmer als Verstärker dient. Absolut jeder meiner Gäste bewundert dieses Radio.

So ist es auch mit der Stabburtreppe. Sie sieht dermaßen nach einem romantischen Hofklischee aus – alt, von Hand gemauert und schief –, dass Menschen, die zu Besuch kommen, gar nicht anders können, als sie zu bemerken und Fotos zu machen.

Ja, es ist wahr. An so einem Ort bin ich aufgewachsen. Mit Stabbur und Ställen und Trögen und Spinnrädern und anderen Dingen mit altertümlichen Namen. Dingen, die vererbt werden. Eine Scheune. Ein Wald. Viel Wald. Ein Baumhaus. Ein Fluss, der unablässig ziemlichen Lärm macht, den ich erst wahrnahm, als ich weggezogen war und wieder zurückkam. Ein weißes Holzhaus. Ein Schlafzimmer mit Aussicht auf einen Fjord. Und Tiere. Kühe, Hühner, Schweine. Ein Hund, der eines Tages einfach auftauchte und nie mehr wegging. Und immer eine Katze.

Also daran liegt es nicht. Meine Jugend ist voll von Natur, Erde, Tieren, Tradition, selbst gepflücktem Obst und Beeren. Und Bergen. Vielen Bergen.

Sehr vielen Bergen.

Von der Stabburtreppe blickst du über die Felder und Wiesen des Hofs. Und dahinter: Berge. Fährst du vom Hof vier Minuten in die eine oder andere Richtung, stößt du auf Berge. Dramatische Berge, Berge, die Touristenattraktionen sind. Menschen reisen um den halben Erdball, um sie zu fotografieren. Und Berge mit Skiwanderterrain und Abfahrtspisten. Hier sind norwegische Meisterschaften durchgeführt worden. Hier haben Weltcuprennen stattgefunden. Einer von drei Reklamefilmen, die echt norwegisch aussehen sollen, wird hier gedreht. Zwei von drei Reklamefilmen, die echt norwegisch aussehen sollen, werden in Neuseeland gedreht. Das ist billiger.

Und ich habe meine Touren absolviert. Ich bin in den Bergen gewesen. Ich habe Ski an den Füßen gehabt. Langlaufski und Abfahrtski. Dort, wo ich aufgewachsen bin, war das die Wochenendbeschäftigung, falls man nicht eine total überzeugende Entschuldigung hatte.

Es liegt also nicht daran, dass ich nicht an Freiluftleben und Touren und Skifahren gewöhnt wäre. Wenn in meiner Jugend in der Schule Skitag war, fand er oft *bei uns zu Hause* statt. Ehrlich. Unser Hof lag nicht weit von der Schule, und wir hatten viel Platz. Also fuhren die Schulklassen bei uns zu Hause Ski. Und veranstalteten bei uns zu Hause Skispringen. Denn es gab einen Hügel dort, einen perfekten Sprunghügel. Du siehst: Ich bin mit Skiloipen und Sprunghügel *zu Hause* groß geworden.

Daran liegt es nicht.

1983 – und noch heute kann niemand erklären, wie es dazu kam – war die Fußballmannschaft meines Heimatortes die Sensation des Jahres. Der Verein heißt Stranda, wie der Ort. Stranda spielte in der vierten Liga und schaffte es bis in die dritte Runde des norwegischen Pokals, was höchst ungewöhnlich ist. Auf dem Weg dahin schlug Stranda eine Drittligamannschaft, und – weit wichtiger – die Zweitligamannschaft aus Ålesund, der einzigen Stadt des Distrikts, eine Mannschaft, die Ambitionen hatte, in die erste Liga aufzusteigen, und sich natürlich den Bauern vom Lande in so gut wie allen Lebensbereichen überlegen fühlte. Stranda hatte ungefähr dreitausend Einwohner, Ålesund fünfundzwanzigtausend. Stranda schaltete sie aus. In der dritten Runde sollte Stranda auf die damals beste Fußballmannschaft Norwegens treffen, Vålerenga. Und das sage ich nicht einfach so. Vålerenga gewann in jenem und im Jahr danach die norwegische Meisterschaft. Vålerenga kam aus Oslo. Oslo hatte damals weit über eine halbe Millionen Einwohner.

Das Spiel wurde in Norwegens größten Zeitungen vorab kommentiert, und da waren Strandas beste Spieler zusammen mit dem Lehnsmann und dem Pastor abgebildet, um zu zeigen, dass hier in der Gegend alle zusammenhielten, und Stars von Vålerenga wurden interviewt und sagten Sachen wie: »Stranda? Wo ist das überhaupt?«

Es ist also nicht so, dass ich aus der Großstadt käme und daran gewöhnt wäre, dass die ganze Zeit etwas los ist.

Daran liegt es nicht.

Aber wenn einmal etwas los war, dann konnte man auf uns zählen. Beim Spiel zwischen Stranda und Vålerenga sollen viertausend Zuschauer gewesen sein.

Viertausend! In einem Ort mit dreitausend Einwohnern. Das bedeutet hundertdreißig Prozent Anwesenheit. Es entspricht einer Publikumszahl von fast neunhunderttausend in Oslo, fünf Millionen in Berlin oder elfeinhalb Millionen in London.

Es kamen Leute aus der Hauptstadt, um das Spiel zu sehen. Und es kamen Leute aus Ålesund, um dabei zu sein, wenn Stranda von Norwegens bester Mannschaft gedemütigt würde. Einer von ihnen war ein Freund meines Vaters mit über den kahlen Schädel frisiertem Seitenhaar. Er wurde »der King« genannt. Frag mich nicht, warum. Alle in Ålesund werden so genannt. Der King war zu Besuch auf unserem Hof. Die Stabburtreppe ist ihm ganz bestimmt aufgefallen. Und er blieb stehen und blickte über Felder und Wiesen. Als der King in die Stadt zurückkam und die Freunde ihn fragten, wie es in Stranda gewesen sei, soll er geantwortet haben: »Es ist eine enorm weitläufige Landschaft.«

Es ist also nicht so, dass ich es gewöhnt wäre, von massenhaft Menschen und massenhaft Geräuschen und massenhaft Action umgeben zu sein. Ich bin an viel Platz gewöhnt. Enorme Weiten. Stille. Eine Stabburtreppe. An einen Ort, wo so wenig passierte, dass, wenn ausnahmsweise einmal etwas los war, hundertdreißig Prozent der Einwohner zur Stelle waren.

Also das ist es nicht.

Und es liegt auch nicht daran, dass ich etwas gegen sportliche Betätigung hätte. Ich war fast mein gesamtes Leben ein vielversprechender Fußballer. Ich habe tatsächlich mit mehreren der Jungs, die 1983 gegen die beste Mannschaft Norwegens eine ehrenhafte 0:2-Niederlage herausholten, in einer Mannschaft gespielt. Ich war aktiver Langläufer. Nicht besonders aktiv, aber aktiv. Ich habe verschiedene super zweite Plätze errungen und einen Pokal, der

das beweist. Einen ziemlich kleinen Pokal allerdings. Du wirst es nicht glauben, wie klein dieser Pokal ist. Schnapsgläser kennst du? Ungefähr halb so groß. Aber ich habe den Pokal irgendwo. Im Stabbur wahrscheinlich.

Und es liegt auch nicht daran, dass ich nicht gern gehe. Im Gegenteil. Gehen ist eine meiner Lieblingsbeschäftigungen. Ich gehe jeden Tag, und ich gehe weit. Also daran liegt es nicht.

Aber meine Art zu gehen ist nicht die richtige. Am liebsten gehe ich dort, wo Menschen sind. Gern auch Kellner. Ich mag es, in Stadtzentren durch die Straßen zu laufen. Einfach umherzuflanieren, ohne ein bestimmtes Ziel. Da, wo ich herkomme, taten das nicht besonders viele. Da machtest du in der Sekunde, in der du achtzehn wurdest, den Führerschein, und von dem Tag an hast du das Auto nach Möglichkeit nicht mehr verlassen. Wenn man in meinem Heimatort einen Erwachsenen durchs Zentrum gehen sah, fragten sich alle: Jesses, musste er den Führerschein abgeben?

Oder sie dachten: Gibt es an der Schule etwa einen neuen Lehrer?

Man ging im Zentrum nicht zu Fuß.

Sich in ein Auto setzen, vier Minuten zum Fuß eines Berges fahren, auf den Berg steigen und wieder herunterkommen, sich in das Auto setzen und nach Hause fahren? Völlig normal. Ohne bestimmte Absicht im Zentrum umherflanieren? Dorforiginal.

Aber ich habe es ja in mir. Zu gehen, weit zu gehen.

Das ist es also auch nicht.

Das erste Mal, als jemand, der mich sehr gut kennt, auf unserem Hof zu Besuch war, fiel ihr – wie allen anderen – die Treppe auf. Sie betrachtete sie und sagte zu mir: »Da hast du gesessen und dich umgeschaut und gedacht: Hier will ich nicht bleiben.«

Das ist es.

Denn genau das dachte ich, als ich in meiner Jugend auf dieser Treppe saß. Und ich saß ziemlich oft da. Ich war so ein Typ, fürchte ich. Einer, der dasitzt und in die Gegend guckt und versucht, tiefsinnig auszusehen. Aber ich dachte nicht an die Natur. Dachte nie, wie schön alles ist. Wie dankbar man sein sollte, wenn man so leben kann, aktiv und im Einklang mit der Natur.

Nein. Ich dachte: Hier will ich nicht bleiben.

Natürlich dachte ich nicht *nur* das. Ich war nicht krank. Ich war ein empfindsamer junger Mann. Ich dachte auch großes, pompöses Zeug, das verrate ich jedoch nicht, egal, wie sehr du nachbohrst, also vergiss es einfach, okay?

Aber ich dachte auch das: dass ich dort nicht bleiben wollte. Obwohl es mir dort in jeder erdenklichen Hinsicht gut ging.

Es ist ja auch nicht gerade ein origineller Gedanke. Darüber bin ich mir völlig im Klaren. Alle, die aus kleinen Orten kommen und später aufs Bücherschreiben verfallen, erzählen die gleiche Geschichte, wie sie sich weggesehnt haben. Es ist so was von unoriginell. Und den meisten meiner Jugendfreunde, die weggezogen sind, ist es auch so gegangen.

Wir zogen in Städte. Wir studierten. Wir gingen in die Kneipe. Bis tief in die Nacht diskutierten wir über Dinge, von denen wir wenig verstanden. Wir sogen Kultur in uns auf, die wir eigentlich nicht mochten. Wir gingen durch Straßen im Zentrum. Wir bekamen neue Freunde, neue Geschmäcker und neue Runden Bier. Kurz: Wir lebten drauflos. Ich dachte – und denke es immer noch –, dass das Beste, was das Leben mir zu bieten hat, mit Menschen zu tun hat, gern vielen Menschen, und viel Trubel. Und dass es schlicht und einfach undankbar ist, im Zelt zu wohnen, wenn jemand sich die Mühe gemacht hat, so etwas wie Wände und Decken und Hotelbars zu erfinden. Wir zogen in die Stadt. Wir benutzten die Stadt, liebten die Stadt und blickten nicht zurück. Und wir waren viele.

Aber es gibt da ein Problem: Den meisten geht es ja nicht ein Leben lang so. So was ist nicht von Dauer. Das ist der Punkt. Wenn

du das Studium hinter dir hast, oder was nun deine Entschuldigung dafür war, in die Stadt zu ziehen. Wenn du erwachsen wirst, dich niederlässt, das Tempo drosselst. Dann geschieht etwas. Dann ändern sich deine Werte. Plötzlich kommst du darauf, dass du eigentlich die Natur liebst.

Beinahe allen, die ich kenne, ist es so gegangen. Nur mir nicht.

Ich habe in den letzten Jahren so viele Freunde an die Natur verloren. Gute Leute. Patente Leute. Lustige Leute, die früher gern mit in die Kneipe gegangen sind, um Stuss zu reden. Was machen sie jetzt? Sie stehen früh auf, fotografieren eine Skispur, posten das Bild auf Facebook und Instagram und schreiben dazu: »Super Tag im Freien.«

Leute, die ich früher als gute Freunde betrachtet habe. Und als geistreich.

»Super Tag im Freien.« Das ist das Beste, was sie jetzt hinkriegen.

Vielen geht es an einem bestimmten Punkt im Leben so: Du fängst an, den Humor zu verlieren. Und die Haare. Oft passiert es gleichzeitig. Ich befürchte inzwischen, dass der Humor womöglich in den Haaren sitzt.

Du verlierst den Humor und die Haare und entdeckst das Bergwandern für dich. All dies geschieht gleichzeitig, wenn du den Punkt im Leben erreicht hast, wo die Türsteher schon lange aufgehört haben, dich nach deinem Ausweis zu fragen, sondern sich stattdessen erkundigen, ob du ganz sicher bist, dass dies der richtige Ort für dich ist.

In diesem Alter treten verschiedene Veränderungen ein.

Du fängst an, Sport zu treiben. In der Hoffnung, auch ohne Haare und Humor noch so gut wie möglich auszusehen. Und natürlich weiß ich, dass manche Leute sagen, sie trieben nicht Sport, um gut auszusehen, sondern weil der Sport als solcher ihnen eine Befriedigung verschaffe. Okay. Aber wenn der Sport keine Konsequenzen hätte, seien es gesundheitliche oder ästhetische, dann würden wir uns ja gar nicht die Mühe machen. Es ist noch nie vorgekommen, dass ein Arzt zu einem Patienten gesagt hat: »Du hast noch einen Monat zu leben«, und der Patient geantwortet hätte: »Dann fange ich an, Sport zu treiben! Dafür werde ich meine letzten vier Wochen nutzen. Ich werde meine letzten vier Wochen auf dieser Welt in Lycrazeug verbringen, in einem grell erleuchteten Fitnesscenter, gemeinsam mit anderen Menschen in Lycra, die ich nicht kenne und die nach Schweiß riechen, und wir werden starr vor uns hinschauen und Musik hören, die nicht zu laut sein sollte, während wir auf Fahrrädern strampeln, die sich nicht vom Fleck bewegen.«

Du hörst nicht unbedingt auf, auszugehen, wenn du dieses Alter erreichst, aber du bevorzugst zunehmend Orte, wo es nicht so viel Lärm gibt. Und keine Türsteher. Oder Menschen. Denn neuerdings legst du Wert darauf, deine Freunde zu treffen, um dich mit ihnen zu unterhalten. Über unvorstellbar langweilige Dinge. Denn das gehört dazu. Wenn wir in diesem Alter ausweichend auf die Frage der Liebsten antworten, was wir eigentlich auf der letzten Männertour gemacht haben, dann nicht, weil wir irgendwas Unsägliches gemacht hätten oder uns nicht daran erinnerten, sondern weil wir nicht gern zugeben, dass wir drei Tage in London im Pub gesessen und über das Abfeiern von Überstunden geredet haben.

Oder schlimmer noch, über Sport. Oder die Natur.

Denn es rennen nicht nur plötzlich alle in die Natur. Sie hören auch nicht auf, darüber zu reden. Und sie reden darüber ohne den geringsten Humor. Leute, die früher geistreich und quicklebendig waren, geben jetzt allen Ernstes Sätze von sich wie:

»*Die Stille im Gebirge ist mit nichts anderem vergleichbar.*«

Doch. Sie ist mit jeder anderen Stille vergleichbar. Abgesehen davon, dass es bestimmt nicht völlig still ist, wenn es im Gebirge still ist. Insofern gleicht die Stille im Gebirge wahrscheinlich dem Wind. Oder dem Regen. Oder dem Gesurre von Mücken.

»*Wenn du früh aufbrichst, hast du die ganze Natur für dich allein.*«

Na gut. Aber ist das nicht ein bisschen egoistisch?

»*Das Gebirge erfüllt mich mit einer ganz eigenen Ruhe.*«
Wie schön für dich. Und warum erzählst du mir das?
»*Nur in der Begegnung mit der Natur verstehst du, wie klein du bist.*«
Also wenn du nur in der Begegnung mit der Natur verstehst, wie klein du bist, hast du ganz einfach ein übersteigertes Selbstbild. Wenn du dir bewusst machen willst, wie unbedeutend deine Probleme sind, dann denk an Aleppo. Nicht an Jotunheimen.
»*Ich habe angefangen, Berggipfel zu sammeln. Dinge habe ich genug.*«
Wir wissen beide ganz genau, dass du deshalb nicht aufgehört hast, Dinge zu sammeln. Du hast dir gerade für siebentausend Kronen eine Saftpresse gekauft. Berggipfel sammelst du *zusätzlich*.
»*Dieses Jahr wandern wir in den Ferien von Hütte zu Hütte ...*«
Das sind keine Ferien. In den Bergen von Hütte zu Hütte zu wandern, ist bestenfalls eine Karikatur von Ferien, die ausschließlich die zwei langweiligsten Ferientätigkeiten beinhaltet: Packen und Schleppen.

Aber das machen die Leute. Von Hütte zu Hütte wandern, tagelang, während mit dem Schweiß der Humor von ihnen abtropft. Sie besuchen Hütten, die Pyttbua (Pfützenbude), Krækkja (Krähenbeereneck), Tjennhuken (Teichwinkel) und Gaukhei (Kuckuckshalde) heißen. Und diese Namen habe ich mir nicht ausgedacht. Es sind tatsächlich Namen von Hütten in der norwegischen Bergwelt. Und dahin fahren Leute in Urlaub. Ganz im Ernst. Fokstugu (Schneegestöberhütte), Styggemannshytta (Teufelshütte), Myggheim (Mückenheim).
Mückenheim!!

Wie weit hat das eigentlich schon um sich gegriffen? Wie viele Freunde bleiben mir überhaupt noch, die nicht die Natur sozialen Kontakten mit Geblödel und Gelächter vorziehen? Kürzlich nahm ich mir vor, systematisch vorzugehen. Ich suchte alle in den sozialen Medien. Alte Klassenkameraden, Studienfreunde, ehemalige Lehrer und Dozenten, Kollegen und Chefs. Sie leben sehr unterschiedlich. Sie wohnen im Norden und im Süden, im Osten und im Westen. Sie sind homosexuell oder heterosexuell. Sie sind Singles, fest liiert, verheiratet oder irgendwas dazwischen. Sie haben keine Kinder, zwei Kinder oder fünf, mit zwei, drei oder vier Frauen. Sie sind Architekten, Ingenieure, Handwerker, Fabrikarbeiter, Schriftsteller oder Lehrer, sie sind Kioskbetreiber oder verkaufen Möbel.

Aber alle, und da meine ich alle, posten Bilder von Bergen.

Vielleicht stehen sie auch auf dem Berg. Womöglich mit nacktem Oberkörper. Einer von ihnen sogar mit nacktem Unterkörper. Darüber will ich lieber nicht sprechen. Vielleicht stehen sie vor dem Berg. Vielleicht haben sie ihn auch nur fotografiert. Aber alle, absolut alle, haben mindestens ein Bild von einem Berg.

Ich kenne niemanden, der keine Bilder von Bergen auf Facebook postet.

Wann ist das passiert? Hat es eine Versammlung gegeben, zu der ich nicht eingeladen war? Wer hat mir meine Freunde genommen und sie in eine Bande selig lächelnder Freiluftjünger verwandelt? Die sich mit hochgestrecktem Daumen und albernen Mützen im Freien ablichten lassen? Und die auch noch so aussehen, als hätten sie Spaß daran?

Ich kenne Singles, die darüber klagen, dass sie den Kontakt zu alten Freunden verlieren, wenn diese sich verlieben. Dafür habe ich ein gewisses Verständnis. Aber sie verlieren ihre Freunde zumindest an das Größte auf der Welt: die Liebe. Ich verliere meine Freunde an Steine.

Richtig düster sieht es aber für die Singles unter meinen Freunden aus. Mehrere von ihnen verwenden Apps, um jemanden kennenzulernen. Dabei mag die Auswahl auf den ersten Blick überwältigend wirken, aber wenn du alle abziehst, die offensichtlich völlig abgedreht sind, und dann all jene, die ein Bild von sich selbst auf einem Berg gepostet haben, dann bleiben nur noch drei übrig. Im ganzen Land. Und wahrscheinlich hattest du mit allen dreien schon mal was.

Ich habe mich immer mehr auf die Statistik verlassen als auf mich selbst. Also habe ich es überprüft: Es ist nicht nur mein Gefühl, und es gilt nicht nur für meine Freunde. Es gilt auch nicht nur für Menschen in meinem Alter, dem Todesangstalter zwischen vierzig und fünfzig. Weiter hinten im Buch folgen detailliertere und ziemlich beunruhigende statistische Informationen, aber so viel sei jetzt schon gesagt: Man kann zweifellos feststellen, dass Freiluftaktivitäten zu meinen Lebzeiten explosionsartig zugenommen haben. Und sie breiten sich weiter aus. Jugendliche wandern in die Berge, und das freiwillig. Rentner laufen durch Wald und Feld. Alle zieht es in die Natur. Und während ich dies schreibe, nähern wir uns hierzulande den Herbstferien – denn die haben wir natürlich –, und ich mache eine Pause und schaue mich ein wenig in Online-Zeitungen um. Dort lese ich von einer ganz aktuellen Untersuchung, die zu dem Ergebnis kommt, dass sieben von zehn Befragten in den Herbstferien raus in die Natur wollen. Und das ist der Durchschnitt. In meiner Altersgruppe, bei den Vierzig- bis Neunundfünfzigjährigen, liegt die Zahl noch höher.

Es kommt mir vor, als wäre ich eine Zeit lang verreist gewesen und in ein Land mit kollektiver Midlife-Crisis zurückgekehrt. Aber nicht so eine wilde und gefährliche Midlife-Crisis, über die Filme gedreht werden, mit wüsten Festen, plötzlichem Aufbruch und maßlosem Umgang mit Rauschmitteln. Keine von jenen Krisen, wo du aufwachst und dir fehlen vier Schneidezähne und du befindest dich in einer Stadt, ohne dich erinnern zu können, wie du überhaupt dorthin gekommen bist. Nein, hier reden wir von einer extrem vernünftigen und gesunden Midlife-Crisis, die von den Gesundheitsbehörden engagiert gefördert wird.

Als hätte die Vernunft gesiegt. Und du siehst es überall.

Junge Popstars, bei denen du dich früher darauf verlassen konntest, dass sie, wenn es darauf ankam, in Interviews vorhersehbar unverantwortliche und provozierende Sachen sagten, geben heute ebenso vorhersehbar verantwortliche und unprovozierende Sachen von sich. Vorbilder? Mama und Papa. Freizeitinteressen? Sport.

Selbst das Reality-TV wandelt auf vernünftigen Wegen. Vor zwanzig Jahren galt es als Inbegriff moralischer Auflösung. Anfangs ging es beim Reality-TV darum, in einem Monat so viel zu trinken wie möglich und so viel Sex zu haben wie möglich. Jetzt geht es im Reality-TV und in Dokusoaps mehr und mehr darum, aufs Land zu ziehen, zu leben wie in alten Zeiten und Aufgaben gemeinschaftlich zu lösen. Norwegens ältestes Realityformat, das auch in viele andere Länder verkauft worden ist, ist natürlich ein Wettbewerb in ...?

Genau. Wandern. In der Natur.

Sie sind überall. Vernünftige Menschen mit vernünftiger Kleidung. Gesunde Menschen, die Fotos von Bergen machen. Menschen, die ohne eine Spur von Humor sagen: »Gute Schuhe sind das A und O.«

Wenn du kein Psychopath bist, kommst du am Ende ins Grübeln. Liegt das Problem vielleicht doch bei mir? Warum fühle ich nicht diesen Zug zur Natur wie alle anderen? Warum sehne ich mich nicht nach dieser Stille, die mit nichts vergleichbar ist? Ich bin schließlich mit Stabburtreppe und Tieren und Wald, mit Trögen und Spinnrädern aufgewachsen. Und mit Bergen. Sehr vielen Bergen. Und es ging mir, wie gesagt, ausgesprochen gut dabei.

Was stimmt nicht mit mir? Ich bin an einem Ort mit fast unbegrenztem Platz und Zugang zur Natur aufgewachsen, und das, woran ich mich mit der größten Begeisterung erinnere, ist der einzige Tag in der Geschichte der Gegend, an dem mehrere tausend Menschen auf ziemlich engem Raum versammelt waren.

Bin ich vielleicht nur nicht erwachsen genug? Ob es mit dem Alter kommt? Werde ich eines Tages in nächster Zukunft aufwachen und spüren, dass alles verändert ist? Dass es heute nur eins gibt, wozu ich Lust habe – nein, was ich tun *muss* –, nämlich, an einen hoch gelegenen Ort zu gehen, mich untenherum auszuziehen und ein Foto zu machen? Und zu schreiben: #frei?

Jemand soll einmal gesagt haben, dass man im Leben alles ausprobieren soll, außer Inzest und Volkstanz. Wie bei allem Zitierbaren ist umstritten, wer es eigentlich als Erster gesagt hat. Und wie alles Zitierbare ist auch dieses Zitat weder wahr noch gut. Selbstverständlich gibt es vieles im Leben, was man auf keinen Fall ausprobieren sollte. Selbstmord, um das nächstliegende Beispiel zu nennen. Doch wenn man sich beschränkt und statt »alles« sagt, »alles, was legal ist und was Leute, die ich mag, tun«, dann hat die Aussage etwas für sich. Es ist natürlich kein so imponierendes Zitat mehr, doch die Botschaft wird umso sympathischer. Sie lautet: Sei neugierig und lass dich mitreißen.

Ich betrachte mich, zumindest seit ich erwachsen bin, gern als jemanden, der sich mitreißen lässt, der sich für das interessiert, was andere Menschen interessiert. Ich kenne nichts Öderes als Menschen, die automatisch und ohne triftigen Grund alles ablehnen, was viele andere beschäftigt. Wenn sehr viele Menschen sich mit etwas befassen und darüber reden, dann bekomme ich Lust herauszufinden, warum so viele davon angetan sind, und mich – im Idealfall – davon mitreißen zu lassen. Deshalb höre ich mir Musik an, die sonst niemand in meinem Alter hört. Deshalb verfolge ich zuweilen Wettbewerbe, von denen ich im Grunde nicht besonders viel verstehe. Und deshalb war ich im Sommer 2016 plötzlich auf Island. Ich bin nicht im geringsten isländisch. Kenne niemanden auf Island. Ich habe kein besonderes Verhältnis zu Island. Ich weiß, dass sie dort sonderbar reden und warme Quellen haben, und in meiner Jugend, als ich es noch nicht besser wusste, habe ich eine Zeit lang auch Björk gehört. Doch auf einmal, 2016, war Island die Sensation des Jahres bei der Fußballeuropameisterschaft. Sie kamen weiter. Sie warfen England raus. Und plötzlich stand Island im Viertelfinale. Island, wo im Großen und Ganzen Winter herrscht, und dessen Gesamteinwohnerzahl der eines Viertels eines Stadtteils von London entspricht. Und wir waren eine Clique in einer Fußballkneipe in Norwegen und sahen Bilder aus Reykjavík, wo praktisch die gesamte Bevölkerung Islands mitten in der Stadt versammelt war und auf einer Großleinwand die Spiele verfolgte. Und sie sangen und jubelten. Da gab es nur eins: Wir kauften umgehend Tickets, flogen nach Reykjavík und sahen das Viertelfinale gemeinsam mit so gut wie sämtlichen Isländern. Es war fantastisch.

Ich weiß, das hört sich angeberisch an, und nicht jeder hat die Möglichkeit oder das Geld, so ohne weiteres nach Island abzudüsen. Anderseits: Du hast offenbar jedes Mal, wenn das Wetter beständig ist, die Möglichkeit, zu irgendeinem Berggipfel abzuhauen. Und für das, was deine Skiausrüstung kostet, bekommst du nicht nur eine, sondern mehrere Islandreisen.

Ich sehe ja das Muster in dem Ganzen. Es zieht sich eine Linie von dem Tag, als die Mannschaft meines Heimatortes im Pokal gegen die beste Mannschaft Norwegens antrat, bis zu dem Islandtrip. Aber es geht nicht um Fußball. Es geht um Menschen. Und darum, sich mitreißen zu lassen.

Ich lasse mich gern mitreißen.

Das Leben wird einfach viel spaßiger.

Aber meine Skepsis gegenüber dem Freiluftleben sitzt tief. Freiluftleben ist eindeutig etwas, womit viele sich befassen. Ich sollte mich – wenn ich dem, was ich hier von mir selbst sage, treu bleiben will – auch hiervon mitreißen lassen.

Aber die Skepsis sitzt tief.

Damit du nachvollziehen kannst, wie wenig ich mich selbst als Freiluftmenschen sehe, gesehen habe oder zu sehen wünsche, hier eine kleine Geschichte: Vor einiger Zeit zog ich mir eine Knieverletzung zu. Ich musste einige Wochen lang an Krücken gehen. Es kann durchaus gute Seiten haben, an Krücken auf der Straße herumzuhumpeln. Du erfährst eine gewisse Sympathie. Die Leute lächeln dich an. Sie nicken aufmunternd. Doch nach einiger Zeit begann ich, in den Blicken und im Lächeln der Menschen etwas anderes zu sehen. Etwas Nachsichtiges? Eine Form von Einver-

ständnis? Mehrere von denen, die mir begegneten, nickten und betrachteten mich mit einem Blick, der besagte: »Ich kenne das.«

Da begriff ich. Die Leute sehen Folgendes: Einen Mann in den Vierzigern, an Krücken. Knieverletzung. Sie denken: Er hat bei einer Bergtour seine Kräfte überschätzt. Typischer Kletterunfall, denken sie.

O nein! Sie glauben, ich sei einer von ihnen.

Ich verspürte ein sehr dringendes Bedürfnis, mich zu erklären. In allen Gesprächssituationen war ich blitzschnell bereit zu erzählen, was wirklich passiert war. Allzu laut, allzu detailliert und in der Regel, ohne dass ich gefragt worden war. »ES IST AUF EINER PARTY PASSIERT«, rief ich. »BEIM TANZEN! UM HALB VIER IN DER NACHT. AUF EINER PARTY! ES IST EINE TANZVERLETZUNG. KEINE SPORTVERLETZUNG! ES IST AUF EINER PARTY PASSIERT! AUF EINER PARTY!«

Verstehst du jetzt, was ich meine? Nein?

Okay. Lass mich versuchen, dir zu erklären, wie wenig Freiluftmensch ich wirklich bin. Dies ist die Gesamtmenge von Freiluftleben, auf die ich zurückblicken kann, in sieben Punkten:

1. Ich habe in meiner Jugend einige Hüttentouren gemacht. Ungefähr fünf. Sie hatten so gut wie nichts mit Freiluftleben zu tun. Mehr verrate ich nicht. Dann kannst du dir selbst ausmalen, was für eine wilde Jugend ich hatte.

2. Auch als Erwachsener habe ich einige Hüttentouren unternommen. Ungefähr vier. Bei sämtlichen Gelegenheiten fuhren wir dabei mit dem Auto fast bis zur Hütte. Bei sämtlichen Gelegenheiten waren mehr Plastiktüten als Rucksäcke im Spiel. Und es wurde nicht gewandert.

3. Seit ich vor dreißig Jahren die obligatorische Schullaufbahn hinter mich gebracht habe, habe ich lediglich einmal Ski an den Füßen gehabt. Das war bei einer der unter Punkt 2 geschilderten Hüttentouren, als so wahnwitzig viel Schnee lag, dass wir hundert

Meter von der Hütte entfernt parken und das letzte Stück auf Skiern gehen mussten. Auch diesmal waren mehr Plastiktüten als Rucksäcke involviert. Was entschieden komplizierter ist, wenn man Skistöcke in den Händen hat.

4. In den letzten zwei Sommern habe ich jeweils eine Ferienwoche in einer gemieteten Hütte an der Küste verbracht. Ich liebe die Küste. Meine einzige Bedingung bei der Auswahl war, dass mindestens zwei Lokale zu Fuß von der Hütte erreichbar sein sollten. Wir fanden eine mit drei Lokalen. Es war überaus angenehm.

5. Natürlich habe ich in meiner Jugend einige Wanderungen gemacht, weil die Berge direkt vor der Haustür lagen, wie ein dauerhafter Grund für ein schlechtes Gewissen, wie eine ständige Erinnerung daran, dass man seine Zeit zu etwas Vernünftigerem brauchen kann, als Fußball zu spielen und mit Freunden herumzublödeln.

Tatsächlich ist es mir recht häufig gelungen, diesem gewaltigen Druck der Berge zu widerstehen. Aber wenn Schulwandertag war, warst du chancenlos. Du konntest aus religiösen Gründen von gewissen Teilen des Unterrichts befreit werden, oder weil du eine andere Muttersprache oder spezielle Probleme mit der Sprache oder mit Buchstaben hattest. Aber am Wandertag musstest du mit. Heute würde man einen solchen Fall zweifellos vor ein internationales Gericht bringen, aber damals dachten wir ganz einfach nicht an eine solche Möglichkeit. Was mir von diesen Wanderungen bis heute am besten in Erinnerung geblieben ist, ist das ausgeklügelte Ankündigungssystem. Es war nämlich immer bis zum letzten Moment unklar, ob die Wanderung überhaupt stattfinden würde. Das hängt damit zusammen, dass ich in einem Teil der Welt aufgewachsen bin, wo es nicht selten vorkommt, dass im Ort über grünen Wiesen die Sonne scheint, während dreihundert Meter entfernt tiefer Winter herrscht. Das Ankündigungssystem funktionierte so: Sehr früh am Morgen, praktisch noch in der Nacht, rief der Lehrer den Schüler an, der in der Fensterreihe des Klassenzimmers ganz vorn saß, und sagte ihm, ob die Wanderung

stattfand oder nicht. Dieser Schüler rief dann den Schüler hinter sich in der Fensterreihe an, der wiederum den Schüler hinter sich anrief, und so ging es weiter, bis theoretisch die ganze Klasse benachrichtigt war. Es war ein ausgesprochen anfälliges System. Es reichte, dass eine Familie das Telefon nicht hörte, immerhin war es mitten in der Nacht. Und immer gab es jemanden, der vergaß, wer der nächste war, oder der schlicht und einfach die, die hinter ihm saß, nicht leiden konnte und keine Lust hatte, sie anzurufen. Oder zwei fingen an, über etwas völlig anderes zu quatschen und vergaßen, worum es eigentlich ging. Es ist ein Wunder, dass wir überhaupt loskamen.

6. Mit achtzehn absolvierte ich einen einjährigen Militärdienst, denn der war in Norwegen damals Pflicht, es sei denn, irgendetwas war mit dir ernsthaft nicht in Ordnung, oder es stritt grundlegend gegen deine persönlichen Überzeugungen, oder du hattest wirklich keine Lust und konntest einigermaßen gut lügen. Ich erfüllte nur eine dieser Bedingungen (ich hatte keine Lust), doch das reichte nicht.

Beim Militär liefen wir natürlich ab und zu mit dem Rucksack draußen im Wald herum, denn das muss man anscheinend tun, wenn man von einem Feind angegriffen wird. Und ich schlief im Zelt. Das habe ich seitdem nie wieder getan.

Meine Erinnerung an diese Militärmärsche gleicht ein wenig der an die Schulwanderungen. Es war in erster Linie ein enormer Aufwand. Packen, Wachsen, Umpacken, Aufbauen, Abbauen, Organisieren. Die Schulwanderungen bestanden in meiner Erinnerung aus neunzig Prozent Aufwand und zehn Prozent Wanderung. Die Militärausflüge bestanden aus neunzig Prozent Aufwand und zehn Prozent Schlafen. In kalten Zelten, die aufzubauen einen Tag in Anspruch nahm.

7. Vor ein paar Jahren war ich auf Svalbard. Ich war beruflich dort, natürlich, um die frierenden armen Schweine auf diesem Außenposten der Gesellschaft zu unterhalten. Wo wir nun schon so weit gereist waren, beschloss unsere Clique, noch ein paar Tage zu

bleiben, um das zu tun, was man auf Svalbard so tut. Wir unternahmen zum Beispiel eine Hundeschlittentour. Dabei hatten wir wohl ein übertrieben romantisches Bild von einer Hundeschlittentour. Wir sahen uns unter schweren Felldecken sitzen und Wein trinken, während die Hunde vorwärtsjagten. Doch nichts dergleichen. Nachdem wir von einem schweigsamen Mann mit einem Gewehr im Auto zu einem Gebäude gefahren worden waren, das eher nach Gefangenenlager aussah, wurden wir in Thermoanzüge gesteckt und damit konfrontiert, dass wir nicht nur Hundeführer sein, sondern die Hunde auch selbst vor den Schlitten spannen sollten. Und die Hunde, das sind diese wolfsähnlichen Kreaturen, die dort stehen und geifern und heulen und beinahe die Ketten sprengen, mit denen sie befestigt sind. Eine der Personen, die auf der Tour dabei war, eine, die mich ziemlich gut kennt (du erinnerst dich vielleicht vom Anfang des Kapitels an sie, sie war diejenige, die sich vorgestellt hat, wie ich als kleiner Junge auf der Stabburtreppe gesessen habe), sagt, sie habe an jenem Tag eine völlig neue Seite an mir kennengelernt. Ich ging die Aufgabe, die Hunde einzuspannen, mit robuster Entschlossenheit an. Ich behandelte die Tiere mit ruppiger und entschiedener Liebe, gab den anderen Anweisungen und erledigte den Job in einem Höllentempo. Wie eine Art Urmann.

Hierzu lässt sich Verschiedenes sagen. Zum Beispiel: Es ist nicht so, dass ich Natur oder schwierige Aufgaben bei hohen Minusgraden nicht bewältige. Im Gegenteil. Ich bewältige solche Dinge ganz prima.

Sie machen mir nur keinen Spaß.

Denn der Grund dafür, dass ich diese Aufgabe mit solch maskulinem Draufgängertum anging, war nicht, dass ich davon berauscht gewesen wäre, mit dem Naturmann in mir in Kontakt zu kommen, dass ich mich so richtig lebendig fühlte, als ich meinen Körper anstrengte und die Kälte biss und die Hunde kläfften. Nein. Mir war schlicht und einfach klar, dass wir umso eher in die Kneipe gehen konnten, je schneller wir diese Arbeit hinter uns brachten.

Und um jeden Zweifel auszuräumen: Es war entschieden lustiger, die Hundeschlittentour in der Kneipe nachzuerzählen, als die Tour selbst es gewesen war. Schnee hatte ich schon vorher gesehen. Hunde auch. Ebenso unkoordinierte Menschen in großen Watteanzügen. Ich wohne gleich neben einem Kindergarten.

So bin ich nun mal. Und immer weniger meiner Freunde sind so. Sie haben sich für die Natur entschieden.

Und das muss ich auch tun. Ich muss meinem ganzen Widerstand trotzen, aller Furcht vor dem Aufwand, aller Furcht davor, den Humor zu verlieren. Ich muss hinaus in die Natur und herausfinden, was sie da eigentlich alle treiben. Denn ich bin ja einer von denen, die sich mitreißen lassen.

Und vielleicht treiben sie da draußen Dinge, von denen sie uns anderen nichts erzählen? Vielleicht geht es da hoch her? Vielleicht entgeht mir ganz einfach etwas?

Ich muss mich aufmachen in die Berge. Und in den Wald. Vielleicht werde ich bekehrt. Vielleicht fühle ich, wie alles sich zum Besseren wendet. Vielleicht verstehe ich endlich, wie klein ich bin.

Und falls dies alles schiefgehen sollte, hoffe ich zumindest, meine alten Freunde wiederzufinden, sie mit nach Hause zu nehmen, sie zu duschen, ihnen ordentliche Kleidung anzuziehen und mit ihnen in die Kneipe zu gehen.

Doch zuerst muss ich versuchen, ein wenig mehr davon zu begreifen, worum es hier eigentlich geht.

Und dann muss ich bei der, die hinter mir in der Fensterreihe sitzt, anrufen und ihr sagen, dass es auf Tour geht.

02
DINGE, DIE ICH NICHT VERSTEHE

Kann es sein, dass die Natur in unserer Zeit den Platz ausfüllt, den zuvor die Religion einnahm?

Ich glaube, ich verstehe ziemlich viel. Es gibt vieles, was ich nicht mag. Aber in der Regel gelingt es mir, es zu verstehen, wenn ich guten Willen an den Tag lege. Und allein bin. Aber es gibt drei Dinge im Leben, die zu verstehen mir wirklich schwer zu schaffen macht.

Religion. Drogen. Und Freiluftleben.

Diese drei haben ja vieles gemeinsam. Sie sind etwas zu stark geprägt von einer Jagd nach der Befriedigung des eigenen Selbst, etwas zu wenig geprägt von Humor, etwas zu stark geprägt von Leuten, die mit Vorliebe über ihre Interessen reden, und wenn du die Grenzen nicht kennst und nicht rechtzeitig aufhörst: lebensgefährlich.

Lassen wir hier die Drogen mal beiseite. Das ist ganz allgemein ein guter Rat. Aber ich habe einen ziemlich seriösen Versuch unternommen, etwas mehr über das Freiluftleben und den Hang zur Natur zu verstehen. Ich habe gelesen, mit Menschen gesprochen, gegoogelt, Filme angesehen, und ich habe versucht, mit einigen der vielen Freunde, die ich an die Natur verloren habe, zu reden. Sie waren gar nicht so leicht zu erreichen, denn die meisten waren emsig damit beschäftigt, Socken zu trocknen und sich zu entscheiden, ob sie #draußenambesten oder #lebenistambestendraußen auf Instagram schreiben sollten, oder ob sie einfach so verrückt sein und beides nehmen sollten. Doch ich bekam sie zu

fassen. Und ein bisschen habe ich verstanden. Und es ist im Grunde nicht zu übersehen, wie viel Freiluftleben und Religion gemeinsam haben.

Mache einmal folgenden Versuch: Blättere in einigen der tausend Prachtbände, die jedes Jahr über das gute Leben in der Natur erscheinen. Geh danach das letzte Jahr eines bekehrten Fjellwanderers unter deinen Freunden auf Facebook und/oder Instagram durch. Anschließend kannst du »charismatisches Christentum« googeln. An allen drei Stellen findest du genau das Gleiche: Massenhaft Bilder von verdächtig fröhlichen Leuten, die die Arme zum Himmel strecken.

Möglicherweise ist das etwas zutiefst Menschliches. Vielleicht ist es ein Reflex. Aber es scheint vollkommen unmöglich zu sein, sich auf dem Gipfel eines Berges ablichten zu lassen, ohne die Arme zum Himmel zu strecken.

Selbstverständlich finden sich in all den Prachtbänden und in den sozialen Medien nicht nur gen Himmel gestreckte Arme. So gut wie sämtliche Bilder, in den Büchern wie im Netz, haben jedoch etwas unverkennbar Frischbekehrtes an sich. Die Fröhlichkeit der Menschen kennt keine Grenzen. Sie ist kurz davor, sich zu überschlagen. In die Luft gereckte Daumen. Menschen in nasser Kleidung, die sich umarmen. Die Kinder sind fröhlich, obwohl es kalt ist, denn sie haben sich gut angezogen, und sie sind glücklich, denn sie haben Bewältigung erlebt und gelernt, aus Tannennadeln und Regen Essen und Hütten und Spielzeugautos zu basteln.

Und auch diejenigen unter meinen verlorenen Freunden, mit denen ich hierüber geredet habe, hatten etwas Frischbekehrtes an sich. Unter anderem legten sie den gleichen Missionierungseifer an den Tag wie mancher Frischbekehrte.

Okay, seien wir ein bisschen nett. Nennen wir es Missionierungs*lust*.

Nein, nennen wir es lieber Missionierungs*drang*.

Sie möchten uns andere überzeugen, und sie versuchen es auf zweierlei Art. Entweder, indem sie uns erzählen, dass man in der

Natur Dinge erlebt, die man nirgendwo sonst erleben kann. Oder – und das ist weitaus bizarrer – indem sie uns erzählen, dass man in der Natur genau das Gleiche erleben kann wie überall sonst auch. Und hier können die Bergwanderer ihre Ähnlichkeit mit jenen Altersgenossen aus unserer Jugend nicht mehr verleugnen, die im christlichen Sommerlager waren und alle davon zu überzeugen versuchten, dass es dort mindestens ebenso hoch herging wie auf Ibiza. Die frisch bekehrten Bergwanderer erzählen dir, wie Teenager, die etwas Geheimes entdeckt haben, von allem, was auf diesen Hütten passiert. Du erinnerst dich an die Hütten? Fokstugu und Myggheim und Styggemanshytta und Kråkebu und Dæven und Rasskatten? *Die* Hütten. Du darfst nicht glauben, dass es auf diesen Hütten langweilig ist, sagen die frisch Bekehrten mit einem Augenzwinkern. Von wegen. Hütten? Die größeren sind eigentlich mehr wie Hotels. Und da geht es ab. Da gibt es Wein und Essen und – hier machen sie gern eine kleine Pause und blicken um sich, bevor sie fortfahren – ja, Anmache. Es gibt massenhaft Anmache auf diesen Hütten. Das Gebirge? Die größte Anmachszene weltweit. Oh yes, siree.

Sie sagen dir also, dass du, wenn du sechs, sieben Stunden im Regen bergauf gegangen bist, an einen Ort kommst, wo du, wenn du Glück hast, genau das Gleiche erleben kannst wie jeden Abend überall in allen Städten. Nur, dass dir in der Stadt ein etwas finster dreinblickender deutscher Lehrer in Thermounterwäsche erspart bleibt, der dich anstarrt. Und wenn du dich in einer Stadt langweilst oder kein Glück hast, kannst du einfach das Lokal wechseln oder nach Hause gehen. Das kannst du in den Bergen nicht. Denn das nächste Lokal ist eine Hütte fünfzig Kilometer entfernt. Und heißt Bauchspeicheldrüse.

Im Internet tritt der Missionierungsdrang selbstverständlich am deutlichsten zutage. Missionierung ist natürlich nur ein altmodisches Wort für das, was heute Angeberei genannt wird. Niemand geht in die Natur, ohne dass andere davon erfahren. So viele wie möglich. Mit so vielen Hashtags wie möglich. Viele stellen so viele

Bilder mit so vielen Hashtags ein, dass das Netz bald überquillt. Und hier zeigt sich der religiöse Zug. Denn so wie Menschen, die auf andere Weise eine Erleuchtung gehabt haben, zeichnen auch sie sich nicht durch Zurückhaltung oder einen Sinn für Nuancen aus. Es heißt nicht: Ich habe mit etwas Neuem angefangen, aber ich weiß nicht, wie interessant es für andere ist. Nein. Hier wird angegeben, völlig ohne Scham: Seht euch das an! Seht euch an, was ich entdeckt habe! Das ist das Beste, was es gibt! Das ist die Wahrheit und der Weg! #losjunge #runtervomsofa #draußenambesten #meinspielplatz #daslebendraußenambesten #bergesindspitze #ilovenorge #sitznichtdrinnenundkaufwieeinidiot #aufeinemgipfelstehendiearmegenhimmelundnackterunterkörperistderwegzumglück

Und die Menschen haben dort draußen Offenbarungen. Sie gehen in die Natur, um Antworten zu finden. Als Jonas Gahr Støre die Wahl zum Vorsitzenden der größten norwegischen Partei annahm und sich damit praktisch auch bereit erklärte, den Kampf um das Amt des norwegischen Ministerpräsidenten aufzunehmen, erzählte er auf einer Pressekonferenz, er habe die Entscheidung auf einer Bergwanderung getroffen. Ganz allein.

Und viele nicken anerkennend, wenn sie so etwas lesen. Ich aber denke: Wirklich? Du hast ganz allein in den Bergen beschlossen, Ministerpräsident zu werden? Hättest du nicht lieber mit jemandem reden sollen? Einem Erwachsenen beispielsweise? Oder deiner Familie?

Aber Politiker, die zeigen wollen, dass sie stark und erdverbunden sind, und das wollen sie ja, wenden sich der Natur zu. Selbst Angela Merkel wird im Sommer routinemäßig mit einem Wanderstock auf dem Weg in die Bergwelt abgebildet. Auch wenn sie anscheinend wenig Lust darauf hat. Vladimir Putin sendet regelmäßig Bilder in die Welt hinaus, die ihn in der Natur zeigen, mit Angelrute oder zu Pferde, mit nacktem Oberkörper. Und so hoffen sie darauf, dass wir sie für echte Menschen halten, die mit der Natur in Kontakt sind.

Wenn ich einen meiner führenden Politiker mit nacktem Oberkörper auf einem Pferd sähe, würde ich nicht denken: Was für ein starker Führer. Den wähle ich. Ich würde denken: Was zum Teufel machst du da? Zieh dir was an und regier das Land, du Idiot. Die letzten drei, vier Wahlkämpfe in den USA haben uns gezeigt, dass das Klischee vom amerikanischen Traum tatsächlich stimmt, wenn auch nicht immer auf genau die Art und Weise, wie wir es gelernt haben: In den USA *kann* tatsächlich jeder Präsident werden. Sowohl Milliardäre aus dem Reality-TV als auch Menschen mit familiären Wurzeln in Afrika und Hussein als Zwischennamen können in den USA an die Spitze gelangen. Sogar Frauen können es fast ganz nach oben schaffen. Doch wer du auch bist: Du musst vor allem an Gott glauben. Du wirst wahrscheinlich ein Problem bekommen, wenn du dich weigerst zu sagen »God bless America«, weil du nicht glaubst, dass es Gott gibt, und Religion im Grunde ziemlich dumm findest. Bei uns im Norden ist es anders. Hier haben wir atheistische Ministerpräsidenten gehabt, und die Tendenz geht eher dahin, dass du Gefahr läufst, lächerlich gemacht zu werden, wenn du religiös bist. Und unter den potenziellen zukünftigen Ministerpräsidenten und Ministern in Norwegen finden wir alles von gläubigen Christen, religiös Gleichgültigen, über Atheisten bis zu ein paar gemäßigten Muslimen. Du würdest dagegen in Skandinavien Probleme mit der Anhängerschaft bekommen, wenn du öffentlich sagst, dass du nicht begreifst, wozu Wandern gut sein soll, oder dass das Hüttenleben etwas für Verlierer ist.

Kann es sein, dass die Natur in unserer Zeit den Platz ausfüllt, den zuvor die Religion einnahm? Verschiedene Untersuchungen deuten darauf hin, dass die Menschen in den skandinavischen Ländern zu den am wenigsten religiösen auf der Welt zählen. Brauchen wir in unserem Leben wirklich, wie einige religiöse Menschen behaupten, etwas, das größer ist als wir selbst, das in wechselhaften Zeiten konstant bleibt, etwas, das die Vernunft nicht erklären kann? Falls es so ist, ließe sich festhalten, dass alles,

was ich im vorigen Satz geschrieben habe, ebenso die Schilderung eines Gottes wie die eines Berges sein kann. Ziemlich pfiffig.

Und wenn wir uns wieder den zum Berg Bekehrten in den sozialen Medien zuwenden, fällt auf, wie lose bei ihnen Formulierungen sitzen, die mit Gott beginnen. Und wie weit sie ins Absurde getrieben werden. Berggipfel können als »Gottes eigene Speerspitze«, »Gottes Kartoffelschäler« oder »Gottes persönliches Waffeleisen« bezeichnet werden.

Die Frage ist doch, ob die Natur den Platz der Religion eingenommen hat. Wenn man sein Leben der Statistik anvertraut und einem etwas daran liegt, dass pfiffige Theorien aufgehen, kann man ja erwähnen, dass die Religion vor dreißig, vierzig Jahren sehr viel stärker dastand, während Freiluftleben als Volksaktivität in eben diesen letzten dreißig, vierzig Jahren immer populärer geworden ist.

Sind meine Freunde ganz einfach religiös geworden?

Nein.

Ich habe wie gesagt mit ihnen gesprochen und sie gefragt, warum sie sich der Natur zugewandt haben. Und alle reden in erster Linie davon, dass sie sich in Form halten wollen. Einer hat plötzlich entdeckt, dass er birnenförmig ist. Andere haben ein Foto von sich auf einem Betriebsfest gesehen und festgestellt, dass sie einen Bauch haben. Was ihnen schon lange hätte klar sein müssen. Wieder andere sind der Meinung, dass Bewegung in der Natur eine angenehmere und erfolgversprechendere Methode ist, sich in Form zu halten, als viele andere. Und einer meiner Freunde war der festen Überzeugung, dokumentieren zu können, dass man vom Bergablaufen einen knackigen Hintern bekommt.

Meinetwegen. Doch die meisten sind auch der Meinung, dass die Natur etwas an sich hat, das sie nicht richtig in Worte zu kleiden vermögen. Ein Gefühl, von dem sie behaupten, dass man es einfach erleben muss. Etwas ... Unerklärliches. Mehrere schildern das Erreichen eines Berggipfels als einen Sieg, als etwas Gewaltiges. Und der Blick von der Spitze eines Berges gebe einem ein ganz besonderes Gefühl, das sich mit nichts vergleichen lasse. Und es sei mehr, als einfach nur etwas Schönes zu betrachten. Einer meiner Freunde (der das vom Hintern gesagt hat, falls es dich interessiert) behauptet außerdem, dass Aussichten ihn geil machen. Das ist vielleicht nicht religiös, aber es ist eindeutig unerklärlich.

Dies findest du auch in Büchern, die vom Leben in der Natur handeln. Nicht das mit der Geilheit. Aber all das andere. Denn auch diejenigen, die über die Natur schreiben, schlagen gern quasireligiöse Töne an. Oder es fällt ihnen schwer, Worte zu finden.

Der Brite William Cecil Slingsby soll der Erste gewesen sein, der ungefähr fünfzig norwegische Berge bestiegen hat. Im Jahr 1904 gab er den Klassiker »Norway, the Northern Playground« heraus, den er kurzerhand mit einer alternativen Schöpfungsgeschichte einleitete, der zufolge die norwegische Bergwelt in einem Kampf zwischen Gott und Satan entstand. Gott wollte, dass es dort erträglich und gesittet zuginge. Typisch Gott. Satan wollte, dass es finster, unzugänglich und steinig sein sollte. Es wurde eine Mischung von beidem.

Henrik Ibsen höchstpersönlich hat es etwas einfacher gesagt: »Hier auf den Bergen ist Freiheit und Gott, dort drunten tappen die anderen.«

Reichlich herablassend von Ibsen gegenüber denen, die nicht auf Tour gehen, aber da hat es Ibsen auf den Punkt gebracht.

In neuerer Zeit ist in der Wanderliteratur etwas weniger von Gott und viel mehr von Freiheit die Rede. Aber Freiheit zu was? Oder richtiger: Freiheit *von* was?

Der norwegische Abenteurer Erling Kagge schreibt: »Wenn ich nicht aus der Welt gehen, klettern oder segeln kann, habe ich gelernt, sie auszuschließen.«

Freiheit von der Welt, ganz einfach. Nicht weniger als das.

Sigri Sandberg ist eine norwegische Journalistin und Schriftstellerin, die viel über Natur und Berge geschrieben hat. In einem Interview sagte sie, sie müsse sich an Orten mit vielen Menschen schützen, weil Menschen so viel ausstrahlen, und dies sei ein wich-

tiger Grund für sie, sich hinauszubegeben in die Natur, um die Stille zu finden: den ganzen Menschentrubel hinter sich zu lassen. Also Freiheit von der Welt und den Menschen. Das ist keine Kleinigkeit.

Es gibt immer jemanden, der die Dinge noch ein Stück weitertreibt. Der Brite Thomas Thwaites ist einer von ihnen. Er entschloss sich vor einigen Jahren, wie eine Ziege in den Alpen zu leben. Über die Idee und ihre Durchführung hat er das Buch *GoatMan: How I Took a Holiday from Being Human* geschrieben. Selbstverständlich ist dieses Projekt in jeder Hinsicht sehr speziell. Aber die Grundvoraussetzung für ihn, so radikal zurück zur Natur zu gehen, ist dem, was Kagge und Sandberg sagen und schreiben, nicht unähnlich: »Wäre es nicht schön, einfach das spezifisch menschliche Wesen für ein paar Wochen abzustellen? Im Jetzt zu leben, ohne dich darum zu sorgen, was du getan hast, was du tust und was du tun wirst? Wäre es nicht schön, aller Beschränkungen und Erwartungen enthoben zu sein nicht nur seitens der Gesellschaft, der Kultur und deiner persönlichen Geschichte, sondern deiner Biologie als solcher? Die Sorgen, die sich zwangsläufig aus dem Dasein als Person ergeben, gar nicht zu haben?«

Die kurze Antwort auf diese ziemlich lange Frage ist selbstverständlich: »Nein.«

Die etwas längere Antwort ist, dass Thwaites eigentlich fragt, ob es nicht schön wäre, die Verantwortung für das eigene Handeln und für das Zusammenleben mit anderen Menschen loszuwerden. Und das ist möglich, aber für so etwas gibt es Wörter. Selbstbezogenheit, zum Beispiel. Verantwortungslosigkeit. Fluchthaltung. Kind.

Oder Ziege, natürlich.

Dies taucht in beinahe allem auf, was heute über Naturerlebnisse geschrieben wird. Also sich ausklinken, Dinge ausblenden. Die Natur ist ein Ort, wo man die Unterbrechungen, Störungen, Probleme, den Trubel abschüttelt. Oder das Leben, was ein anderer Begriff dafür wäre.

Wenn du dich in der Fiktion umsiehst, findest du eine etwas andere Geschichte von der Natur. Viele Romane, Dramaserien und Filme handeln von Menschen, die den Stress des Lebens hinter sich lassen und im Einklang mit der Natur leben wollen. Ich habe im Laufe der Zeit das Zählen aufgegeben, aber ich glaube, ich irre mich nicht sehr, wenn ich schätze, dass die Schicksale der Hauptfiguren, die im Einklang mit der Natur leben wollen, sich in etwa folgendermaßen verteilen:

Zehn Prozent von ihnen verbringen den Rest ihres Lebens damit, nichts zustande zu bringen, während die örtliche Bevölkerung über sie lacht.

Neunzig Prozent von ihnen werden getötet.

Natürlich kannst du einwenden, dass die Fiktion immer das Dramatische sucht. Aber ich habe auch Sachbücher der gleichen Art gelesen. Ein Neoklassiker der Wildnisliteratur ist das Buch »Into the Wild« des Amerikaners Jon Krakauer. Darin erzählt er die wahre Geschichte eines Studenten, der beschließt, auf alles zu verzichten und ein ursprüngliches und echtes Leben in der Natur zu leben. Er verhungert.

Okay. Fassen wir also zusammen.

Dort draußen in der Natur geht es ein bisschen rau und ruppig zu. Leute verhungern. Und das kann auf einen Teil von uns, die wir im Alltag unserer mittleren Führungspositionen in halböffentlichen Unternehmen kein besonders raues und ruppiges Leben führen, schon eine gewisse Anziehung ausüben, was vielleicht einen Teil der Faszination erklärt. Und dann sind da noch die Bewegung, der Sport, der knackige Hintern, die Flucht vor der Birnenform. Und das Naturerlebnis, die Luft, die Aussicht.

Und dann also dieses andere, das ein wenig Unerklärliche, das nicht religiös ist, aber nicht weit davon entfernt, und das man vielleicht auf den Punkt bringen kann als den Wunsch, die Zeit anzuhalten, den Lärm abzuschalten, die Welt auszublenden, um Luft zu schnappen und Zeit zum Nachdenken zu gewinnen. Wir leben

ein Leben voller Stress in einer hektischen Zeit und haben deshalb ein größeres Bedürfnis als die Menschen früher, einfach allein und still zu sein.

Das kann sich nach einem sympathischen und verständlichen Bedürfnis anhören.

Wenn nicht diese Schilderung unseres heutigen Lebens vollständig falsch wäre. Sie ist das genaue Gegenteil von richtig.

Wir haben in den vergangenen dreißig, vierzig Jahren ernsthaft angefangen, uns der Natur zuzuwenden, um die Zeit anzuhalten und den Lärm abzuschalten. Was ist im gleichen Zeitraum sonst geschehen? Hier ist einiges davon:

Seit 1970 haben die Menschen im Durchschnitt pro Tag eine Stunde mehr Freizeit bekommen. Und wir verbringen diese freie Zeit weniger als früher zusammen mit anderen Menschen.

Im Jahr 1980 waren zehn Prozent der Menschen in Norwegen ohne Bad oder Dusche. 2015 wohnten fast vierzig Prozent aller Menschen in Norwegen in Wohnungen mit zwei oder mehr Badezimmern. Und es wohnen wesentlich weniger Menschen in den Wohnungen als früher. Die Familien sind kleiner. Fast vierzig Prozent aller Haushalte in Norwegen sind Einpersonenhaushalte. Diese ständig kleineren Haushalte verfügen außerdem über mehr und mehr Wohnungen. Sechsundzwanzig Prozent von uns besitzen eine Ferienwohnung. Vierzig Prozent haben Zugang zu einer Ferienwohnung. Und die Anzahl der Norweger, die eine Wohnung im Ausland besitzen, hat sich allein seit der Jahrtausendwende verachtfacht.

In dem Zeitraum, in dem wir offensichtlich ein gewaltiges Bedürfnis nach mehr Zeit zum Alleinsein auf großem Raum entwickelt haben, haben wir also mehr Zeit und mehr Platz bekommen, die wir mit weniger Menschen teilen. Wir haben nie so viel Zeit und so viel Platz gehabt, um so still und allein zu sein wie jetzt.

Die explosionsartige Zunahme des Freiluftlebens ist keine Reaktion auf unsere Zeit. Sie ist ein klassisches Beispiel dafür, dass wir den Hals nicht voll kriegen. Vor ein paar Generationen, als die

Menschen tatsächlich nach einem langen, harten Arbeitstag heimkamen, zu vielköpfigen Familien in winzigen Wohnungen, als die Menschen *wirklich* ein Bedürfnis nach Oasen von Luft und Ruhe gehabt haben müssen, da lief fast niemand zum Vergnügen in den Bergen herum. Das griff erst um sich, als mehr Freizeit und mehr Wohnraum zur Verfügung stand und die Familien kleiner wurden. Vielleicht sind die Freiluftmenschen doch keine Neureligiösen. Vielleicht haben sie einfach nur zu große Ansprüche. Du hast drei Wohnungen in zwei Ländern und konstant ein schlechtes Gewissen, weil du sie nicht genug benutzt, und dann willst du zusätzlich noch die echte *Natur* für dich allein haben?

Hiergegen lässt sich natürlich einwenden, dass man sich nicht nach noch mehr sehnt, wenn es einen in die Natur zieht, man sehnt sich nach etwas anderem. Etwas, das du in schicken Wohnungen und protzigen Hütten nicht findest. Es gibt, wie alle, die einmal Popmusik gehört haben, wissen, mehrere Dinge, die für Geld nicht zu haben sind. Liebe, unter anderem. Und Glück.

Und von Glück verstehen wir ja ein bisschen. Die UNO kürt in regelmäßigen Abständen das beste Land und das glücklichste Volk der Welt. Dabei kommen in der Regel wenig aufsehenerregende Listen heraus, die zeigen, dass Menschen in wohlhabenden, gut funktionierenden, friedlichen Demokratien es ganz allgemein besser haben als arme, hungernde Menschen in Kriegsgebieten. In diesen Ranglisten landen die skandinavischen Länder fast immer hoch oben. Selbstverständlich. Aber es liegt ja nicht an den Bergen, dass die Leute glücklich sind und es ihnen gut geht.

Wie ließe sich sonst erklären, dass Dänemark auf diesen Listen immer weit oben steht? Dänemarks höchster Berg ist ungefähr einen halben Meter hoch. Die meisten Dänen sind nie höher gekommen als auf einen Barhocker.

Natürlich ist in unserer Zeit noch etwas anderes geschehen, das ich bisher nicht erwähnt habe. Wir haben uns im täglichen Leben in vielfältiger Weise von der Natur entfernt. Heute leben wesentlich

weniger Menschen von und in der Natur als früher. Vielleicht sprechen wir deshalb von der Natur als etwas Exotischem, wenn wir danach gefragt werden. Sagen, dass wir religiös werden. Oder geil. Sagen, dass wir nicht richtig erklären können, was die Natur mit uns macht. So etwas sagst du nicht, wenn die Natur tagtäglich und ununterbrochen ein selbstverständlicher Teil deines Lebens ist.

Und wohl deshalb haben wir heute ein noch stärkeres Bedürfnis zu zeigen, dass wir immer noch ein bisschen kernig und ursprünglich sind, trotz allem, was für das Gegenteil spricht. Diejenigen unter meinen verlorenen Freunden, die Berggipfel sammeln, und das sind einige, reden gern davon, diesen und jenen Gipfel zu »nehmen«. Nicht hinaufgehen. Ihn nehmen. Ziemlich forsch. Wir leben vielleicht in einer Zeit, in der alle unter fünfundzwanzig mit einer Diagnose herumlaufen und wir Erwachsenen psychologische Hilfe in Anspruch nehmen müssen, um mit den Umstrukturierungen bei der Arbeit klarzukommen. Aber den Berg, verdammt noch mal, den nehmen wir!

In der Natur zu sein – ja, sogar zu gehen, sich zu bewegen, den Körper zu benutzen – ist für viele von uns heute kein Teil des Alltags mehr. Stattdessen sind Natur und Bewegung zu etwas geworden, das wir zielgerichtet in unserer freien Zeit suchen und betreiben und für das wir uns mit großem Aufwand besonders ausstaffieren. Wenn wir Sport treiben, wenn wir auf der Hütte sind. Und zwischen dem einen und dem anderen verläuft eine klare Grenze.

Ich habe schon erwähnt, dass in meiner Jugend in meinem Heimatort niemand außer den Sonderlingen in den Straßen im Zentrum umherging. Jetzt sind auf den Straßen dort mehr Menschen unterwegs, aber sie gehen schnell, und sie tragen farbenfrohe Schuhe und Trainingshosen, um deutlich zu zeigen, dass sie sich nicht einfach draußen herumtreiben. Sie halten sich fit.

Ich sah einmal einen sehr gut trainierten Mann, der schlurfte. Er kam allem Anschein nach direkt aus dem Fitnessstudio. Die Sporttasche in der Hand. Extrem gut gebaut. Und er schlurfte.

Ließ die Füße schleifen. Im Fitnessstudio ein paar hundert Kilo im Bankdrücken schaffen, das muss sein, aber die Füße heben, wenn er von dort weggeht, die Mühe macht er sich nicht. Ich glaube, dieser schlurfende Bodybuilder ist ein ziemlich gutes, und vielleicht ein etwas trauriges, Bild unserer Zeit.

Mein Großvater, der den Hof führte, auf dem ich aufgewachsen bin, war in vieler Hinsicht ein Mann der Natur. Ich glaube, er wusste auf völlig selbstverständliche Art und Weise alles, was man über Natur und Tiere wissen kann. Er lebte auf dem Hof. Bei Konfirmationen zog er sich fein an, ansonsten trug er Arbeitskleidung.

Er ging nie ohne einen Grund *einfach so* in den Wald. Er machte nie einen Spaziergang zum Zeitvertreib. Er gab sich nicht damit ab, Sachen zu heben, nur um sie zu heben. Er zog nie eine winddichte Jacke in einer grellen Farbe an, stieg auf den nächstbesten Gipfel, streckte die Arme in die Höhe und ging wieder nach Hause. Wenn zu seiner Zeit Instagram existiert hätte, hätte er nie geschrieben #draußenambesten.

Manchmal saß Großvater auf der zuvor erwähnten Stabburtreppe, rauchte Pfeife und streichelte die Katze. Nichts bringt mich dazu, zu glauben, er hätte dort gesessen und sich Gedanken darüber gemacht, wie klein er sich fühlte.

Noch immer ist es wohl so, dass Menschen, die an kleinen Orten mit der Natur gleich vor der Tür wohnen oder aufgewachsen sind, weit weniger zu schwülstigen Reden darüber neigen, die Zeit anzuhalten und Oasen von Luft zu finden. Auf jeden Fall möchten wir das glauben.

Stadtmenschen gehen in die Natur, um innere Ruhe zu finden. Landmenschen gehen in die Natur, um etwas zu schießen.

Stadtmenschen schauen Realityserien, in denen Leute miteinander darin konkurrieren, wie in alten Zeiten zu leben, weil es gute Unterhaltung ist, von der man etwas lernen kann. Landmenschen sehen sich so etwas an, um über Stadtmenschen zu lachen, die bei einer Axt vorn und hinten nicht unterscheiden können.

Stadtmenschen laufen die Tränen aus den Augen, wenn sie ein Lamm sehen, Landmenschen läuft das Wasser im Mund zusammen.

Wir haben es in uns, wir alle, die wir mit unserem Aufwachsen auf dem Land angeben können. Wir geben uns gern grob mit unserem unromantischen Verhältnis zur Natur. Aber bei den meisten von uns ist wohl nur noch die Rhetorik übrig geblieben. Seien wir ehrlich: Ganz allein ohne Telefon würden wir in der Natur nicht besonders lange überleben. Und wozu sollte es gut sein, sich ohne Telefon draußen in der Natur aufzuhalten?

Inzwischen gehen nicht nur Stadtmenschen, sondern auch Landbewohner in die Natur, einfach nur, weil es schön ist. Wahrscheinlich deshalb, weil sich die Lebensweise von ländlicher und städtischer Bevölkerung heute mehr gleicht als früher. Doch historisch gesehen war diese Art von Naturerlebnissen ein ausgeprägt städtisches Phänomen.

Wenn man in einem skandinavischen Land lebt, verfällt man – in Anflügen von Geschichtslosigkeit und Chauvinismus –, leicht auf den Gedanken, dass tagelanges Wandern in den Bergen eine ausgeprägt nordische Aktivität ist, erdverbunden und alt. In Wahrheit ist sie aus dem Ausland importiert, snobistisch und ziemlich jung.

Die Wandertradition hat ihre Inspiration aus England bezogen, wo die Oberklasse sich mit derlei abgegeben hat. Denn vermutlich hatten nur deren Mitglieder für so etwas Zeit. Der Gebrauch des Wortes »boredom« (Langeweile) im Englischen wird zum ersten Mal zu ungefähr der gleichen Zeit registriert, als es bei besser gestellten Engländern Mode wurde, nach Norwegen zu reisen, um in den Bergen zu wandern. Natürlich hatte es auch vorher Menschen in den Bergen gegeben, doch dabei handelte es sich im Großen und Ganzen um Leute, die dort etwas zu tun hatten, sie zählen also nicht. In den Aufzeichnungen des bereits erwähnten William Cecil Slingsby, der vor einhundertfünfzig Jahren norwegische Berge bestieg, finden sich viele Hinweise darauf, dass die ortsansässigen Bauern kaum verstanden, wozu das, was er tat, eigentlich gut sein sollte. Und warum hätten sie es auch verstehen sollen? Das Gebirge war ihr Arbeitsplatz. Zum Spaß dort zu wandern, wäre genauso abwegig gewesen, als wenn heute HR-Direktoren und Sachbearbeiter ihre Urlaubstage damit verbrächten, durch die Bürolandschaft zu schlendern.

Als eine Gruppe von Leuten sich daranmachte, einen Verein zu gründen, der das Erleben der norwegischen Natur fördern sollte, waren es auch nicht gerade Bauern, die dahinterstanden. Dieser Verein – Den Norske Turistforening – betreibt viele der Hütten, die auch heute noch das Ziel der Wanderer sind. Du erinnerst dich an die Hütten? Spiterstulen (Spitzhütte) und Styggemannshytta, Rallkattlia (Wildkatzhalde) und Hengemyra (Morast)? Den Norske Turistforening wurde im Jahr 1868 gegründet. In Oslo. Von Männern mit Namen wie Tho. Joh. Heftye, H. Rasch und Erichsen mit »»ch««. Sie waren Direktoren und Oberste oder trugen Titel wie Konsul, Gerichtsrat, Assessor oder ähnliche, wie du sie sonst nur bei Menschen findest, die miteinander gemein haben, dass Henrik Ibsen sie erfunden hat.

Folglich handelte es sich nicht gerade um eine Initiative von unten. Und zum Vergnügen in der Natur herumzulaufen, ist auch heute noch keine dem Breitensport vergleichbare Aktivität. Noch immer gilt die Regel: Je mehr du verdienst, je besser deine Ausbildung, desto höher ist die Wahrscheinlichkeit, dass du »auf Tour gehst«.

Erst in den letzten dreißig, vierzig Jahren hat der Freiluftsport sich allmählich zu einer Massenbewegung ausgewachsen, der fast alle anhängen. Man kann sagen, dass Freiluftsport sich von einer Aktivität für wohlhabende Städter zu einer Aktivität für alle entwickelt hat. Oder ein wenig zugespitzt formuliert, dass es weiterhin eine Aktivität für wohlhabende Städter ist. Nur dass in den vergangenen dreißig, vierzig Jahren fast alle Norweger wohlhabende Städter geworden sind.

Dies ist natürlich nicht ganz zutreffend, was bei zugespitzten Formulierungen ja häufig das Problem ist. Aber das Durchschnittseinkommen in Norwegen ist seit 1980 um hundertvierundzwanzig Prozent gestiegen, und der Preisanstieg wird durch Regulierungsmaßnahmen eingedämmt. Achtzig Prozent aller Einwohner Norwegens leben in Städten und dicht besiedelten Gebieten. Und wie gesagt, immer weniger leben direkt von und in der Natur, auch auf dem Land.

Da haben wir Generationen gebraucht, um die Plackerei abzuschaffen und an einen Punkt zu gelangen, wo wir komfortabel leben können, ohne den Launen der Natur ausgeliefert zu sein, und als wir diesen Punkt endlich erreicht haben, wollen wir zurück zur Natur. Wie ein Paar, das sich mehr als alles andere Kinder wünscht, und wenn sie endlich Kinder bekommen haben, freuen sie sich auf nichts mehr als auf einen kinderfreien Abend. Damit sie mal ein Glas Wein trinken und sich mit erwachsenen Menschen unterhalten können. Darüber, wie anstrengend es ist, Kinder zu haben.

Okay. Ich versuche zusammenzufassen, was ich gelernt und verstanden habe: Freiluftmenschen sind frisch bekehrte, anspruchsvolle, gut situierte Menschen, die gern knackige Hintern haben wollen. In der Zwischenzeit recken sie die Arme zum Himmel und schreiben ohne Ironie #draußenambesten.

Aber da muss noch etwas anderes sein. Die Statistik gibt tatsächlich nicht auf alles eine Antwort. Die Literatur auch nicht. Und meine Freunde sind ja normalerweise ganz in Ordnung. Sie waren es auf jeden Fall. Es muss etwas geben, das ich nicht verstanden habe.

Ich muss raus und meine eigenen Erfahrungen machen.

Und ich muss auf klassische Weise vorgehen: Muss nach Jotunheimen, der Wiege des norwegischen Gebirgstourismus, der ersten Gegend in Norwegen, wo man von Hütte zu Hütte wandern konnte, diesem Gebirgsmassiv, das den Briten der Oberklasse den Atem raubte, der Bergwelt, die große Kunst inspiriert hat und wo die höchsten Berge Nordeuropas zu finden sind. Ich muss den Besseggen erklimmen. Der Besseggen ist ein norwegischer Klassiker. Alle waren schon dort. Und ich will auf Norwegens und Nordeuropas höchsten Berg, den Galdhøpiggen. Ich werde den Galdhøpiggen *nehmen,* selbstredend. Und dann werde ich in mich gehen und mir Fragen stellen: Ob ich mich klein fühle. Oder groß. Oder kernig. Oder glücklich. Oder religiös. Oder geil.

Und ich werde in Hütten mit seltsamen Namen einkehren. Und diesen anspruchsvollen, frisch bekehrten, gut situierten Menschen begegnen.

Und im Einklang mit der Natur leben.

Und verhungern, wahrscheinlich.

Doch zuerst muss ich unbedingt die gesamte Ausrüstung kaufen, die nötig ist, um eine solche Wanderung zu machen.

03

INDOORBERGE UND POPCORN FÜRS LAGERFEUER

Es gibt heutzutage so viele unterschiedliche Miniaturausgaben von Produkten für den Outdoorgebrauch, dass du draußen in der Natur praktisch genauso leben kannst wie zu Hause, nur dass alles viel kleiner ist.

Nichts ist weniger vertrauenerweckend als Läden, die etwas verkaufen, von dem du nichts verstehst. Du gibst dir einen Ruck, du gehst rein, du beantwortest alle Fragen mit Ja, um nicht wie ein kompletter Idiot dazustehen, du versuchst ein paar Witzeleien, um zu zeigen, dass du Herr der Situation bist, und eine Viertelstunde später stehst du draußen auf dem Bürgersteig und hast vierzigtausend Kronen ausgegeben für Dinge, von denen du nicht weißt, wozu sie gut sind.

Deshalb graut mir bei dem ganzen Wanderabenteuer am meisten vor dem Besorgen der Ausrüstung, die ich brauche. Und wahrscheinlich einer Menge Ausrüstung, die ich nicht brauche.

Doch vorher muss ich Mitglied in Den Norske Turistforening werden, dem Verein, an den du dich vielleicht erinnerst, der vor hundertfünfzig Jahren von Stadtmenschen und Angehörigen der Oberschicht gegründet wurde und der dir Zugang zu vielen dieser Hütten in der norwegischen Natur verschafft, Hütten mit Namen wie Fleskedalsbua (Specktalbuden), Tjukka, Bufsen, Kukeligrend und Hakkespetthytta (Spechtalhütte).

Dieser Verein hat einen Laden im Zentrum der Stadt, in der ich wohne. Da kannst du Dinge kaufen, die du in der Natur brauchst. Da kannst du Hilfe bei der Planung von Touren erhalten. Du kannst Mitglied werden und bekommst den Universalschlüssel für Slaskedalsbu (Matschtalhof) und Krykkja, Fokstuggu und Tåkeheimen (Nebelheim) ausgehändigt. Und in diesem Laden befinde ich mich jetzt, nachdem ich eine Viertelstunde vor der Tür gestanden und Mut gefasst und sehnsuchtsvolle Blicke zum Café auf der anderen Straßenseite geworfen habe, wo Leute Zeitung lesen, sich unterhalten und lachen wie ganz normale glückliche Menschen.

Im Inneren des Outdoorladens stehen viele Leute in Hosen mit allzu vielen Taschen. Zwei von ihnen stehen direkt neben mir und sehen mich nur an. Sie haben Lunchpakete, Karten und Thermoskannen dabei. Wanderer sind anscheinend auch auf Wanderung, wenn sie sich in einem Laden befinden. Nach einer Weile begreife ich, dass sie an mir vorbei wollen zu einem Tisch in der Ecke. Ich lächle, mache Platz und winke sie mit einer gönnerhaften Armbewegung an mir vorbei. Sie lächeln nicht, bedanken sich nicht, gehen vorbei, setzen sich hin, öffnen ihre Lunchpakete, breiten die Karte aus und beginnen zu murmeln.

Ich bin an der Reihe. Ich setze mein breitestes und inklusivstes Lächeln auf (es ist tatsächlich ziemlich breit und inklusiv, da kannst du jeden meiner Bekannten fragen) und trete an die Theke.

»Hei!«, strahle ich. »Ich brauche Hilfe.«

»Ja«, antwortet sie.

Ich lache laut. Weil ich es für einen Witz hielt und um zu zeigen, dass ich die Situation im Griff habe. Aber nichts lässt darauf schließen, dass sie es als Witz aufgefasst hat.

Ich beginne mich zu fragen, ob sich das Wandervolk vielleicht mit sozialem Umgang schwertut.

Ich sage, dass ich gern Mitglied werden möchte.

Die Dame hinter der Theke sieht vor allem aus, als sei sie in Eile. Sie trommelt nicht gerade mit den Fingern, doch es fehlt nicht viel. Ich hatte ehrlich gesagt geglaubt, dies wäre ein Ort, wo man sich Zeit nimmt. Ich hatte mir vorgestellt, dass Karten ausgebreitet würden und Kaffee auf den Tisch käme, wahrscheinlich dün-

ner Kaffee, aus einer Thermoskanne, und dass man durchdachte Ratschläge erhalten und Schulterklopfen ernten würde von Menschen, die überall in der norwegischen Natur gewesen waren und froh und dankbar, ja vielleicht sogar ein wenig stolz darauf wären, wieder einen auf die richtige Seite gezogen zu haben. Ich hatte zwar nicht damit gerechnet, dass mein Wunsch nach Mitgliedschaft mit Blasmusik und einem roten Teppich gefeiert würde, aber ich hatte schon erwartet, dass mir mehr als Eile entgegenschlüge. Sie hat bestimmt Lust, den Laden früh dicht zu machen, damit sie so schnell wie möglich raus aus der Stadt und rein in den Wald kann, um dort still für sich allein zu sein. Für solche Menschen muss es die Hölle sein, mitten in der Stadt zu arbeiten. Sie hat eine Trekkinghose an, sehe ich, mit allzu vielen Taschen. Sie ist klar zum Aufbruch in den Wald, auf die Sekunde nach Ladenschluss.

Hier ist kein Platz für Smalltalk, also nenne ich meinen Namen und die Personennummer, bezahle und nehme meine Mitgliedskarte mitsamt dem Schlüssel für die Hütten mit seltsamen Namen in Empfang. Ich empfinde tatsächlich einen Anflug von Stolz und bekomme gleich ein wenig Lust auf Hosen mit zu vielen Taschen.

»Wo willst du wandern?«, fragt sie. Ah! Jetzt kommt es! Du musst offenbar erst den Schlüssel bekommen, bevor du als einer von ihnen giltst und das Gespräch unter Bergfreunden beginnen kann.

»Jotunheimen«, sage ich stolz. »Besseggen. Galdhøpiggen.«
»Ja. Da wollen ja alle hin.«
»Heißt das, dass du mir davon abrätst, dorthin zu gehen?«
»Nein, nein. Wenn du gern im Gänsemarsch läufst, dann ...«

Also: Ich habe mich weit über die Grenzen meiner Komfortzone hinausbewegt und beschlossen, genau das zu tun, was dieser Verein von einem erwartet. Und ich habe mir vorgenommen, einige Klassiker der norwegischen Bergwelt zu besteigen. Und was ist der Dank? Ich werde beschimpft.
Ich schüttle das ab und mache mich daran, die erforderliche Ausrüstung zu kaufen.

Ich habe mich erkundigt, was ich brauche, und es zeigt sich, dass alles, was man braucht, um in die Natur zu ziehen, genau das ist, was man schon hat, allerdings mit Vorsilben wie Wander- oder Outdoor-. Wanderschuhe, Outdoorhose, Outdoorsocken, Outdoorunterwäsche, Outdoorjacke, Wandermütze, Outdoornahrung, Outdoorbesteck, Outdoorservice, Outdoorhandtuch, Outdoortoilettenset, Wanderhandschuhe, Wandersonnenbrille.

Ich fange mit den Wanderschuhen an. Gutes Schuhwerk ist, falls du es noch nicht wusstest, das A und O.

Vor dem ersten Sportgeschäft hängen drei große Plakate mit Bildern von Menschen, die die Arme zum Himmel strecken, und den Slogans: Draußen passiert es. Draußen bist du frei. Draußen lebst du.

Da ist es natürlich nicht besonders verlockend, in den Laden *hinein*zugehen. Aber ich muss.

»Ich brauche Wanderschuhe«, erkläre ich einem der Verkäufer und feure mein sagenumwobenes inklusives Lächeln ab. Er lächelt nicht zurück.

»Wo willst du wandern?«, fragt er.

»Jotunheimen. Besseggen. Galdhøpiggen.«

»Ja, das ist genau die Gegend, die wir den Leuten *nicht* zum Wandern empfehlen.«

»Warum das denn?«

»Weil es da voll ist. Da läufst du im Gänsemarsch.«

Ja, verflucht noch mal?!

Bis hierhin hat der Tag zwei Dinge klar gemacht:

Outdoorleute scheinen tatsächlich Schwierigkeiten im normalen sozialen Umgang zu haben.

Du musst damit rechnen, beschimpft zu werden, wenn du vorhast, an Orten zu wandern, die populär sind.

Und diese beiden Phänomene hängen möglicherweise zusammen. Es ist vielleicht gar kein Wunder, dass Bergwanderer mit Problemen im normalen sozialen Umgang zu kämpfen

haben. Sie sind ja offenbar überhaupt nicht an Menschen gewöhnt. Denn wenn du meinst, dass es in Jotunheimen voll ist, dann hast du keine Ahnung davon, was Gedränge ist. Wenn du findest, dass in der norwegischen Natur zu viele Menschen sind, dann ist dein Problem wahrscheinlich nur, dass du keine Menschen magst. Und das ist vielleicht der Knackpunkt. Ich habe ja schon aus der Literatur gelernt, dass die Outdoorenthusiasten sich gern aus der Welt zurückziehen und andere Menschen als Lärm wahrnehmen.

Lasst uns ein für alle Mal feststellen: An keinem Ort in Norwegen ist es voll, egal welchen Maßstab du auch anlegst, schon gar nicht in der Natur. In Hongkong ist es ziemlich voll. In der Londoner U-Bahn während der Rushhour ist es ziemlich voll. Nicht in der norwegischen Natur. Die gesamte Weltbevölkerung würde praktisch im Bezirk Østfold Platz finden. Wirklich. Wenn jeder einen halben Quadratmeter für sich bekommt, passen alle hinein. Und der Bezirk Østfold macht nur etwas mehr als ein Prozent der Gesamtfläche Norwegens aus. *Alle Menschen auf der ganzen Welt passen in ein Prozent von Norwegen!* Es *ist* nicht voll hier. Und schon gar nicht in Jotunheimen. Jotunheimen ist riesig. Wenn alle Einwohner Europas nach Jotunheimen zögen und jeder dort ein Einmannzelt aufschlüge, würden immer noch zweihundert Quadratkilometer frei bleiben.

I rest my case.

Aber diese Krankheit ist weitverbreitet, natürlich nicht nur beim Wandervolk. Wenn wir verreisen, neigen wir dazu, uns von Orten wegzuwünschen, an denen viele andere wie wir selbst sind. Sicher, weil wir uns gern besonders fühlen. Und wir haben die Tendenz, schwer zugänglichen Orten einen besonderen Wert beizumessen. Wenn es irgendwo draußen in der Natur ein Lokal gibt, auf einem Felsabsatz beispielsweise, und du musst stundenlang rudern und klettern, um dorthin zu gelangen, dann kannst du darauf wetten, dass die Leute behaupten werden, in diesem Lokal gäbe es – zum Beispiel – die beste Fischsuppe der Welt.

Das ist ja eher unwahrscheinlich. Aber wenn du stundenlang geklettert und gerudert bist, um dorthin zu gelangen, und nachher stundenlang zurückgerudert und -geklettert bist, dann fällt es dir natürlich schwer zuzugeben, dass dir eine Tütensuppe serviert wurde.

Dies ist vielleicht auch der Grund dafür, dass viele meiner zur Natur bekehrten Freunde in den höchsten Tönen davon schwärmen, wie es ist, endlich ans Ziel zu gelangen. Sei das Ziel nun eine Hütte im Wald oder ein Berggipfel. Die Aussicht ist so viel schöner, wenn du dich angestrengt hast, um dorthin zu kommen, sagen sie. Das Essen schmeckt nach einer langen und mühsamen Wandertour so viel besser. Viele, die ich kenne, würden behaupten, dass die Aussicht von einer Bergspitze schöner ist, wenn du hinaufgestiegen bist, als wenn du die Seilbahn genommen hättest.

Als Tourist bin ich auf solchen Quatsch auch schon reingefallen. Zusammen mit einem Kumpel bin ich ab und zu in Edinburgh. Weil es eine schöne Stadt ist. Außerdem haben sie da ein Festival, das zu Typen wie uns passt. Einmal wollten wir ein Pub besuchen, von dem wir in irgendeiner obskuren Publikation gelesen hatten. Das Pub war von einem Autor empfohlen und als authentisches Lokal beschrieben worden, das nicht von Touristen und Festivalteilnehmern überlaufen sei. Nach endlosem Suchen fanden wir es und begriffen auf der Stelle, warum es nicht von Touristen und Festivalteilnehmern überlaufen war. Es ist ganz einfach nicht besonders gemütlich dort. Es gibt keine Musik. Seit einer Generation ist dort nicht gelüftet worden. Die Leute sitzen allein für sich und reden nicht. Alle drehen sich um und sehen dich an, wenn du reinkommst. Der Wirt sagt auch nichts und nimmt nur Bargeld. An den Wänden hängen Schwarz-Weiß-Bilder, die zeigen, was du durch die Fenster sehen würdest, wenn das Pub Fenster hätte und Edinburgh schwarz-weiß wäre. Da saßen wir und vergeudeten eine Stunde unseres Lebens, während die Eingeborenen uns anstarrten.

Du kommst dir selten dümmer vor, als wenn du dich völlig verausgabt hast, um das einzige Pub zu finden, das halb leer und still und ungemütlich ist – in einer Stadt, in der ungefähr alle vier Meter ein gemütliches und lebendiges Pub liegt, wo gute Musik gespielt wird und wo die Bedienung Witze reißt und dich »Sir« nennt.

Ebenso dumm, denke ich, wirst du dich fühlen, wenn du in der Gegend wanderst, in der Norwegens höchster Berg liegt, aber ohne diesen zu besteigen. Und Bergveteranen werden dir zweifellos erzählen, dass es in der Nähe von Norwegens höchstem Berg noch andere Berge gibt, wo du *vollkommen allein bist*. Das ist gut möglich. Aber dann bist du auch nicht auf Norwegens höchstem Berg gewesen. Du bist nur allein gewesen. Allein sein kann ich praktisch auch zu Hause.

Aber ich lasse mich von dieser unerfreulichen Erfahrung nicht unterkriegen. Ich bleibe bei meiner Routenwahl. Und setze die Jagd auf gutes Schuhwerk fort.

Eine wirklich lustige Einrichtung in Läden, die Wanderstiefel verkaufen, sind die Mini-Hügel, die sie da häufig angelegt haben, damit du die Schuhe ausprobieren kannst. Diese Hügel sind vielleicht vierzig Zentimeter hoch (oder riesig hoch, wie sie in Dänemark sagen würden) und bestehen aus einem winzigen Aufstieg und einem winzigen Abstieg.

Im Ernst: Wenn du auf einem superkleinen Spielberg in einem Laden auf und ab gehst und *nicht* ins Kichern kommst, dann hast du wirklich ein Problem. Ich musste während des Schuhkaufs die ganze Zeit kichern. Und mir war die ganze Zeit viel mehr nach Kichern zumute als den Angestellten in diesen Läden. Als ich während des allerersten Probegehens auf einem Miniaturfelsen mit einem Sonderangebotsschild kollidierte, das von der Decke hing, sagte ich grinsend, dies sei ja genauso wie das Wandern im Hochgebirge. Der Verkäufer erwiderte: »Ja, es ist wichtig, die Schuhe ordentlich zu testen. Gute Schuhe sind das A und O.«

Okay. Humor. Bisher haben wir gewisse Schwierigkeiten miteinander, die Bergwanderer und ich.

Nachdem ich in etwas mehr als vierzig Jahren in vielen verschiedenen Zusammenhängen einer ganzen Reihe von Menschen begegnet bin, bin ich zu der Überzeugung gelangt, dass Humor, Selbstironie und Ironie nicht nur üblich und verbreitet, sondern auch ziemlich beliebt sind. In beinahe allen sozialen Situationen kommen Lächeln und Humor sehr gut an.

Aber schon seit einiger Zeit kommt es mir so vor, als verliefe bei der Natur eine Grenze. Je näher wir der Natur sind, desto weniger wahrscheinlich ist es, dass die Leute Spaß verstehen. Sie können höllisch selbstironisch über ihren Heimatort sprechen. Sie können sogar direkt abfällig über den Ort reden, an dem sie wohnen. Aber wenn es um die Natur darum herum geht, kennen sie keinen Spaß. Sehr viele Menschen meinen ganz im Ernst, sie lebten am schönsten Ort der Welt. Natürlich können nicht alle, die dies meinen, recht haben. Doch genau so etwas darfst du den Leuten nicht sagen. Dann verlieren sie ihren Humor. Menschen können unglaublich stolz sein auf ihre Schärenlandschaft oder die Berge in der Nähe ihres Wohnortes. Als hätten sie die Berge selbst errichtet. Und wenn du zu Besuch bist und sie dir die Natur zeigen und sagen »Ist es nicht schön hier?«, dann ist das keine Frage. Mir ist klar, dass es so wirken kann, weil der Satz wie eine Frage gebaut ist, aber glaub mir, es ist keine Frage.

Stell dir vor, du sitzt mit jemandem, der von dort kommt, an einem Ort in der Natur zusammen, an einem Feuer vielleicht, nicht weil ein Feuer gemütlich ist, sondern weil du dich ohne das Feuer totfrieren oder von Mücken aufgefressen würdest, oder beides. Du sitzt da und denkst, du hättest vielleicht etwas anderes anziehen sollen, nicht weil du dich unvernünftig gekleidet hast, sondern weil die Sachen, die du gerade trägst, dreizehn Jahre nach Rauch riechen werden, und in den Kreisen, in denen du dich für gewöhnlich bewegst, wird niemand den Rauchgeruch deiner Kleidung als Zeichen dafür ansehen, dass du ein Freiluftmensch bist.

Sie werden nur denken, dein Haus wäre abgebrannt. Wenn du so dasitzt, am Feuer, und einer der Einheimischen sagt: »Geht es uns nicht gut?«, dann sollst du nicken. Du sollst nicht antworten.

Ich weiß das. Und ich bin normalerweise ein höflicher und umgänglicher Mensch. Darauf lege ich wirklich Wert. Aber die Kombination von Lokalpatriotismus und fehlendem Humor kann das Schlimmste in mir zum Vorschein bringen, und dann werde ich kindisch. Natürlich hast du schon längst erraten, dass ich einmal genau so dagesessen habe, an einem Feuer, an einer der circa achthundert Stellen in Norwegen, die von ihren Bewohnern als die schönsten auf der ganzen Welt betrachtet werden, und einer der Einheimischen breitete die Arme aus und sagte: »Sieh dir die Berge an. Sind sie nicht schön?«

Und ich weiß ja, wie gesagt, dass dies eigentlich keine Frage ist. Ich weiß es, trotzdem habe ich geantwortet.

»Als jemand, der aus Vestland kommt, würde ich hier ja nicht von Bergen sprechen«, sagte ich. »Aber es sind ganz hübsche Felsbrocken, das schon.«

Es kam nicht gut an.

Daran muss ich arbeiten, wenn ich jetzt in die Natur will.

Nach den zwei, drei ersten Begegnungen nimmt mein großer Ausrüstungs-Beschaffungs-Tag eine Wende zum Besseren. Schließlich finde ich in einem der Outdoorläden sogar jemanden mit Humor. Und du brauchst Humor, wenn du in solchen Läden arbeitest.

Denn es gibt notwendige Wanderausrüstung. Habe ich beispielsweise erwähnt, dass gute Schuhe das A und O sind? Aber es gibt auch viel unsinnige Wanderausrüstung. Wahrscheinlich weil es heutzutage fast alle in die Natur hinauszieht, sind die Produktentwickler Amok gelaufen und haben sich Outdoorversionen von möglichst vielen gewöhnlichen Gegenständen ausgedacht, also Versionen alltäglicher Dinge, die kaum Platz brauchen und wenig wiegen. Du bekommst pfiffige Dinge, wie winzig kleines Service und Besteck, superkleine faltbare Tassen, vakuumverpackte Mahlzeiten und Handtücher, die ein Gramm wiegen. Aber du kannst auch zusammenklappbare Bottiche, Taschenduschen und Reiseweinkaraffen kaufen. Du bekommst ein Outdoorwaffeleisen und Popcorngeräte für den Gebrauch am Lagerfeuer. Hätte ich etwas länger gesucht, wäre ich sicher auch auf vakuumverpackte Kühlschränke, tragbare Speisekammern und ausrollbare Terrassen gestoßen. Es gibt heutzutage so viele unterschiedliche Miniaturprodukte für den Outdoorgebrauch, dass du draußen in der Natur praktisch genauso leben kannst wie zu Hause, nur dass alles viel kleiner ist.

Der Trick, wenn du in Spezialgeschäften einkaufen willst, ist selbstverständlich, dass du nach Verkaufspersonal Ausschau hältst, das den Eindruck macht, als gehöre es nicht richtig dorthin. Willst du Computerzubehör kaufen, suche nach Verkäufern, die am wenigsten wie Nerds aussehen. Willst du Wanderausrüstung kaufen, such nach denen, die am wenigsten sportlich und rustikal aussehen.

So finde ich an diesem Tag meinen Favoriten. Es kann gut sein, dass er ein Freiluftmensch ist, aber er sieht umgänglich aus. Er wirkt mehr wie einer, der aufs Meer blickt und über das Leben nachdenkt, als einer, der auf Berge steigt und sich an die Brust schlägt. Dass ich meinen Mann gefunden habe, weiß ich, als ich eine Wanderhose anprobieren will, die auf einem Plakat mit mindestens zehn Wörtern, die ich nicht verstehe, angepriesen wird, und er sagt: »Ich finde, am schönsten ist sie in Blau.«

Glaubt mir, so etwas sagen die kernigen Burschen nicht, die sonst in Sportgeschäften arbeiten.

Wir betrachten die Hose eingehend und einigen uns darauf, dass dies ein besonders schönes Blau ist.

Danach verlasse ich mich blind auf alles, was dieser Mann sagt, und ohne zu zögern, nehme ich auch die Jacke, die er mir empfiehlt. Auf einem anhängenden Informationszettel steht unter anderem, dass die Jacke über extrem guten Lufttransport verfügt. Ich habe immer geglaubt, Lufttransport hätte etwas mit Flugzeugen zu tun, aber das stimmt anscheinend nicht. Mein Mann lächelt nachsichtig über all die seltsamen Begriffe, die in der Out-

doorwelt benutzt werden, und erklärt mir, Lufttransport bedeute lediglich, dass man sich Luft zuführen kann, wenn es im Gebirge zu warm und/oder feucht wird, ohne die Jacke ständig aus- oder anzuziehen. Mit anderen Worten: Wohin du bei dieser Jacke auch greifst, du triffst wahrscheinlich auf einen Reißverschluss. Ich bin ein großer Freund des Lüftens, in allen Lebensbereichen.

Die Jacke muss ich haben.

Das Problem ist nur, dass die einzige Jacke dieser Art, die sie in meiner Größe vorrätig haben, grün ist. Sehr grün. Genauso grün, wie es die Hemden während einer kurzen und modisch verwirrten Phase in den neunziger Jahren zu sein hatten. Grüner wird's nicht, wenn du weißt, was ich meine.

Ich probiere die sehr grüne Jacke an. Zusammen mit der kräftig blauen Outdoorhose.

»Im Gebirge laufen viele so rum«, sagt mein Mann diplomatisch. »Aber ich bin nicht sicher, ob du einer von ihnen sein möchtest. Ich würde es vielleicht ein klein wenig abschwächen.«

Da ich inzwischen völlig davon überzeugt bin, dass ich diese Jacke haben muss, wenn ich nicht eine Woche in den Bergen nass und klamm sein will, muss also die Hose abgeschwächt werden. Ich probiere eine andere, weitaus diskretere Hose in Grau und Schwarz, und jetzt sind wir uns einig, dass es passt. Die Jacke ist noch immer sehr grün, aber es passt.

»In den Bergen ist es wichtig, gesehen zu werden«, sagt mein Mann, und ich ertappe mich dabei, dass ich nicke. Klug gesagt. Und ich frage mich, ob ich nach einigen Tagen in der Natur auch anfangen werde, solche Sachen zu sagen.

In den Bergen ist es wichtig, gesehen zu werden.

Gute Schuhe sind das A und O.

Das Dümmste, was du tun kannst, ist, deine Wanderstiefel nicht einzulaufen.

Das Wetter wechselt schnell im Gebirge, man muss auf alles vorbereitet sein.

Es tut gut, den Körper zu gebrauchen.

Basisausstattung: Outdoorspülbecken und Outdoordusche

»Ich nehme es«, sage ich, um mich selbst zu unterbrechen. »Alles zusammen.«

Ich fühle mich ein wenig beflügelt, nachdem ich die Einkäufe erledigt habe. Ich habe den Rat erfahrener Wanderer befolgt und hoffentlich alles gekauft, was ich brauche, und nicht so viel anderes. Und ich bin Bergwanderern begegnet, die über das Gleiche lachen wie ich. Auf jeden Fall einem.

Allmählich sehe ich dem Unternehmen zuversichtlicher entgegen. Wie ich da bei mir zu Hause stehe und auf alles blicke, was ich gekauft habe, fühle ich mich viel besser gerüstet als bei meinem letzten Kontakt mit der Natur.

Das war bei einem Musikfestival auf Træna, einer Insel, die drei Stunden mit dem Schnellboot vor der Küste von Nordland im Meer liegt. Da gibt es ein Festival. Weil – das hatten wir schon – alles, was schwer zugänglich ist, mehr Wert hat. Um diesen Punkt

ganz deutlich zu machen, ist eins der Konzerte bei diesem Festival auf eine Nachbarinsel gelegt worden. Du musst ein Boot nehmen und eine Weile laufen, bis du zu der Stelle kommst, an der das Konzert stattfindet. Ein Stück weiter oben am Berghang liegt außerdem wahrscheinlich ein Lokal, wo du die beste Fischsuppe der Welt essen kannst. Während wir auf dieses Konzert warteten, räkelten wir uns in naturschöner Umgebung und sprühten uns mit Mückenspray ein, ohne dass die Mücken nennenswert beeindruckt schienen. Es war unser dritter Tag auf dem Festival und wir saßen faul und schläfrig im Gras, Plastiktüten und Weinkartons um uns verstreut. Hinter uns stand ein Mann auf einem Stein, mit kerzengeradem Rücken, in A-und-O-Schuhwerk und einer Hose mit zu vielen Taschen. Es war nicht zu übersehen, dass er uns gern etwas sagen wollte, also lächelte ich (inklusiv, selbstredend) und nickte ihm zu. Und dann führten wir folgendes Gespräch:
ER: Ärger mit den Mücken?
ICH *(mit dem einen Arm wedelnd und mit dem anderen Mückenspray versprühend)*: Nein, nein, das geht schon.
(Unnötig lange Pause)
ER: Gibt vielleicht nicht so viele Mücken, wo ihr herkommt?
ICH *(während ich die Lust unterdrücke, ihn darauf hinzuweisen, dass er nicht weiß, woher wir kommen, und ebenso die Lust, etwas direkt Boshaftes zu antworten)*: Na ja, Mücken hat man schon dann und wann erlebt.
ER: Hm.
(Unnötig lange Pause)
ER: Sie sticht in Lee.
ICH *(während ich mich frage, warum er auf einmal Mandarin spricht)*: Hm?
(Unnötig lange Pause)
ER: Sie sticht in Lee. Die Mücke. Wenn du aufstehst, wird es besser.
ICH *(während ich denke: »Du willst mir also sagen, dass die Mücken nur urbane Trottel in unvernünftigen Schuhen angreifen, die sich hinsetzen,*

wenn sie draußen in der Natur sind, statt zu stehen und heroisch über das Land zu blicken?«): Ja klar, weiß ich schon. Muss nur mein Knie ausruhen. Knieverletzung, weißt du.
EIN ANDERER AUS MEINER CLIQUE: Saufschaden.
ICH *(während ich denke: »Nicht schon wieder«)*: Hä hä.
(Unnötig lange Pause)
ER: Ist es nicht schön hier?
ICH *(nicke)*

Wenn ich so einem das nächste Mal begegne, werde ich die Sache viel besser angehen. Denn jetzt bin ich gewappnet. Ich habe mich eingelesen. Ich weiß, was mich erwartet. Und ich habe meine Ausrüstung in Schuss.

Und ich bin dabei, einer von den frisch bekehrten, anspruchsvollen, gut situierten Bergwanderern zu werden, die knackige Hintern haben wollen. Nicht dass mich das mit dem Hintern sonderlich beschäftigt. Und ich bin auch nicht frisch bekehrt oder anspruchsvoll geworden. Aber gut situiert bin ich offenbar. Denn ich habe gerade ausgerechnet, wie viel mich diese Ausrüstung gekostet hat. Eins ist klar: Es ist nicht billig, primitiv zu leben. Dabei habe ich nicht einmal das Teuerste gekauft. In einigen Punkten habe ich mich entschieden, nicht zu geizen. Es gibt Dinge, bei denen man keine Kompromisse macht. Gute Schuhe, zum Beispiel, sind das A und O. Bei anderen Teilen der Ausrüstung habe ich Vernunft walten lassen, so dass ich mich, aufs Ganze gesehen, finanziell auf einem mittleren Niveau bewege. Folgendes habe ich gekauft: Sonnenbrille, Mütze, Wollunterwäsche, Thermoskanne (hier fiel mir die Wahl leicht. Ich entschied mich für eine Thermoskanne der Marke »Thermos«. Wenn der Markenname zum Gattungsbegriff geworden ist, dann weißt du, dass hier qualitätsbewusste Veteranen am Werk gewesen sind. Wenn es eine Automarke mit dem Namen »Auto« gäbe, würde ich mich dafür entscheiden), Outdoorbesteck, Outdoorservice, Outdoortasse, Outdoornahrung, Outdoorkaffee, Schlafsack, Fleecejacke,

Outdoorjacke (grün), Outdoorhose (mit viel zu vielen Taschen), Regenhose, Handschuhe, Wollsocken, Wanderstiefel, Rucksack, Karte, Kompass, Kartentasche, Erste-Hilfe-Set, Blasenpflaster, Sonnencreme, Mückenspray, Stirnlampe, Batterien für diese Lampe, Hüttenhose, Mitgliedschaft in Den Norske Turistforening samt Schlüssel zu den Hütten. Und dann ist es ja auch nicht gratis, in diesen Hütten zu übernachten. Oder dort zu essen und zu trinken. Und Fahrkosten. Ich habe ausgerechnet, dass mich diese einwöchige Tour alles in allem 40 353 Kronen kostet.

Was bekommt man wohl heutzutage für 40 353 Kronen?

Ich habe es tatsächlich geprüft.

Du bekommst zum Beispiel zwölf Hin- und Rückflüge nach New York.

Oder dreizehn Spontanwochenendreisen nach Island, Hotel inklusive.

Du bekommst vierundvierzig Drei-Gänge-Menüs mit gutem Wein in einem sehr netten französischen Restaurant hier in der Straße.

Du bekommst vierhundertfünfzig große Biere in meinem Lieblingspub, Trinkgeld eingeschlossen.

Du bekommst hundertfünfzehn Konzertkarten. Oder, wenn ich lange genug lebe: drei bis vier Gratiskonzerte pro Jahr für den Rest meines Lebens.

Und wenn man der Homepage der Kinderhilfsorganisation Save the Children glauben darf, kannst du mit dieser Summe hundertsechzig Kindern in armen Ländern für ein Jahr den Schulbesuch ermöglichen.

Ich tue nichts von all dem. Ich werde ins Gebirge ziehen, um zu fühlen, wie klein ich bin.

Zunächst muss ich jedoch noch eine letzte Sache erledigen. Ich kann eindeutig nicht allein losfahren. Ich habe die Ausrüstung, ja. Aber ich habe wenig Ahnung davon, wie sie benutzt wird. Ich bin nicht sicher, wie gut ich Karten lesen kann. Ich bin ziemlich sicher, dass ich mich nicht daran erinnere, wie man mit einem Kompass umgeht. Die Wanderausrüstung hat enorm viele Schnüre und lose Enden. Außerdem brauche ich jemanden, mit dem ich reden kann. Ich muss mich abreagieren und besprechen können. Und nicht zuletzt: Nach einem langen Tag von Gesprächen mit Wanderern besteht die Gefahr, dass sich eine ganze Menge von Witzen und boshaften Bemerkungen bei mir angestaut haben. Die müssen raus.

Außerdem muss jemand mich fotografieren, wenn ich die Arme zum Himmel strecke. Die Tour muss dokumentiert werden.

Ich muss schlicht mit jemandem zusammen reisen, der mehr Tourenerfahrung besitzt als ich selbst, der aber auch nicht hundertprozentig bekehrt ist, und der meinen Humor erträgt. Solche Personen gibt es nicht viele. Ich kenne nur eine. Die kenne ich dafür ziemlich gut. Du kennst sie übrigens auch. Sie ist diejenige, die sich vorgestellt hat, wie ich als Junge auf der Stabburtreppe gesessen habe. Und die neue Seiten an mir entdeckt hat, als ich mit robuster Maskulinität die Hunde auf Svalbard vor den Schlitten gespannt habe. Und zufällig wohnt sie in derselben Wohnung wie ich. Der Weg, sie zu fragen, ist also kurz.

ICH: Kommst du mit mir ins Fjell zum Wandern?
SIE: Ins Fjell? Du weißt, dass es da sehr wenige Pubs gibt?
ICH: Damit muss ich leben. Kommst du mit? Vielleicht siehst du die gleichen Seiten an mir wie damals, als ich auf Svalbard mit diesen Hunden fertiggeworden bin?
SIE: Das bezweifle ich. Auf Svalbard winkte schließlich ein Pub.
ICH: Ich brauche eine Dokubeauftragte.
SIE: Das ist das Schönste, was jemals jemand zu mir gesagt hat.

ERSTER VERSUCH:
NACH JOTUNHEIMEN, UM BEKEHRT ZU WERDEN

TOURPLAN:

TAG 1: Vorbereitung
TAG 2: Oslo Zentrum – Nordmarka
TAG 3: Nordmarka – Jotunheimen
TAG 4: Besseggen
TAG 5: Gjendesheim – Spiterstulen
TAG 6: Galdhøpiggen
TAG 7: Ruhige Tagestour und Auswertung

ZIELSETZUNG

* Innere Ruhe finden
* Begreifen, wie klein ich bin
* Etwas erleben, das schwer zu erklären ist
* Lust bekommen, die Arme zum Himmel zu strecken
* Herausfinden, ob Essen und Trinken besser schmecken und ob die Aussicht besser ist, wenn man vorher lange gelaufen ist
* Mit Menschen, die ich auf Hütten mit seltsamen Namen treffe, reden, sie verstehen und vielleicht sogar mögen

04

DIE LETZTE NACHT IN FREIHEIT

Von maximalem Stadtleben zu maximal primitiver Natur innerhalb eines Tages. Ich finde, es ist ein ziemlich raffinierter Plan.

»Ziemlich ehrgeizig, das alles«, sagt die Dokubeauftragte.
»Ja. Es ist wichtig, aufs Ganze zu gehen. Damit ich diese Dinge auch wirklich testen kann.«

»Schon, aber du sollst doch auch Freude daran finden, oder?«

»Ich habe vor, es zu versuchen, ja.«

Die Dokubeauftragte studiert die Liste, die ich ausgedruckt habe. Sie blättert in den Schilderungen der verschiedenen Tagesetappen. Die habe ich ebenfalls ausgedruckt. Denn abgesehen davon, dass gutes Schuhwerk wichtig ist und dass ich Ruhe finden werde, haben mir Leute auch noch erzählt, dass man sich dort draußen in der Natur nicht auf die Technik verlassen kann. Man hat zum Beispiel nicht immer Netz. Deshalb habe ich alles ausgedruckt. Von www.ut.no, einer Art Naturbibel im Internet, wo Wanderer ihre Erfahrungen austauschen und einander all das erzählen, was es über alle Touren zu erzählen gibt. Wie weit es ist, wie steil es ist, wie schwierig es ist, wie lange man braucht. Ich habe auch eine Plastikhülle für alle Papiere gekauft, denn es kommt vor, dass es in der Natur nass ist. Ich war fleißig. Ich bin vorbereitet. Ich bin zufrieden mit mir.

»Wir wandern also morgen zu dieser Hütte im Wald?«, fragt die Dokubeauftragte.

»Hm.«

»Und übermorgen gehen wir auch noch ein Stück und nehmen dann Zug und Bus nach Jotunheimen?«

»Jepp.«

»Danach wandern wir über den Besseggen?«

»Stimmt.«

»Das dauert sechs bis acht Stunden, steht hier.«

»Hm.«

»Und dann gehen wir zu dieser Hütte beim Galdhøpiggen.«

»Ja.«

»Und dann wollen wir auf den Galdhøpiggen.«

»Und wieder runter.«

»Acht Stunden laufen ist ganz schön lang.«

»Das ist mir klar.«

»Es ist da an vielen Stellen ziemlich steil.«

»Ja, schon.«

»Denkst du an deine Knieverletzung?«

Wenn ich es nicht besser wüsste, würde ich tippen, dass sie nicht bedingungslos an mich glaubt.

»Das wird gut, bestimmt«, sage ich und nicke. Auch ein bisschen, um mich selbst zu überzeugen.

»Natürlich wird es gut«, sagt die Dokubeauftragte. Und ich glaube, sie meint es auch.

Wir lächeln. Wir prosten uns zu. Wir trinken Bier. Wir blicken über die Stadt. Morgen geht es los. Im Augenblick sind wir von Natur so weit entfernt, wie es in Norwegen überhaupt möglich ist.

Wenn du in Norwegen unterwegs bist, merkst du ständig, wie nah du der Natur bist. Je näher die Natur, desto wahrscheinlicher ist es, dass die Menschen Wanderkleidung tragen. In kleineren Orten, die dicht am Gebirge und am Wald liegen, tragen sie gern Outdoorhosen und feste Schuhe, auch wenn sie nur in den Laden gehen, um Limonade und Kartoffelchips zu kaufen. Als wären sie jederzeit zum Aufbruch bereit. Als wäre jeder Aufenthalt im Zentrum nur eine kurze Unterbrechung eines konstanten Naturerlebnisses.

Wir befinden uns jetzt im Osten des Zentrums von Oslo, in einem kleinen Teil von Norwegen, wo du davon ausgehen kannst, binnen einer Viertelstunde mehr Ausländer, mehr Homosexuelle, mehr Muslime, mehr Alkoholiker und mehr Studenten zu treffen als an den meisten Orten des Landes im Laufe eines Lebens. Dies ist eine der wenigen Stellen in Norwegen, wo man nicht merkt, dass Osterferien oder Winterferien sind. Es sind gleich viele Leute auf den Straßen, gleich viele in den Cafés, es herrscht gleich viel Lärm in gleich vielen Sprachen. Ich habe große Teile meines Lebens als Erwachsener in diesem Stadtteil gewohnt und habe nie Menschen in Wanderkleidung gesehen. Doch, einmal, aber ich bin mir ziemlich sicher, dass es sich um einen Junggesellenabschied handelte. An diesem Ort sieht Norwegen am allerwenigsten so aus wie in den Prachtbänden, in denen alle die Arme zum Himmel strecken.

In diesem Teil von Norwegens größter Stadt liegt das Oslo Plaza, ein 117 Meter hohes Hotel, das in den 1980er-Jahren gebaut wurde und wie alle anderen norwegischen Gebäude mit mehr als fünf Etagen umstritten und verhasst gewesen ist.

Wenig lässt das Aggressionsniveau in der öffentlichen Diskussion in Norwegen so ansteigen wie hohe Bauten. Norwegische Debatten sind normalerweise von gemessener Gleichgültigkeit geprägt. Wenn jedoch jemand Pläne für ein Bauwerk hat, das bewirkt, dass ein anderer aus seinem Wohnzimmerfenster nicht mehr sieht, was er vorher gesehen hat, dann ist die Hölle los. Du kannst das hässlichste Haus der Welt mit zwei Stockwerken hinstellen, ohne dass irgendwer davon Notiz nimmt. Aber wenn du etwas bauen willst, das originell und schick ist, und hoch, dann musst du dreißig Jahre Ärger einplanen. Es wird von vielen Norwegern als progressiv und radikal angesehen, gegen Neuerungen zu kämpfen oder sich gegen den Verlust seiner Aussicht auf den Fjord zu wehren. Menschen, die in ihrer Jugend für die bewaffnete Revolution waren, sind in ihrem späteren Leben in erster Linie gegen hohe Häuser. Wie die meisten anderen. Denn auch wenn die wenigsten von uns in der Natur wohnen, wollen wir sie von da, wo wir wohnen, gern sehen.

Wenn du Menschen fragst, was sie mit Norwegen verbinden oder was sie für das Schönste im Land halten, wird niemand »Oslo Plaza« antworten. Viele sind sogar peinlich berührt, wenn das Oslo Plaza zur Sprache kommt, denn wenn wir ehrlich sein wollen, müssen wir zugeben, dass wir von dem glänzenden Bau, als er neu war, sehr angetan waren. Es war in einer Zeit, als noch niemand auf der Welt der Ansicht war, was aus Skandinavien komme, sei Kult; lange bevor es als selbstverständlich galt, dass du Popstar wirst, wenn du einen Laptop besitzt und aus Bergen stammst. Damals fanden wir es schon super, ein Gebäude zu bekommen, das solchen Bauten auch nur ähnelte, wie man sie aus größeren Städten in anderen Ländern kennt. Als das Plaza im Jahr 1990 als Skandinaviens höchstes Hotel eröffnet wurde, schnitt der König persönlich die Schnur durch, und die Leute standen Schlange, um mit dem außen liegenden gläsernen Aufzug zu fahren.

Jetzt ist das Plaza nicht mehr das höchste Hotel in Skandinavien. Gleich daneben liegen das Postgebäude, das ebenfalls hoch ist, und selbstverständlich ebenfalls verhasst, ein paar Einkaufszentren, ein Kreisverkehr und der Busbahnhof, der 2008 zum hässlichstem Gebäude Oslos gewählt wurde. Direkt gegenüber liegt die Burger-Bar Fiasco, einer der wenigen Orte in Norwegen, wo du an einem Fensterplatz sitzen und rausschauen und nicht den Himmel sehen kannst. Ich habe mich im Fiasco immer wohlgefühlt.

Weiter kannst du dich in Norwegen von Wald und Fjell nicht entfernen.

Und genau hier soll unsere Tour anfangen. Denn wie könnte es auch anders sein: Nicht einmal hier entkommst du. Hier beginnt nämlich ein markierter Wanderweg nach Jotunheimen.

Es gibt in Norwegen über zwanzigtausend Kilometer markierte Wanderwege. Sie sind im Großen und Ganzen mit auf Stein gemalten roten Ts markiert. Siehst du ein rotes T, befindest du dich auf einem Wanderweg, und da du bist sicher. Dies hast du in dir, wenn du in Norwegen aufwächst, unweigerlich. Es ist nicht sicher,

dass du lesen und schreiben lernst, aber das mit den roten Ts, das kriegst du mit. Und einer dieser Wege, der sogenannte Jotunheimstien, fängt also mitten in Norwegens größter Stadt an, gleich hinter dem Oslo Plaza. Wenn du Zeit genug hast, kannst du von hier den ganzen Weg bis Jotunheimen gehen. Es ist eine Tour von über dreihundert Kilometern, und sie dauert ein paar Wochen.

Dies ist also mein großer Plan für den Beginn unserer Tour. Wir werden nicht den ganzen Weg bis Jotunheimen gehen, natürlich nicht. Wir sind ja nicht krank. Und wir haben nicht ein paar Wochen Zeit. Wer hat das schon? Aber wir werden die erste Etappe gehen. Heute Nacht werden wir im Oslo Plaza schlafen, im dreißigsten Stock, mit Aussicht über die ganze Stadt. Denn so kann das Leben auch sein. Und dann gehen wir durch die Stadt, tauchen in den Wald ein, und nach einigen Stunden im Wald gelangen wir zu einer Hütte ohne Strom und Wasser. Da werden wir morgen übernachten. Denn so kann das Leben auch sein. Von maximalem Stadtleben zu maximal primitiver Natur innerhalb eines Tages. Ich finde, es ist ein ziemlich raffinierter Plan.

Und genau das sage ich der Dokubeauftragten, als wir, jeder mit einem Bier vor sich und in den Reisepapieren blätternd, in der Bar ganz oben im Oslo Plaza sitzen. Wir begannen die Expedition mit einem Bier im Fiasco, das maximal Stadt ist, dann nahmen wir den Aufzug in die vierunddreißigste Etage, die genauso sehr Stadt ist, jedoch mit Aussicht. Schon jetzt spüre ich, dass ich zumindest eins mit dem Wandervolk gemeinsam habe. Ich liebe Aussichten. Es gefällt mir ausnehmend gut, in einer Bar ganz oben in Skandinaviens beinahe höchstem Gebäude zu sitzen und zu sehen, wie weit sich die Lichter der Stadt erstrecken, dann wird es weniger und weniger Stadt, und es werden weniger und weniger Lichter, und irgendwo in der Ferne, im Dunkeln, liegt die Natur. Ich fühle mich vage optimistisch und etwas poetisch und trinke noch einen Schluck Bier. Außerdem fühle ich, dass es eine kindliche Freude bereitet, in der Stadt, in der du lebst, im Hotel zu übernachten. Ich kann das unbedingt empfehlen. Es ist ein wenig wie Schwänzen. Es ist eine letzte absolut unvernünftige Handlung, bevor wir morgen vernünftige Menschen werden, die Karten in einer Plastikhülle lesen und ihre Schuhe eingelaufen haben und darauf achten, genug Flüssigkeit zu sich zu nehmen. Wir haben Spätsommer und Regen. Ich glaube, ich bin bereit.

»Ist das nicht ein ziemlich raffinierter Plan?«, wiederhole ich, denn ich habe das Gefühl, dass die Dokubeauftragte es beim ersten Mal nicht mitbekommen hat.

Sie nickt und lächelt. Ich weiß, dass sie sich auf unsere Tour freut. Es war nicht schwer gewesen, sie zu überreden. Sie liebt die Aufgabe. Aber sie ist offensichtlich etwas besorgt, dass der Plan zu ehrgeizig ist. Und wegen der Knieverletzung.

»Ich will nur nicht, dass du den Mut verlierst. Es wäre doch schade, wenn dir die Lust auf all das vergeht. Das wäre ja ein Scheitern auf ganzer Linie.«

»Aber da kommst du ins Spiel. Wenn ich anfange, den Mut zu verlieren, musst du mich mit deiner Wandererfahrung und deiner guten Laune wiederaufrichten.«

»Ich soll also die nervige Positive sein, habe ich das richtig verstanden?«

»Ja! Genau.«

»Ich soll also die sein, die sagt, dass es kein schlechtes Wetter, sondern nur schlechte Kleidung gibt?«

»*So* nervig positiv musst du vielleicht nicht sein.«

Dies ist ja der nervigste Satz, den es gibt. Er fasst alles zusammen, was an nervigen Freiluftikussen so nervig ist. Es gibt kein schlechtes Wetter, nur schlechte Kleidung. Was bedeutet das eigentlich? Dass jeder ohne Probleme acht Stunden durch Matschwetter laufen kann, wenn er nur vierzigtausend hinblättert, um die richtige Ausrüstung zu kaufen?

»Ich werde diejenige sein, die dir sagt, dass es am Steilhang aufwärts geht.«

Okay. Das mit dem schlechtem Wetter und der schlechten Kleidung ist vielleicht nur der zweitnervigste Satz.

»Niemand sagt einem, dass es am Abwärtshang am schnellsten vorwärts geht«, stelle ich fest.
»Nicht unbedingt.«
»Nicht unbedingt was?«
»Der Abstieg von einem Gipfel geht nicht unbedingt schneller.«
»Was sagst du da?«
»Als ich auf dem Galdhøpiggen war, habe ich vier Stunden rauf und vier Stunden runter gebraucht.«
»Ist das wahr?«
»Hm.«
Dies bleibt in der gesamten Wanderliteratur fahrlässig unerwähnt.
»Und wie ist der Abstieg?«
»Lang. Und langweilig. Und geht schwer auf die Knie.«
Dies bleibt ebenfalls fahrlässig unerwähnt in der Wanderliteratur.
»Ich glaube, da muss ich extrem nervig positiv sein.«
»Sieht ganz so aus.«

Wir blicken über die Stadt, kontrollieren zum letzten Mal den Wetterbericht und müssen uns damit abfinden, dass ziemlich schlechtes Wetter angekündigt ist. Die Dokubeauftragte will etwas sagen, erkennt aber, dass es unnötig ist. Wir leeren unsere Biergläser.
»Noch eins?«, fragt sie.
»Nein. Jetzt müssen wir schlafen. Wir haben morgen einen langen Tag vor uns.«
»Ich hätte nie gedacht, dass ich das einmal von dir hören würde.«
»Es ist eine neue Zeit, Baby. Es ist eine neue Zeit.«

Zwölf Stunden später stehe ich in der ziemlich eleganten Rezeption des Oslo Plaza, in Wanderstiefeln, Outdoorhose und einer der grünsten winddichten Outdoorjacken, die je hergestellt wurden. Wahrscheinlich bin ich der Erste in der Geschichte dieses Stadtteils, der so gekleidet geht. Die Jacke sieht hier möglicherweise noch grüner aus als im Laden. Auf dem Rücken habe ich einen großen und mäßig gut gepackten Rucksack. Um den Hals trage ich den Kompass und eine Karte in einer Plastikhülle. Die Dokubeauftragte ist ebenso gekleidet, aber sie ist immerhin nicht grün. Und außerdem hat sie einen Teil ihrer Wanderausrüstung schon seit Längerem. Du siehst, dass dies nicht das erste Mal für sie ist. Bei mir kann dagegen jeder sehen, dass an allem, was ich trage und bei mir habe, vor weniger als einem Tag noch ein Preisschild hing.

Die Dokubeauftragte nimmt ihren Job als nervige Positive ernst und begann den Tag mit dem Abspielen des nervig positiven Naturlieds »Der frohe Wandersmann«, während wir packten. Wenn du das Glück hast, diesen Klassiker nicht zu kennen, kann ich dir erzählen, dass es ursprünglich ein deutscher Schlager war, der in vielen Ländern in zahlreichen Versionen eingespielt wurde, alle gleich nervig. Der norwegische Text, der mehrstimmig und ein bisschen zu laut und mit einem frischen Lächeln zu singen ist, lautet:

Ich heiß' der frohe Wandersmann,
denn sorglos, frisch und frei
schreit' ich fürbass den Weg entlang,
so endlos er auch sei.
Falleri fallera fallera fallera-la-la-la-la-la!
Falleri fallera! So endlos er auch sei!
Die warme Sonne ist mein Freund,
der Regen ist mein Bruder

Du verstehst, was ich meine. *Der Regen ist mein Bruder.* In dem Stil.

Ich bin aber nun mal ein Typ, der sich gern mitreißen lässt, und ich habe eine Schwäche für alte Schlager, also fühle ich, dass das nervig positive Lied tatsächlich meine Stimmung hebt. Ich fange an, mich ein bisschen auf das Wandern zu freuen. Und wenn es nur deswegen ist, weil Wandern zumindest etwas anderes ist

als Packen, womit wir uns die vergangenen vierundzwanzig Stunden beschäftigt haben. Wir haben gestern stundenlang gepackt. Gepackt und gepackt und umgepackt und noch einmal neu gepackt. Wanderausrüstung lag über den ganzen Wohnzimmerboden verstreut. Und Verpackung! Ich will keine große Sache daraus machen, sondern nur erwähnen, dass das Leben im Einklang mit der Natur eine enorme Menge Verpackungsmüll produziert. Normalerweise bin ich ein effektiver Packer, doch das kann damit zusammenhängen, dass ich im Normalfall an Orte reise, wo du problemlos Sachen kaufen kannst, wenn du etwas vergessen hast. Außerdem gibt es zahlreiche superkluge Ratschläge zu berücksichtigen, wie du einen Wanderrucksack so packst, dass du ihn einerseits gut tragen kannst und anderseits leicht an die Dinge herankommst, die du am häufigsten brauchst. Um all diese Ratschläge in einem Satz zusammenzufassen: Es ist unmöglich. Deshalb hast du am Ende halb gut gepackt und findest nicht, was du brauchst, wenn du ankommst, sodass du am nächsten Tag alles neu packen musst, während du dir ein Lied mit dem Refrain »Falleri fallera fallera fallera-la-la-la« anhörst.

Und ich stehe in der Rezeption und summe dieses superfröhliche Lied vor mich hin. Es ist unvermeidbar.

Natürlich sieht hier niemand aus wie wir. Die anderen tragen Anzüge oder Kostüme mit Namensschild, oder sie tragen Alltagskleidung und haben in aller Eile gepackte Taschen bei sich und sehen müde, glücklich und noch nicht wieder ganz nüchtern aus. Mehrere von ihnen gehen an uns vorbei und schauen sich dann um, als fragten sie sich, ob sie richtig gesehen haben. Manche verdrehen sogar die Augen. Ich kann ihnen keinen Vorwurf machen. Ich schwitze. Diese Kleidung ist nicht für das Tragen in geschlossenen Räumen gemacht. Ich öffne einen der achtundsechzig Reißverschlüsse und setze den legendären Lufttransport in Gang.

Falleri. Fallera.

Der Rezeptionist ist jung, und das Schild an seiner Jacke weist ihn als Azubi aus. Er ist so dienstbeflissen, wie man es nur als Azubi sein kann.

»Ich hoffe, Sie haben einen schönen Aufenthalt bei uns gehabt?« sagt er ein wenig zu laut und ein wenig zu auswendig gelernt und zeigt uns seine Zähne. Das ist Rezeptionistensprache und bedeutet: »Warum haben Sie für eine Nacht im Hotel hundertsechzig Liter Gepäck mitgebracht? Und gibt es tatsächlich so grüne Jacken wie die da?«

Ich zeige mein mittlerweile berühmtes inklusives Lächeln und mache Konversation.

»So viele in diesem Aufzug sieht man hier im Hotel wohl nicht?«

Jetzt hat der Rezeptionist was zu tun. Solch ein Satz gehört kaum zu seinem Ausbildungspensum. Unser Mann muss improvisieren.

»Nein, ich habe vermutlich noch nicht viele gesehen ... *die genau so* aussehen.«

»Wir wollen den Jotunheimstien nehmen«, sage ich zur Erklärung.

»Hm«, sagt der Rezeptionist. Was soll er auch sonst sagen? »Hm« ist im Übrigen ebenfalls Rezeptionistensprache und bedeutet »Jotunheimen? Ist das nicht dreihundert Kilometer entfernt? Und die Jacke ist wirklich extrem grün.«

»Wissen Sie, dass der Jotunheimstien gleich hier draußen anfängt?«

»Nein, das wusste ich nicht.« Was in Rezeptionistensprache bedeutet: »Sollte ich jemanden anrufen?«

Tatsächlich deutet sehr wenig darauf hin, dass der Jotunheimstien dort anfängt, wo er anfangen soll. Auf www.ut.no steht forsch: »Es ist sinnvoll, am Oslo Plaza beginnend dem Akerselva zu folgen. Hier findet man ein Schild nach Oset in Maridalen.«

Das ist allerdings nicht der Fall. Und es gibt auch nicht so viele Leute in der Gegend hinter dem Oslo Plaza, die wirken, als könn-

ten sie dir weiterhelfen, wenn du sie nach dem Weg nach Jotunheimen fragst. Die wenigen anderen, die am Fluss hinter dem Hotel herumhängen, nach irgendetwas zu fragen, ist ganz und gar nicht empfehlenswert, es sei denn, du bist echt scharf auf Drogen.

Wir finden einen Laternenpfahl, der so aussieht, als wäre einmal etwas an ihm befestigt gewesen, und kommen zu der Schlussfolgerung, dass dort einst das Schild gehangen haben muss. Wir legen eine Gedenkminute ein. Dann laufen wir los.

Wir gehen am Fluss entlang durch die Stadt, auf Pfaden und Wegen, die ich schon viele Male benutzt habe, in Mittagspausen und auf abendlichen Spaziergängen. Und in den letzten Tagen bin ich hier unterwegs gewesen, um die Wanderstiefel einzulaufen. Was wichtig ist. Da kannst du jeden fragen.

Wir beginnen, nach roten Ts Ausschau zu halten. Wir befinden uns ja auf einem Wanderweg. Es wäre schon cool gewesen, wenn ein rotes T aufgetaucht wäre, das Symbol für die Natur an sich, gerade hier, wo Norwegen am städtischsten ist. Und es gibt reichlich Steine und Mauern am Flusslauf, auf die man ein T sprayen könnte. Doch wir sehen keins.

Stattdessen steht eine ganze Menge anderes auf den Steinen und Mauern, an denen wir vorübergehen. An einer Stelle zum Beispiel: »I love sluts«. Aber dahinter steckt kaum Den Norske Turistforeningen.

Oder doch? Vielleicht ist es eine Untergruppe? Wandergruppe chauvinistischer Männer? Es ist tatsächlich nicht ganz unwahrscheinlich, dass es so etwas gibt. Dafür, dass das Wandervolk Einsamkeit und Stille in der Natur sucht, legt es auffällig großen Wert darauf, sich mit vielen anderen in Gruppen zu organisieren. Den Norske Turistforeningen hat beinahe sechzig Mitgliedervereinigungen und eine Menge Ortsgruppen. Es gibt eigene Jugend-, Kinder- und Seniorenabteilungen. Es gibt eine lesbische Wandergruppe und eine eigene Wanderabteilung für männliche Homosexuelle. »Für Männer, die Männer mögen, die die Berge mögen«, lautet ihr Slogan.

Etwa sieben Minuten hinter dem Plaza führt der Jotunheimstien direkt an dem Café vorbei, in dem ich jeden Morgen Kaffee trinke. Es ist ein äußerst gemütliches Lokal. Hier wissen sie, was ich will. Wir sind drei, vier Stück, die sich früh am Morgen dort treffen und das Gleiche nehmen. Es ist eine kleine Gemeinschaft. Wir sagen jeden Tag die gleichen Dinge zueinander. Bei den seltenen Gelegenheiten, wenn ich einem der Stammgäste einmal außerhalb dieses Cafés begegnet bin, war es immer so, als begegnete ich in den Ferien weit weg von zu Hause einem Kollegen oder einem Nachbarn.

Dies ist ein Test. Ich werde in Wanderbekleidung dieses Café betreten, in dem ich Stammkunde bin, und ich werde die Wanderkleidung mit Stolz tragen. Ich werde meinen Leuten zeigen, dass ich jetzt einer von denen geworden bin. Es ist viel peinlicher, als ich es mir vorgestellt habe. Und ich habe viel Peinliches gemacht. Frag, wen du willst. Ich hebe den Kopf, strecke den Rücken, öffne drei, vier Reißverschlüsse der Jacke und gehe hinein.

Ich komme glimpflich davon. Normalerweise bin ich früher am Morgen hier, so dass von meinen Stammgastfreunden keiner da ist. Die Frau hinter der Theke ist ziemlich neu, und nach allem, was sie weiß, könnte es gut sein, dass ich die Gewohnheit habe, nach dem Frühstückskaffee nach Hause zu gehen, mich in Extremgrün zu kleiden und mit Gepäck auf dem Rücken zurückzukommen.

Draußen macht die Dokubeauftragte ein Foto.

»Der letzte Cortado«, sagt sie dramatisch. »Ab jetzt gibt es nur noch schwarzen Outdoorkaffee.«

»Es gibt keinen schlechten Kaffee«, sage ich. »Es gibt nur schlechte Kleidung.«

Es fängt an zu regnen.

»Der Regen ist unser Bruder«, sagt die Dokubeauftragte.

Und dann verlassen wir die Zivilisation.

05

AUS DER STADT IN DEN WALD, STUNDE UM STUNDE

Erste Etappe: Oslo Zentrum–Tømtehytta. Zu Fuß. Veranschlagte Zeit: sechseinhalb Stunden.

12.15: Wir sind eine Viertelstunde gegangen. Wir sind noch in der Stadt und laufen auf Asphalt. Der Regen hat aufgehört. Der Cortado ist leer. Ich habe den »Frohen Wandersmann« im Kopf. Die Stimmung ist gut.

12.45: Wir sind immer noch in der Stadt, aber in einem Stadtteil, den ich nicht gut kenne. Das gefällt mir. Wir reden darüber, was für Menschen unserer Ansicht nach dort wohnen. Plötzlich kommen wir an einer Stelle vorbei, wo einer von uns einmal auf einem Fest oder bei einem Treffen war. Oder gejoggt ist, oder gebadet hat. Es ist schön, in seiner Stadt umher zu spazieren. Sehr schön.

12.50: Sehr, sehr schön.

13.00: Wir werden bald den Asphalt hinter uns lassen und auf einen Schotterweg einbiegen. Auf einer Bank machen wir eine Schokoladenpause. Sofort fängt es wieder an zu regnen.

13.15: Rund zwanzig Sekunden, nachdem wir die asphaltierte Straße verlassen haben, begegnen wir einem älteren Paar auf dem Weg in die Stadt. Sie lächeln und sagen »Hei«. Offenbar grüßt man Fremde, sobald man den Asphalt hinter sich gelassen hat.

13.30: Wir erreichen Maridalsvatnet nach genauso viel Zeit, wie es laut www.ut.no dauern soll, dorthin zu gelangen. Das gibt uns ein starkes, wenn auch seltsames Gefühl, tüchtig gewesen zu sein. Es hat aufgehört zu regnen.

13.45: Wir sind jetzt eine Weile auf einem Feldweg unterwegs. Es ist mehr und mehr Natur und weniger und weniger Stadt um uns herum. Doch ich habe noch immer den falschen Fokus. Ich rufe begeistert Dinge wie: »Guck mal da, ein Haus!« oder »Man kann die Autos von der Straße hören!«. Muss mich zusammennehmen. Mich auf das Naturerlebnis konzentrieren.

14.00: Wir kommen zu einem Schild, das in eine andere Richtung weist als die, die wir glauben, einschlagen zu müssen. Wir folgen ihm eine Weile, geraten zurück auf die asphaltierte Landstraße, ziehen die Karte zurate und stellen fest, dass es zwei Orte gleichen Namens nicht weit voneinander entfernt gibt. Wir fragen uns, ob wir es wirklich geschafft haben, uns schon jetzt in der Natur zu verlaufen, bevor wir sie überhaupt richtig erreicht haben.

14.05: Um zu beweisen, wie gut wir darin sind, nervig positiv zu sein, beschließen wir, dass dies der perfekte Zeitpunkt ist, einen Stein zu suchen, sich hinzusetzen, Mittagsrast zu halten und Kaffee zu trinken, die Karte zu studieren und in aller Ruhe herauszufinden, wo wir sind und wo wir hinwollen.

14.06: Es fängt wieder an zu regnen.

14.07: *Note to self:* Sitzunterlage, Regenzeug und Essen immer leicht greifbar im Rucksack haben.

14.10: Die Dokubeauftragte bereitet in einer kleinen Tüte äthiopischen Outdoorkaffee zu. Wir essen Brote. Gar nicht so übel,

obwohl es regnet. Und ein rascher Blick auf die Karte sagt uns, dass der Weg, den wir nehmen wollen, direkt hinter uns beginnt und geradewegs in den Wald führt. Jetzt wird es ernst.

14.20: Wir gehen in den Wald. Gut vier Stunden liegen vor uns, bis wir bei der Hütte ankommen, wenn man www.ut.no Glauben schenken soll. Und das soll man.

14.25: Der Regen nimmt zu. Ich weise darauf hin, dass man ihn fast nicht spürt, wenn man unter Bäumen geht.

»Der Wald ist wahrlich das Dach der Natur«, sage ich, und wir sind uns einig, dass wir uns noch nicht als echte Freiluftfreunde bezeichnen können, wenn es uns nicht gelingt, so etwas zu sagen, ohne zu grinsen.

14.30: Es gibt viel weniger Gesprächsstoff, wenn man von Wald und nichts als Wald umgeben ist. Wir beschließen, dass dies eine gute Gelegenheit ist, auszuprobieren, wie es sich anfühlt, schweigend zu gehen und zu denken. Jetzt können wir die Erfahrung machen, wie das Stadtleben, der Alltag und der Trubel uns loslassen, und wir beginnen, die Dinge klar zu sehen.

14.40: Wir sind jetzt zehn Minuten schweigend und in Gedanken gegangen. Bisher habe ich folgendes gedacht: »Da ist eine Baumwurzel. Da ist eine Baumwurzel. Da ist es nass. Da ist eine Baumwurzel. Da ist eine Baumwurzel.«

14.43: Baumwurzel. Baumwurzel. Falleri. Fallera. Fallera. Fallera-la-la-la.

14.45: Wir kommen zu dem Schluss, dass dies nicht die Landschaft für Schweigen und klare Gedanken ist. Wir versuchen stattdessen das große Gespräch. Mehrere meiner Freunde, die gern mit anderen zusammen wandern, sagen, sie führten die besten Gespräche beim Wandern. Denn da rede man über die großen Dinge, weil die Logistikhölle des Alltags so weit entfernt sei. Wir fangen an, und wir sind gar nicht so schlecht. Wir sprechen über Träume, über Dinge, die wir immer schon tun wollten, Orte, an die wir reisen wollen.

14.48: Es zeigt sich, dass absolut alle Orte, an die wir reisen wollen, Orte ohne Regen und Nadelwald sind. Dieses Gespräch ist klar destruktiv.

14.50: Da ist eine Baumwurzel. Da ist eine Baumwurzel. Da ist es nass. Da ist eine etwas merkwürdige Baumwurzel.

14.55: Wir wechseln das Thema und reden über Bücher, die wir lesen möchten. Ich nenne ein Buch, von dem ich gehört habe.
»Wovon handelt es?«, fragt die Dokubeauftragte.
»Es fängt damit an, dass eine Familie in einer Hütte in den Wäldern um Oslo bestialisch ermordet wird.«

14.56: Baumwurzel. Baumwurzel. Baumwurzel.

15.00: Falleri. Fallera.

15.05: Wir beschließen, uns auf das Heikle zu konzentrieren: den »Frohen Wandersmann« aus dem Kopf zu bekommen. Es gibt nur eine anerkannte Methode, eine irritierende Melodie aus dem Kopf zu bekommen, nämlich die, sie durch eine andere Melodie zu ersetzen. Die Dokubeauftragte beschließt, mir den Text von »Do-Re-Mi« aus *The Sound of Music* beizubringen. Frag mich nicht, warum sie den kennt. Sie beherrscht viele seltsame Dinge. Ich weiß ihr Engagement zu schätzen.

15.25: Jetzt können wir beide »Do-Re-Mi« aus *The Sound of Music* auswendig.

15.27: »Do-Re-Mi« aus *The Sound of Music* ist ein ziemlich nerviges Lied.

15.35: Ich glaube, ich vermisse den »Frohen Wandersmann«.

15.40: Wir müssen etwas unternehmen, um »Do-Re-Mi« loszuwerden, und die Dokubeauftragte schlägt vor, so viele Namen wie möglich von Sängern und Sängerinnen oder Bands zu suchen, die mit A anfangen. Vielleicht ist das nicht gerade Stille, die zur Klarheit führt, oder das große Gespräch. Aber es vertreibt uns die Zeit.
»Abba«, sage ich. Selbstverständlich.
»Annie Lennox«, sagt die Dokubeauftragte.
»Andrew Sisters.«
»A-ha.«
»Avicii.«
Es regnet jetzt ziemlich stark. Es bleiben noch zwei Stunden und fünfzig Minuten. Um uns herum sehen wir Bäume. Nichts als Bäume.

15.55: Es geht nicht mehr so schnell mit den Sängern auf A. Zwischen den Namen liegen jetzt lange Denkpausen. Es ist nasser. Wir schauen fast nur noch auf den Boden, um nicht zu stolpern oder plötzlich bis zu den Knien im Matsch zu stehen. Muss das so sein, frage ich mich. Sollten wir nicht aufblicken? Dinge in den Bäumen suchen. Tiere? Sollte es hier nicht Tiere geben? Ist dies nicht die Natur? Wir sind seit vier Stunden unterwegs und haben nicht einmal eine Maus gesehen. Wenn ich in der Stadt nur zehn Minuten zu einem Geschäft gehe, treffe ich dabei oft auf eine Katze oder zwei. Und auf eine Menge Vögel.
»*A flock of seagulls!*«, rufe ich laut.
Es fühlt sich an wie ein Sieg.

16.05: Die Markierung von Wanderwegen ist verwirrender, als mancher wahrhaben will. Besonders, wenn du nicht die ganze Zeit aufpasst, weil du damit beschäftigt bist, Sänger auf A zu suchen. Hier im Wald sind rote und blaue Markierungen an den Bäumen. Also keine roten Ts auf Stein, wie ich es gelernt habe. Es kann ziemlich weit sein von einer Markierung zur nächsten. Dann und wann trennen sich die blauen und die roten Markierungen, ab und zu sind die Bäume plötzlich mit beiden Farben gekennzeichnet. Normalerweise würden wir das googeln. Aber hier haben wir natürlich kein Netz.

»Alphaville«, sagt die Dokubeauftragte.

Es ist unglaublich ärgerlich, dass ich nicht auf Alphaville gekommen bin.

16.15: Plötzlich hört die Markierung auf. Wir sehen keinen Baum mit irgendeiner Farbe. Es regnet heftig. Allem Anschein nach gibt es auf der Welt keine Sänger und Musiker mit A mehr. Wir einigen uns darauf, dass wir nur ein Stück weiter in die gleiche Richtung gehen müssen, um wieder auf Markierungen zu treffen.

16.25: Wir sind ein Stück weiter in die gleiche Richtung gelaufen. Wir haben keine Markierungen gefunden. Dafür sind wir an einen sehr steilen Abhang gekommen, der hinunter zu einem allem Anschein nach relativ weitläufigen Moor führt. Die Dokubeauftragte hat angefangen, ziemlich hässliche Dinge über die Leute zu sagen, die diese Pfade markieren. Jetzt ist es also an mir, nervig positiv zu sein. Das nennt man Teamwork.

»Vielleicht haben wir jetzt Netz«, frage ich. Und tatsächlich, wir haben.

Die Kartenfunktion des Telefons ist zu nichts nütze. Dieser Karte zufolge befinden wir uns gerade in einem großen Gebiet, wo nichts ist. Die Karte stimmt also zumindest mit dem Terrain überein. Aber wir googeln uns durch und erfahren, dass es zwei Typen von markierten Wegen gibt, Sommerwege und Winterwege. Das Problem, wenn man im Sommer Winterwege geht, besteht

darin, dass diese plötzlich einen See oder – tada! – ein Moor oder anderes Terrain kreuzen, die im Sommer nicht begehbar sind. Und die Sommerwege sind logischerweise mit der kalten Winterfarbe Blau markiert. Und die Winterwege logischerweise mit der warmen Farbe Rot. Das wissen wir jetzt.

Über so etwas sollte man sich informieren, *bevor* man zu seiner Tour aufbricht, denkst du sicher, während du dies liest, wenn du ein supervernünftiger, tourerfahrener Typ bist. Und genau das ist der Grund, warum ich supervernünftige, tourerfahrene Typen *hasse.*

16.30: Wir beschließen, selbst supervernünftig zu sein und rechtzeitig umzukehren. Wir müssen zurück zu dem Punkt, an dem wir waren. Wenn wir den Weg zurück zu dem Punkt, an dem wir waren, auch *finden.* Schließlich sieht alles gleich aus. Es gibt ja nur Bäume hier. Wir drehen um. Wir gehen, schnell. Ich summe leise »Do-Re-Mi«. Die Dokubeauftragte summt verbissen »Der frohe Wandersmann«.

17.00: Wir sind zurück an dem Punkt, an dem wir falsch gelaufen sind. Wir feiern das mit einem Stück Schokolade.

»Auf die Weise haben wir ja ein bisschen mehr vom Wald gesehen«, sagt die Dokubeauftragte und nimmt damit ihren Job als nervig Positive wieder auf.

»Sich verlaufen gibt es nicht«, sage ich. »Es gibt nur schlechte Kleidung.«

Wir diskutieren darüber, wie viel Zeit wir dabei verloren haben. Eine Stunde? Mehr? Zwei? Und wie viel Zeit haben wir eigentlich verloren, als wir kurz vor der Mittagspause vielleicht ein bisschen falsch gelaufen sind? Schwer zu sagen. Wir beschließen, unsere Niederlagen hinter uns zu lassen und mit frischem Mut weiterzugehen. Solche Leute sind wir jetzt geworden. Schon jetzt. Jetzt wissen wir, dass wir auf dem richtigen Weg sind. Wir haben Schokolade und äthiopischen Outdoorkaffee im Rucksack. Und wir sind im Alphabet noch nicht über A hinausgekommen. Wir beginnen mit B und ziehen das Marschtempo an.

»Beyoncé«, sagt die Dokubeauftragte.

»Bob Marley.«

»Boney M.«

»Bananarama.«

»Beastie Boys.«

Noch zwei Stunden. Oder drei. Oder mehr. Ich weiß nicht. Es regnet und regnet.

17.15: Einer von uns stellt endlich die Frage, die uns beide, so glaube ich, seit einer Weile beschäftigt:

»Wann wird es eigentlich dunkel?«

Also: *Das* ist eine von den Sachen, die man nicht weiß, wenn man nicht die Angewohnheit hat, abends im Wald herumzulaufen. Ich greife nach dem Einzigen, wonach ich greifen kann.

»Gestern, als wir ins Plaza kamen, war es hell. Und ich glaube, wir sind kurz vor acht gekommen.«

»Ja. Aber es war ziemlich dunkel, als wir uns in die Bar gesetzt haben.«

»Ja.«

Mit anderen Worten: Irgendwann zwischen kurz vor und kurz nach acht wird es dunkel.

Wenn wir uns nicht ein einziges Mal verlaufen hätten, müssten wir der Wanderbibel im Netz zufolge um halb sieben am Ziel sein. Wir nehmen uns vor, das Tempo noch ein wenig zu erhöhen.

17.30: Im Moment wieder nicht das geringste Naturerlebnis. Wir gehen, ein wenig zu schnell. Wir schauen nach unten. Es wird nasser und nasser. Beide zählen wir wohl insgeheim die Minuten und Sekunden und Kilometer. Seit einer Viertelstunde hat keiner ein Wort gesagt. Bei keinem von uns ist große innere Ruhe zu spüren.

»Bonnie Tyler«, sagt die Dokubeauftragte, ohne Begeisterung.

17.38: Es ist unglaublich, wie man sich über ein Schild draußen im Wald freuen kann. Die Markierungen sind, wie gesagt, nicht immer einfach zu finden, und es fällt auch nicht immer leicht, aus ihnen klug zu werden. Aber auf ein Schild ist Verlass. Deshalb stoßen wir beide jedes Mal begeistert »Schild!« aus, wenn wir eins sehen. Diesmal zeigt das Schild uns, dass wir auf dem richtigen Weg sind. Wie weit es noch ist, bleibt dagegen etwas unklar. Es weist nur zu einem See, der, wie wir wissen, an unserem Weg liegt. Wie weit es von dort bis zur Hütte ist, wissen wir nicht. Auf der Karte sieht es außerdem so aus, als ginge es das letzte Stück bergauf.

»Am Steilhang geht es aufwärts«, sagt die Dokubeauftragte.

Es sind noch etwas mehr als zwei Stunden bis zum Einbruch der Dunkelheit. Vermutlich.

17.40: Plötzlich kommt uns eine Joggerin entgegen. Eine junge Frau springt leicht von Baumwurzel zu Baumwurzel. Die Vögel mögen wissen, wo sie herkommt. Sicher ist nur, dass sie weit gejoggt sein muss und dass sie noch eine lange Strecke vor sich hat.

All jenen, die der Meinung sind, es sei ein bisschen voll in der norwegischen Natur, möchte ich nur gesagt haben: Sie ist der erste Mensch, dem wir begegnen, seit wir die Stadt verlassen haben. Sie ist tatsächlich das erste lebende Wesen, das wir sehen. Und wir schrecken zusammen. Wir halten sie an, was sie augenscheinlich etwas irritierend findet. Aber wir müssen. Eine Person, die hier herumläuft, als sei es das Natürlichste auf der Welt, muss ja Ortskenntnis haben.

Sie lächelt höflich und joggt auf der Stelle. Wir erklären schnell, wohin wir wollen. Von der Hütte hat sie noch nie gehört, was extrem wenig zu unserer Beruhigung beiträgt, doch den See, zu dem wir wollen, kennt sie gut. Sie bestätigt, dass wir auf dem richtigen Weg sind. Ist es weit, fragen wir. Aber nein, erwidert sie, es ist gleich da drüben.

Dann läuft sie wieder in den Wald. Ich tippe, dass wir sie in naher Zukunft auf einem Siegerpodest sehen werden.

18.20: Note to self: Verlass dich nie, nie, nie, nie auf topfitte Joggerinnen im Wald, die sagen, dass etwas »gleich da drüben« liegt. Diese Leute haben keinen normalen Begriff davon, was »gleich da drüben« bedeutet. Es ist, als wollte man mit Menschen, die in sehr dünn besiedelten Gegenden leben, über Abstände diskutieren. Ich war einmal im am dünnsten besiedelten Teil Norwegens, ganz hoch im Norden. Als die Kneipe zumachte, luden uns ein paar überaus joviale Einheimische zu einem Absacker ein. »Ist es weit?«, fragten wir. »Nein, es ist nicht weit«, erwiderte der Gastgeber. »Eineinhalb Stunden mit dem Schneescooter.«

18.25: »Schild!«, ruft die Dokubeauftragte. Wir haben den See erreicht. Dort gibt es Anzeichen von Zivilisation. Bänke sind aufgestellt. Jemand hat vor nicht allzu langer Zeit hier gegrillt. Jemand hat auch auf einer der Bänke gegrillt, die halb verbrannt ist. Endlich sehen wir ein Schild mit dem Namen der Hütte, zu der wir wollen. Es ist etwas weiter, als wir dachten. Und der Weg führt, wie wir uns schon dachten, bergauf. Von hier an geht es nur noch aufwärts.

19.05: Der schiere Wille lässt uns weitergehen. Es kommt mir vor, als ob es dunkel würde. Doch es kann auch einfach daran liegen, dass wir uns im dichten Wald bewegen, und das bei richtigem Scheißwetter.

19.15: Mir reicht's jetzt. Aber so richtig.

19.25: Der Dokubeauftragten reicht es auch. Sie hat inzwischen als nervig Positive abgedankt. Sie fängt an, Argumente dafür vorzubringen, diesen ganzen Wald in Oslo dem Erdboden gleichzumachen und hier Wohnungen zu bauen. Und vielleicht hat sie nicht ganz unrecht. Vielleicht gibt es hierzulande wirklich genug

Natur, wenn es möglich ist, acht Stunden durch Wald zu laufen, ohne einen Menschen zu treffen, und sich immer noch in der größten Stadt des Landes zu befinden.

19.35: Schild! Noch ein Kilometer. Und es ist nicht nur Einbildung, dass es angefangen hat, dunkel zu werden. Mein Kopf ist nicht annähernd in der Lage auszurechnen, wie viel Zeit wir auf einem nassen Berghang mit großen Rucksäcken am Ende einer Wanderung für einen Kilometer brauchen. Ich mache also das Einzige, was ein vernünftiger Mensch in einer solchen Situation tun kann. Ich fange an, die Meter zu zählen. Eins. Zwei. Drei ...

Und für alle supervernünftigen, tourenerfahrenen Typen, die das hier lesen: Ja, wir *haben* Stirnlampen dabei. Aber trotzdem kommen wir in diesem halbdunklen, nassen Wald nur langsam voran. Und wir haben Hunger. Schon hundert Meter mit Stirnlampe in der Dunkelheit sind jetzt zu viel. Viel zu viel. Da drehen wir durch. Wir gehen im Kreis und singen laut und aggressiv: »Ich heiß' der frohe Wandersmann«.

19.40: Die Dokubeauftragte hat durch das letzte Schild noch einmal einen kleinen Kick bekommen und fängt an, Konversation zu treiben.

»Bist du schon einmal im Regenwald gewandert?«

Ich sage nichts. Einerseits, weil ich beim Zählen der Meter nicht unterbrochen werden möchte, und andererseits, weil meine Erfahrung mir sagt, dass diese Frage nur die Einleitung zu einer Geschichte ist über damals, als sie in Panama war.

»Als ich in Panama war«, sagt die Dokubeauftragte, »da sind wir einen ähnlichen Hang hinaufgestiegen. Da hingen Affen in den Bäumen, und wir sahen fantastische blaue Schmetterlinge.«

Wirklich? Denke ich. Seit siebeneinhalb Stunden laufen wir durch den Regen. Wir haben Bäume gesehen, Bäume und noch mal Bäume. Und Baumwurzeln. Und das war's. Wir haben zweihundert Liter Gepäck auf dem Rücken und bestimmt zwei Liter

Wasser in den Schuhen. In zwanzig Sekunden wird es dunkel. Findest du wirklich, dass dies der richtige Moment ist, daran zu erinnern, dass es anderswo auf der Welt Wald mit schönem Wetter und interessantem Tierleben gibt?

Ich sage es natürlich nicht laut.

»Noch fünfhundert Meter«, sage ich, auch wenn es sicher nicht stimmt. »Und außerdem: Bon Jovi!«

Die Dokubeauftragte ist beeindruckt.

19.50: Schild! Im Halbdunkel können wir es gerade noch lesen. »Tømtehyttene« steht da. Ja, verdammt, genau da wollen wir hin! Es ist keine Entfernung angegeben, was bedeuten kann, dass es tatsächlich hier ist. Vor lauter Begeisterung verfällt die Dokubeauftragte in Laufschritt. In die falsche Richtung.

Ich kann sie rechtzeitig stoppen. Wir werden uns einig, dass es zu blöd wäre, sich hier zu verlaufen. Wir folgen dem Schild, und nach vier Metern sehen wir die Hütte.

Wir sind ziemlich genau acht Stunden gewandert, mit einer kurzen Pause. Mein Telefon sagt, dass wir siebenundzwanzig Komma sechs Kilometer zurückgelegt haben. Laut www.ut.no hätten es zweiundzwanzig sein sollen.

Aber jetzt sind wir da. Endlich werde ich all das erfahren dürfen, wovon alle reden: Wie schön es ist, nach einem langen Tag voller Anstrengungen anzukommen. Wie viel besser das Essen schmeckt. Wie viel gemütlicher die Gemütlichkeit ist. Wie tief und fest man schläft.

19.55: Plötzlich kommt mir der Gedanke, dass wir die Hütte vielleicht nicht für uns allein haben. Sie ist ja im Prinzip allen zugänglich, die einen Schlüssel haben, und das sind praktisch alle Mitglieder von Den Norske Turistforeningen, und von denen gibt es ungefähr dreihunderttausend. Ich hoffe inständig, dass niemand da ist. Das Letzte, was ich jetzt will, ist Konversation treiben zu müssen. Von der Wanderung zu erzählen, mir herablassende

Kommentare darüber anzuhören, wie wichtig es ist, sich *vor* der Tour über das Markierungssystem zu informieren, darüber, wie unmöglich es ist, sich zu verlaufen, wenn man nur weiß, worauf man achten muss, darüber, wie wichtig gutes Schuhwerk ist und dass du, wenn du weißt, wie du dich richtig anziehst, praktisch keine nassen Füße kriegst, selbst wenn es den ganzen Tag regnet. Es gibt kein schlechtes Wetter ...

Acht Stunden im Wald, und ich habe schon angefangen, eine Abneigung gegen Menschen zu entwickeln.

20.00: Es kommt kein Rauch aus dem Schornstein. Selbstverständlich ist niemand hier. Es ist Montag. Es ist spät. Es regnet. Wir haben den ganzen Tag über nur ein lebendiges Wesen getroffen, eine Joggerin, und sie war in vollem Tempo weg von hier.

20.05: Dies sind die ärgerlichsten und unnötigsten Minuten in meinem bisherigen Leben. Wir sind endlich bei der Hütte angekommen. Durchnässt, hungrig und kaputt. Und dann muss ich den Rucksack abnehmen, draußen, im Regen, und herausfinden, in welches der ungefähr sechshundert pfiffigen Rucksackfächer ich den Schlüssel gesteckt habe. Ganz allgemein ist das Freiluftleben mit vielen Taschen und Fächern gespickt.

20.06: Während ich suche, beginne ich eine Theorie darüber zu entwickeln, dass der Sympathiefaktor der Leute sich umgekehrt proportional zur Anzahl ihrer Taschen verhält. Nur ätzend vernünftige Menschen haben zu viele Taschen, Menschen, die stets auf alles und jedes vorbereitet sind und immer wissen, wie alles gemacht wird. Die Berufsgruppe mit den meisten Taschen sind Fotografen und Reporter, die in Kriegsgebieten arbeiten. Besserwissende, lebensmüde, selbstzufriedene, unrasierte Alkoholiker die gesamte Bande.

20.08: Ich brauche jetzt Essen. Schnell.

20.11: Ich finde den Schlüssel im pfiffigen Rucksackfach Nummer dreiundvierzig. Wir schließen auf. Jetzt werden wir es uns auf echte Hüttenart gemütlich machen.

20.15: Zuerst müssen nur verdammt viele Dinge erledigt werden. Das weiß ja jeder, der schon einmal auf einer Hütte war. Aber es ist dennoch erstaunlich, wie leicht man es vergisst. Wir müssen Wasser holen. Das bedeutet, dass wir den Brunnen suchen müssen. Und jetzt *ist* es dunkel. Und wenn es in einem Wald dunkel ist, dann ist es richtig dunkel. Während ich mit einer winzigen Taschenlampe herumtappe, fällt mein Blick auf einige kleine Schilder, mit noch kleineren Symbolen, die im Dunkeln schwer zu erkennen und auch nicht leicht zu verstehen sind. Sie hätten »Brunnen« auf das Schild schreiben können, auf Norwegisch und in ein oder zwei Weltsprachen, aber sie haben sich also für Symbole entschieden, wahrscheinlich aus Rücksicht auf alle nicht des Englischen mächtigen Touristen aus Usbekistan, die hier die Türen einrennen.

Ich habe jetzt nicht die Geduld, in der Dunkelheit Symbole zu deuten. Ich habe jetzt für überhaupt nichts Geduld. Ich muss was essen. Ich stoße in der Finsternis beinahe mit einem kleinen Gebäude zusammen. Ich öffne die Tür. Es ist das Plumpsklo. Darin hängt ein Bild der norwegischen Königsfamilie, wie es auf Plumpsklos bei Hütten in Norwegen sein soll, um zu beweisen, wie witzig und bodenständig und sozialdemokratisch und charmant wir hier oben in Nordeuropa sind. Wir haben vielleicht Könige und Königinnen, aber wir hängen sie aufs Klo. Ich hasse Skandinavier. Ich hasse Leute mit zu vielen Taschen. Ich ...

Ich brauch was zu essen. Jetzt!

Ich fange an, mir um die Dokubeauftragte Sorgen zu machen. Dies alles muss für sie noch schlimmer sein. Sie ist der Typ, der ausrastet, wenn er nicht rechtzeitig etwas zu essen bekommt. Du glaubst vielleicht, du kennst Menschen, die es schlecht abkönnen, wenn ihr Blutzuckerspiegel fällt? Vergiss es. Dies hier ist etwas völlig anderes.

Ich höre ein Geräusch hinter mir. Ein Knacken. Im Licht der Taschenlampe erkenne ich vage die Dokubeauftragte. Das nasse lange Haar klebt ihr im Gesicht. Sie steht ganz still. Umgeben von Bäumen. Die Bäume bewegen sich. Als beugten sie sich vor und starrten mich an. Kommen sie etwa näher?

Die Dokubeauftragte hat etwas in der Hand. Eine Axt? Ein Gewehr?

Es ist eine Taschenlampe. Sie leuchtet ihr eigenes Gesicht an. Sie lächelt. »Ich geh und hole Holz«, sagt sie.

Ich brauch jetzt unbedingt was zu essen.

20.23: Nachdem wir – ohne die Hand vor den Augen zu sehen – Wasser und Holz geholt haben, bemerken wir in der Hütte einen Aushang, dass es nicht ratsam sei, das Brunnenwasser zu trinken. Aha, na gut. Wir haben noch drei Deziliter vom Wasser, das wir mitgebracht haben.

Fehlt noch das Essen.

Zuerst benötigen wir Papier, um das Feuer in Gang zu bringen, am besten solches, das nicht nass ist, und vor allem nicht die Karte, die wir morgen brauchen. Dann müssen wir das Feuerzeug finden. Und die halbe Hütte durchsuchen, um zu sehen, wo sie die Kerzen versteckt haben. Es zeigt sich, dass die draußen im Schuppen sind, wo wir gerade Holz geholt haben. Also wieder nach draußen. Danach müssen wir vierundzwanzig Kerzen anstecken, damit wir überhaupt etwas sehen. Und wir müssen den Ofen heizen. Und alle Sachen zum Trocknen aufhängen. Und wir müssen den provisorischen Gaskocher anschließen und Wasser für das Essen zum Kochen bringen, was sehr lange dauert. Sowohl das Anschließen als auch das Kochen.

Aber gut.

20.55: Alles ist erledigt. Endlich können wir uns setzen und das Outdoorlabskaus essen, dem nur kochendes Wasser beigegeben wird, bevor man es acht Minuten ziehen lässt. Labskaus. Echtes, robustes Hüttenessen für richtige Naturmenschen.

Wir setzen uns, schenken ein klein wenig von dem verbliebenen Trinkwasser ein, finden Besteck in einer Schublade und bringen uns in Stellung, reinzuhauen.

21.03: Das Labskaus ist in den vorgeschriebenen acht Minuten fertig geworden.
Es schmeckt ganz entsetzlich.
Also, wirklich.
Es ist nicht zu fassen: Tütenessen wird seit Jahrzehnten hergestellt. Es ist vielleicht nicht das, was die besten Köche der Welt empfehlen würden, aber es handelt sich doch meistens um Nahrung, die man durchaus essen kann. Für dieses Labskaus gilt das nicht.
Wenn es wirklich stimmt, dass das Essen nach einer langen und anstrengenden Wanderung *besser* schmeckt, dann ist dieses Labskaus wirklich grottenschlecht.
»Vielleicht war die Tour nicht lang genug«, sagt die Dokubeauftragte.
»Sie hätte wirklich sehr lang sein müssen, damit es schmecken würde.«
»Wenn wir mehrere Jahre in einem Gefangenenlager gesessen hätten und gefoltert worden wären, dann würde das hier bestimmt ganz fantastisch schmecken.«
»Da würde ich es für eine plausible Alternative halten, nur gutes Essen zu sich zu nehmen. Und auf die Folter zu verzichten.«
»Vielleicht hast du recht.«

21.15: Nachdem wir die Hütte auf den Kopf gestellt haben, finden wir ein Nudelgericht, das andere Gäste dagelassen haben. Es schmeckt – völlig okay.

21.35: Die Dokubeauftragte lächelt verschmitzt. Sie geht zu ihrem Rucksack, sucht ein wenig und findet – einen Flachmann!
»Du hast Schnaps mit?!«, rufe ich ein bisschen zu laut.
»Der gehört mit auf eine Tour.«

Sie schenkt einen Kleinen ein und reicht ihn mir.

»Eigentlich soll man einen Kleinen trinken, wenn man auf dem Gipfel angekommen ist«, sagt sie. »Aber wir kommen ja vor übermorgen auf keinem Gipfel an. Also ...«

»Ich wusste, dass deine Tourerfahrung uns zugutekommen würde.«

»Es gibt keinen schlechten Schnaps. Skål!«

21.45: Jetzt nimmt das Ganze allmählich Form an. Es beginnt einer Hüttentour zu ähneln. Und mir kommen Erinnerungen an die wenigen Hüttentouren, die ich gemacht habe, und daran, dass Hütten etwas haben, das mir gefällt. Mir gefallen Hütten aus dem gleichen Grund, aus dem ich Flughäfen und Hotels mag. An solchen Orten bist du ein wenig aus der Welt. Es spielt keine große Rolle, welcher Tag es ist oder in welchem Land du dich befindest. Dort gelten ganz eigene Regeln. Auf Flughäfen können gewöhnliche Menschen, die nicht im Entferntesten Alkoholiker sind, auf die Idee kommen, an einem Dienstagmorgen um acht Uhr ein Bier zu bestellen. In einem Hotel können gewöhnliche Menschen, die nicht im Geringsten kriminell sind, sich plötzlich entschließen, alles, was im Zimmer nicht niet- und nagelfest ist, zu stehlen. Und auf der Hütte lassen wir die Zivilisation fahren. Schnaps steht auf dem Tisch. Zusammen mit Resten von schlechtem Essen. Es ist überall unordentlich. Kerzen flackern. Der ganze Raum riecht schwer nach nasser Kleidung. Beide sitzen wir auf der Bank und sind ununterbrochen besorgt, dass das Feuer im Kamin ausgehen könnte. An der Wand hinter uns hängt eine Gitarre, an der eine Saite fehlt. Das ist Hüttenleben.

Fehlt nur noch die ultimative Hüttenaktivität: In schwachem Licht das Hüttenbuch lesen.

21.55: Viele sind hier gewesen, sehr viele. Und sie füllen Seite um Seite im Hüttenbuch. Ich sehe den Namen einer Familie, die ich kenne. Sie haben etwas nervig Positives und Tourenmäßiges geschrieben. Nicht direkt »Es gibt kein schlechtes Wetter ...«, aber weit davon entfernt ist es nicht. Und – nur nebenbei – es gibt eine Menge, die auch das schreiben. Und dass es schön ist, anzukommen. Und dass das Essen nach einer langen Tour so viel besser schmeckt. Ich hätte Lust, ein paar Kommentare an den Rand zu schreiben, aber ich lasse es sein.

Und hier sind drei Paare, die gemeinsam auf Tour sind. Sie haben wirklich geschrieben: »Was ist wohl schöner, als abzuschalten von der Tretmühle des Alltags und auf eine gemütliche Hütte zu ziehen, frei von den technologischen Fisimatenten des Alltags?«

Das Wandervolk hat tatsächlich eine ganz andere Sprache als wir anderen. Nach dem zu urteilen, was diese drei Paare sonst schreiben, stelle ich mir vor, dass sie wahrscheinlich Anfang dreißig sind. Hallo?! Niemand unter hundertfünfzig sagt »Tretmühle des Alltags« oder »technologische Fisimatenten«? Es sei denn, sie spielen in einem Sketch mit.

22.40: Wir putzen die Zähne im Freien. Dazu benutzen wir das nicht ganz vertrauenswürdige Brunnenwasser. Living on the edge.

23.00: Ich freue mich wirklich aufs Schlafen.

23.30: Ich kann nicht schlafen. Der Schlafsack ist kalt und der Raum ist warm. Es ist stockdunkel. Und es ist eine völlig andere Art von Dunkelheit als in einem Haus oder in einer Wohnung. Ich ahne wirklich nicht, was zwei Zentimeter rechts von mir ist. Es kann eine Wand sein, es kann ein Elch sein. Aber Letzteres wahrscheinlich nicht. In diesem Wald gibt es ja offenbar keine Tiere.

Und es ist extrem still.

»Ist das hier eigentlich sicher?«, fragt die Dokubeauftragte.

Also wirklich. Da habe ich eine Frau mit Tourerfahrung mitgenommen, in der Hoffnung, Unterstützung, Trost und Zuspruch zu erhalten, und dann fragt sie mich, während wir schlaflos da-

liegen, acht Stunden Fußmarsch von der Zivilisation entfernt, ob es *sicher* ist!?

Wir reden, nicht zum ersten Mal, darüber, wie sonderbar dieses Wanderhüttending eigentlich ist. Normalerweise gilt es in einer Gesellschaft als positiver Zug, wenn die Menschen einander vertrauen, doch man kann das Vertrauen auch übertreiben. Ist es wirklich eine gute Idee, sich in einer entlegenen Hütte, zu der dreihunderttausend Menschen einen Schlüssel haben, schlafen zu legen?

»Es spielt keine Rolle, wie viele einen Schlüssel haben«, sagt die Dokubeauftragte. »Die Tür ist nicht verschlossen.«

»Was sagst du da?«

»Sie ließ sich von innen nicht verschließen.«

Also kann jeder hier hereinkommen. Abgesehen davon, dass es natürlich keinem vernünftigen Menschen einfallen würde, mitten in der Nacht bei Regen und Nebel hierher zu kommen.

Anderseits: Wir machen uns ja nicht in erster Linie wegen vernünftiger Menschen Sorgen.

Die Dokubeauftragte erklärt, sie habe ein Messer unter dem Kopfkissen. Ich glaube, sie macht einen Scherz. Aber sicher bin ich mir nicht.

»Glaubst du, sie bauen diese Hütten deshalb so weit ab vom Schuss?«, fragt sie. »Es gibt ja keine Rüpel, die sich die Mühe machen, den ganzen Weg hier rauszukommen, um zu randalieren.«

»Gutes Argument.«

»Dann gute Nacht.«

»Gute Nacht.«

00.10: Es ist wirklich wahnsinnig still hier. Der amerikanische Schriftsteller John Irving schreibt in einem seiner etwas zu langen Romane über das unheimlichste Geräusch, das es gibt: das Geräusch von jemandem, der versucht, kein Geräusch zu machen. Genau das macht die Natur ständig. Es ist völlig still hier, aber gleichzeitig hörst du ständig winzig kleine Geräusche. Die vielleicht keine Geräusche sind. Es kann sich um Einbildung handeln. Aber es können auch Regentropfen sein. Oder ein Ast im Wind. Oder ein Verrückter mit Universalschlüssel.

00.45: Eine solche Stille bin ich wirklich nicht gewöhnt. Nicht diese Art von Stille. Das ist es wohl, was die Naturliebhaber im Sinn haben, wenn sie davon reden, den Menschenlärm hinter sich zu lassen.

Mir geht auf, und dies ist das erste Mal auf der Tour, dass ich tatsächlich etwas ganz klar sehe: Ich habe keine *Lust,* den Menschenlärm hinter mir zu lassen. Ich mag Menschenlärm. Ich mag ihn sogar sehr.

00.55: Ich beginne, an Dinge zu denken, die ich mag. Das ist besser als Schäfchen zu zählen.

Und alles, was ich mag, ist mit Geräuschen verbunden.

Menschen, um mit dem Naheliegendsten anzufangen.

Das Geräusch von schwerem Regen auf einer Markise. Das mag ich auch. Besonders wenn die Markise zu einem Ort mit Kellnern gehört.

In der Toilette eines Gartenlokals zu stehen und von der anderen Seite der Wand das Lachen meiner Freunde zu hören. Das Geräusch mag ich.

Ich mag das Geräusch von Touristen, die Dinge betrachten, die ich jeden Tag sehe, und die in Sprachen, die ich nicht verstehe, darüber reden.

Das Geräusch eines Radios, dessen genauen Standort ich nicht lokalisieren kann.

Das Geräusch, wenn du eine Bierdose öffnest.

Das Geräusch von einem Fest aus einem offenen Fenster im Sommer. Das Geräusch, wenn ein Song beginnt und ich weiß, dass ich diesen Song kenne. Also diese ersten drei Sekunden, die reine Erwartung sind, wo du nur weißt, dass du den Song kennst, dich aber nicht erinnerst, welcher Song es ist, und du keine Ahnung hast, ob du ihn magst.

Musik, ganz allgemein. Denk nur daran, wie ein Song der Klang einer bestimmten Person sein kann. Bruce Springsteens *The River* ist beispielsweise der Klang meines Bruders. Er ist zwei Jahre älter als ich. In unserer Jugend liebten wir aus Prinzip unterschiedliche Musik. So ist das, wenn man einen Bruder hat. Wenn er einen Sänger vor mir entdeckte, konnte ich diesen Sänger nicht gut finden. So waren die Regeln. Ich musste mir einen anderen suchen, und am besten einen, der so weit wie möglich das Gegenteil war. Mein Bruder entdeckte Bruce Springsteen als Erster. Ich weiß nicht mehr ganz genau, welchen Sänger ich fand, der so weit wie möglich das Gegenteil von Bruce Springsteen war. Ich fürchte, es kann Chris de Burgh gewesen sein. Ich war damals sehr jung und wusste es nicht besser. Deshalb ist *The River* also der Klang meines Bruders. Die Live-Version allerdings, die mit dem endlosen Intro, die ist der Klang meines Kumpels Alex, der das gesamte endlose Intro – im New-Jersey-Dialekt – auswendig konnte, und wahrscheinlich immer noch kann. Darüber hinaus erinnert mich diese Version des Songs immer daran, wie stark der Klang deines Lieblingsmusikers wirken kann, denn derselbe Alex hatte in einem Sommer die Wahl, entweder mit mir, seinem besten Freund, per Interrail durch Europa zu reisen, oder nach Oslo zu einem Bruce-Springsteen-Konzert zu fahren. Er entschied sich für Bruce. Ich mache ihm keine Vorwürfe. Er konnte ja nicht wissen, dass Bruce Springsteen ein paar Jahrzehnte später ungefähr alle vierzehn Tage ein Konzert in Norwegen geben würde. Und ganz davon abgesehen, solltest du ihn auch nicht jetzt hören und sehen. Oder tu es ruhig, wenn du Lust hast. Von mir aus. Aber damals war seine Zeit. Damals war er der Größte auf der Welt. Damals war es ein großes Ereignis. Ich liebe große Ereignisse. Und große Ereignisse sind immer mit Geräuschen verbunden.

Ich mag auch das Geräusch direkt nach großen Ereignissen. Du kannst irgendwo sitzen, ohne dir darüber im Klaren zu sein, dass etwas Großes vor sich geht. Und plötzlich ändert sich alles.

Fenster und Türen werden aufgestoßen. Die Menschen rufen und jubeln. Autos hupen. Man kann gar nicht anders, als nach draußen zu laufen, um nachzusehen, was passiert. Es kann ein Fußballspiel sein, das zu Ende ist. Ein Cricketmatch. Ein Song Contest. Ein Preisträger wird bekannt gegeben. Oder der nächste Austragungsort der Olympischen Spiele. Es ist unmöglich, sich nicht zu freuen.

Die Tür zu einem Ort zu öffnen, den ich mag. Es kann meine eigene Wohnung sein. Es kann die Wohnung eines Freundes sein, der mich zum Essen eingeladen hat. Oder zum Beispiel das Café, wo wir heute Vormittag noch waren und unseren letzten Cortado gekauft haben. Diese Türen zu öffnen und die Musik und die Stimmen zu hören und zu raten, wer da ist. Das mag ich.

Das erste Lachen, nachdem etwas Trauriges geschehen ist. Eins der schönsten Geräusche, die ich kenne.

Lachkrämpfe. Fantastische Geräusche.

Ein Konzertsaal oder ein Theater oder ein Kino, kurz bevor es anfängt. Wenn du hundert Gespräche hörst, aber nicht hörst, was ein Einzelner sagt. Doch dieses Geräusch verrät dir trotzdem sehr viel darüber, wer da ist, wie alt sie sind, wie betrunken sie sind, was sie erwarten, und was für ein Abend es werden wird.

Durch ein Café gehen und nur Bruchstücke der Gespräche an den Tischen mitbekommen und raten, was für Leute an den verschiedenen Tischen sitzen:

»... in Saison vier ein bisschen verloren ...« (eindeutig Männer, wahrscheinlich mit Bart.)

»... drei Stunden die Nacht geschlafen ...« (Elternzeit. Keine Frage.)

»... Nein. Nein. Nein. Nein. Nein ...« (Freunde, die die Auswahl auf Tinder begutachten?)

»... habe eine Reihe spannender Projekte am Laufen ...« (Jemand, der höchstwahrscheinlich kein einziges spannendes Projekt am Laufen hat.)

»... habe verdammt viele Überstunden abzufeiern ...« (Garantiert: Circa fünfundvierzig Jahre alte Männer mit Eheringen. Sie

haben hohe Stirnen, trinken interessantes Bier und werden bald gehen. Denn sie müssen morgen früh aufstehen und auf Tour gehen.)

01.45: Aber ich soll jetzt nicht an so etwas denken. Ich soll die Stille genießen. Ruhe finden. Schlafen, wenn möglich. Doch es sieht nicht danach aus, als würde das in naher Zukunft der Fall sein. Ich habe insgesamt wenig von dem erlebt, was man heutzutage in der Natur erleben soll. Ich habe nicht gefühlt, dass der Stress nachgelassen hat. Ich habe mich nicht frei gefühlt. Oder klein. Oder religiös. Ich hatte keine Zeit. Es war die ganze Zeit so viel zu tun. Ich habe Meter gezählt, ich habe Stunden und Minuten gezählt, ich habe es vermieden zu stolpern, ich habe nach Farben an Bäumen gesucht. Ich habe insgesamt sehr viele Bäume gesehen. Viel zu viele Bäume.

02.30: Ich habe heute keine Natur erlebt. Nicht richtig. Heute habe ich Wald gesehen. Und Regen. Erst morgen und übermorgen werde ich die Natur erleben, die die Menschen religiös macht. Dann werde ich wandern, ohne Angst zu haben, mich zu verlaufen oder nicht rechtzeitig anzukommen. Nur gehen. Und genießen. Dann werde ich das alles vielleicht verstehen. Ich muss offen sein. Ich muss demütig sein. Ich muss unglaublich müde sein, wenn ich denke, dass ich offen und demütig sein sollte.

03.13: Ich bin jetzt kurz davor einzuschlafen.

03:16: Die Dokubeauftragte weckt mich. Ist etwas passiert? Hat sie jemanden gehört? Hat sie wirklich ein Messer unter dem Kopfkissen?

    Sie sieht mich ernst an.
    »Billy Idol«, sagt sie.

06
ABSCHIED VON DER LOGISTIK

Zweite Etappe: Tømtehytta–Gjendesheim. Zu Fuß, mit Zug und Bus. Veranschlagte Zeit: ein Tag

Ich mag Züge. Aus all den üblichen Gründen, nehme ich an. Ich mag, dass Zug fahren einigermaßen schnell geht. Es geht schnell genug, um in überschaubarer Zeit anzukommen, aber nicht so schnell, dass du nicht merkst, wohin du fährst. Du kannst sehen, wie sich die Landschaft draußen verändert. Manchmal fällt dein Blick ganz kurz ins Haus einer Familie, die nicht weiß, dass jemand sie sieht. Ich mag das Geräusch der Räder auf den Schienen, klar. Und die Pfeife! Sie hat Selbstvertrauen, diese Zugpfeife. Im Zug ist mehr Platz als in vielen anderen Transportmitteln. Es gefällt mir, dass die Menschen, die in einem Zug arbeiten, immer noch so aussehen, als spielten sie in einer alten Kinder-Fernsehserie mit. Sie gehen in Uniform und Mütze umher und winken mit kleinen Flaggen und blasen in Trillerpfeifen, mitten im digitalen Zeitalter. Und dann haben Züge häufig einen Speisewagen. Das ist für dich, der du mich inzwischen ein bisschen kennengelernt hast, vielleicht nicht direkt eine Überraschung, die dich umhaut, aber ich mag es, dass man sich in der Natur fortbewegen und ein eigenes Restaurant dabeihaben kann.

Und zugegeben, es bereitet mir Freude zu wissen, dass ich es besser habe als ein Teil der übrigen Passagiere im Zug. Und ja, dabei denke ich besonders an die Passagiere, die in der Natur unterwegs gewesen sind, wahrscheinlich tagelang, und die in den Zug gepoltert kommen, direkt aus dem Wald, schmutzig

und nass mit viel zu viel Gepäck, viel zu verkrampftem Lächeln und zu großen Familien. Ein einziger Wirrwarr von prallen Rucksäcken und nassen Jacken, von Stiefeln und Wollsocken. Und Skiern, falls es Winter ist. Und Stöcken. Und alles und alle tropfen. Solche Familien können sich mehrere Stunden im Zug aufhalten, sitzen aber nicht eine Minute still. Die erste Stunde geht mit Organisieren drauf. Kleidung muss gewechselt und am liebsten auf irgendeine improvisierte Art und Weise getrocknet werden, die andere Fahrgäste nervt, die sich auf eine wichtige Besprechung in Bergen vorbereiten und gut darauf verzichten könnten, dass anderer Leute Socken über ihrem Mac baumeln. Ski und Stöcke müssen verstaut werden. Und noch niemand auf der Welt hat es bisher geschafft, mehr als zwei Paar Skistöcke mit Würde zu tragen. Die Stimmung sinkt, die Kinder werden angeraunzt, während die Mutter nach Essen sucht und Vater sich abmüht, einen gigantischen, vollgestopften Rucksack auf der Hutablage zu verstauen, und der Liebsten ein ums andere Mal versichert, dass er das schafft, ER KRIEGT DAS HIN, OKAY?! Und dann kommt der Schaffner, und sie müssen die Suche nach Essen und den Hutablageversuch aufgeben und eine halbe Stunde nach ihren Telefonen mit den Apps und den Tickets suchen, aber die sind klatschnass und eiskalt und gehen nicht so einfach an.

Viele Zugpassagiere ärgern sich über solche Menschen. Besonders diejenigen, für die diese Zugreise der regelmäßige Weg von und zur Arbeit ist. Natürlich kann ich verstehen, dass Wanderer im Zug irritierend sind. Sie sind zu laut, sie nehmen zu viel Platz ein, alles tropft bei ihnen, sie riechen, und es besteht jederzeit die akute Gefahr, dass mindestens einer von ihnen ausrastet.

Ich lasse mich jedoch nicht irritieren. Weil ich denke, dass es sehr viel irritierender sein muss, diese Leute zu *sein*. Und es hebt meine Laune, mir vorzustellen, was passieren würde, wenn ich ganz ruhig zu ihnen ginge und mit einem breiten Lächeln sagte: »Es gibt einen Grund dafür, dass es *Hut*-Ablage heißt.«

Und jetzt? Jetzt sind wir also selbst solche Leute geworden. Wir begannen den Tag damit, nach viel zu wenig Schlaf viel zu früh aufzustehen, die immer noch ziemlich nassen Sachen anzuziehen, die Rucksäcke neu zu packen, was wir vermutlich jeden Tag tun werden, viel zu lange zu benötigen, um Wasser für zwei Tassen Kaffee zu kochen, und eineinhalb Stunden zu einer Zugstation zu gehen, die mitten im Wald im Norden von Oslo liegt. An der Station hatte jemand »Ja zum Wolf« eingeritzt, um uns daran zu erinnern, dass wir uns noch immer in der Stadt befinden, obwohl wir mitten im Wald sind. Außerdem treffen wir dort eine klatschnasse Frau, die uns erzählt, sie habe gestern nach der Arbeit den Zug hier heraus in den Wald genommen und im Regen im Zelt übernachtet, und jetzt wolle sie zurück zur Arbeit. Ich bin sprachlos.

Wie auch immer: Eineinhalb Stunden im Wald sind mehr als ausreichend, um klatschnass zu werden, denn heute regnet es natürlich auch. Wir kommen also in den Zug gepoltert, schmutzig und nass und mit viel zu viel Gepäck. Wir tropfen. Wir haben nicht das verkrampfte Lächeln, das nasse Leute im Zug sonst haben. Wir waren wohl nicht lange genug im Wald. Es gab allerdings eine Andeutung von schlechter Stimmung, als wir heute früh direkt vor der Hütte in die falsche Richtung liefen, aber mithilfe von Kartenlesen und einer supertollen Runde von Musikern, die mit C anfangen, kriegten wir noch einmal die Kurve.

Ich kann jetzt, vor dem Hintergrund eigener Erfahrung, konstatieren, dass es wirklich irritierender ist, diese nassen Menschen im Zug zu sein. Nachdem alles Umpacken und Umziehen überstanden ist, sitzt du da und spürst, dass du fehl am Platz bist. Du bist für die Natur gekleidet, und du hast Reste von Natur an der Hose und den Schuhen, alles was du anhast, ist zu groß und zu schmutzig und zu grün. Und zu nass. Und macht Lärm! Und hinterlässt große Pfützen im Mittelgang. Es ist, als bestündest du darauf, so viel vom Wald wie möglich mit in den Zug zu nehmen, um die Menschen, die dünne Schuhe tragen, zu quälen. Und alles, was

du mitschleppst, steht den Leuten im Weg, die mit einem Schlips und einem Laptop auskommen.

Und dabei haben wir nicht einmal Skier und Stöcke und eine Großfamilie dabei.

Allein der Gedanke, ein Buch herauszusuchen oder sich eine Tasse Kaffee zu kaufen, ist viel, viel zu viel, zusätzlich zu all dem anderen. Denn in ein paar Stunden verlassen wir den Zug ja wieder. Und steigen um in einen Bus. Da geht alles noch einmal von vorn los. Umpacken, Umziehen, Jacken anziehen, die immer noch nass sind. Gedöns, Gedöns, Gedöns. Und da willst du nicht noch ein Buch einzupacken, einen Pappbecher wegzuwerfen haben, zusätzlich zu all dem anderen. Da reicht es dir auch so schon.

Deshalb sitzt du nur da, nimmst zu viel Platz ein und wartest. Und riechst, vermutlich.

»Okay«, sagt die Dokubeauftragte. »Vorläufiges Fazit!«
»Ich glaube eher nicht, dass es der Wald ist, der mich bekehren wird.«
»Nein. Jedenfalls nicht im Regen. Und schon gar nicht, wenn es als Belohnung Labskaus gibt.«
»Was haben sie bloß mit dem Labskaus angestellt?«
»Ich glaube, das will ich gar nicht wissen.«
»Nein.«
»Hast du mehr Vertrauen in die Berge?«
»Ich habe mehr Vertrauen in die Berge. Ich liebe Aussichten.«
»Außerdem: Von jetzt an werden wir in Hütten mit Bewirtung wohnen.«
»Das gefällt mir auch. Ich liebe Kellner. Schon immer. Fantastische Erfindung.«
»Das wird prima.«
»Ja, das wird prima.«
»Hast du Lust auf ›Der frohe Wandersmann‹?«
»Nun übertreib nicht.«

Als wir aus dem Zug gestiegen und zum Bus hinübergegangen sind, dessen Fahrplan mit der Saison wechselt, wobei die Saison ungefähr zeitgleich mit unserem Umsteigen vom Zug in den Bus gewechselt zu haben scheint, und nachdem wir das Umpacken und Umkleiden im Bus erledigt haben, wo noch weniger Platz ist als im Zug, wo jedoch trotz allem ein paar Gleichgesinnte an Bord sind, weil dieser Bus nach Jotunheimen fährt, da denke ich, dass ein solcher Tag ganz okay ist, der die Zivilisation von ihrer nervigsten Seite zeigt, bevor wir in die Berge kommen. Es ist schön, sich vorzustellen, dass wir das jetzt alles hinter uns lassen. Ab morgen gelten keinerlei unvorhersagbare Fahrpläne und keine Logistik mehr. Ab morgen haben wir es auch nicht mehr mit dichtem Wald zu tun. Ab morgen gibt es nur noch uns und die Berge.

Und jetzt sind wir da.

Dies ist Jotunheimen. Das dreitausendfünfhundert Quadratkilometer große Gebirgsmassiv, dem der Dichter Aasmund Olavsson Vinje den Namen gab. Der Wohnort der Riesen! Hier liegen die höchsten Berge Nordeuropas. Hier liegt der älteste markierte Wanderpfad Norwegens. Hier liegt die Landschaft, die erwachsene Männer dazu bringt, sich klein zu fühlen.

Und hier, ganz in der Nähe, liegt der Besseggen, Ziel einer der populärsten Bergwanderungen Norwegens. Sechzigtausend Wanderer zieht er jedes Jahr an. Dies ist die Wanderung, die erfahrene Bergwanderer die Augen verdrehen und von Gänsemarsch reden lässt. Die Tour, die auf verschiedenen Internetseiten über die norwegische Bergwelt als ein Muss für jeden Norweger bezeichnet wird. Der Weg, den alle gegangen sind. Hier liegt er. Der Grat, der mich bekehren soll. Der Grat, der Henrik Ibsen zum Ritt auf dem Bock in *Peer Gynt* inspiriert haben soll. Hier liegt er, mächtig und ausladend.

Auf jeden Fall behaupten sie, dass er dort liegt.

Und wir müssen uns wohl auf sie verlassen. Denn es ist unmöglich, in dem dichten Nebel irgendetwas zu sehen.

Es regnet übrigens auch, falls du dich das gefragt haben solltest.

07

GEMEINSAMES ABENDESSEN IN UNTERWÄSCHE

Ich sollte mich freuen. Ich habe mich gefreut. Keine Logistik mehr, kein schwerer Wald. Nur wir und das Fjell.

Dies ist die erste Chance zu testen, ob es auf den Hütten im Gebirge wirklich so wüst zugeht und ob die großen Hütten Hotels gleichen. Denn heute Abend bleiben wir in Gjendesheim, der Hütte, auf der viele vor und/oder nach ihrer Wanderung über den Besseggen übernachten. Gjendesheim ist mit über einhundertachtzig Betten und zwanzigtausend Übernachtungen im Jahr die meistbesuchte Hütte im norwegischen Gebirge.

Und sobald du nach Gjendesheim kommst, fallen dir einige Dinge auf, die an ein Hotel erinnern. Hier sind Menschen, zum Beispiel. Und es gibt Strom. Schon das sind nach dem gestrigen Abend gigantische Schritte in Richtung Hotel. Außerdem gibt es eine Rezeption, und Bewirtung.

Und das war es im Grunde mit den Ähnlichkeiten.

Ansonsten hat man alles dafür getan, dass dieser Übernachtungsort für beinahe zweihundert Personen so weit wie möglich einer kleinen Hütte gleicht. Alles, was man aus Holz machen kann, ist aus Holz gemacht. Die Betten sind klein und die Duschen nicht zahlreich. Der Gang ist voller Wanderstiefel, und der gesamte Bau riecht nach einer Mischung aus Schweiß und nasser Kleidung.

Der Wetterbericht für heute und morgen liegt ausgedruckt auf dem Rezeptionspult. Es sieht finster aus.

Die Leute, die hier arbeiten, sind von dem Typ, der Wanderkleidung gut aussehen lässt. Denn selbstverständlich tragen sie Wanderkleidung. Sie sind jung, freundlich und lebensfroh und sehen eigentlich zu cool aus, um in einer Hütte aus Holz zu arbeiten. Sie sollten Freiwillige auf einem Festival sein. Es würde mich nicht wundern, wenn sie nach dem Schließen der Hütte im Herbst alle zusammen nach Australien ziehen und in einer Strandbar jobben würden.

Wir werden in einem Viererzimmer einlogiert. Vorläufig sind nur wir zwei darin, was vollkommen in Ordnung ist, denn streng genommen ist in diesem Vierbettzimmer kein Platz für vier Personen, es sei denn, alle vier nehmen ihr gesamtes Gepäck mit ins Bett. Im Keller zwei Etagen unter uns ist eine Gemeinschaftstoilette. Und eine Gemeinschaftsdusche, wo du vier Minuten für zehn Kronen duschen kannst, zwischen voll und halb für Männer, und zwischen halb und voll für Frauen. Oder war es umgekehrt?

Noch etwas erinnert hier übrigens an ein Hotel. Der Preis. Für das, was du in Gjendesheim für eine Übernachtung für zwei in einem Vierbettzimmer bezahlst, bekommst du in einem Hotel ein prima Doppelzimmer. Und im Hotel hast du oft die Toilette auf der gleichen Etage und kannst den ganzen Tag ohne Extrakosten so lange duschen, wie du willst, unabhängig vom Geschlecht. Gelegentlich brüsten sich Hotels mit dem Slogan »High standard, low budget«. Die Dokubeauftragte und ich überlegen, ob wir nicht nach draußen gehen und nachsehen sollten, ob hier am Eingang *Low standard, high budget* steht.

Und wir müssen ein bisschen kichern.

Doch dann reißen wir uns zusammen, denn jetzt müssen wir uns benehmen. Jetzt wollen wir positiv sein. Wir werden uns nämlich unters Wandervolk mischen. Und das Wandervolk hält sich gerade in der Kaminstube auf und wartet aufs Abendessen. Außer denen, die unter der Dusche stehen und eine Katzenwäsche veranstalten und sich ängstlich fragen, ob sie das mit der Geschlechterregelung richtig in Erinnerung haben.

In der Kaminstube stehen Tische aus Holz, Stühle aus Holz, Sofas aus Holz und ein Bücherregal aus Holz, voll mit Büchern über das Wandern in den Bergen, für diejenigen, die ein wenig Abwechslung suchen, nachdem sie in den Bergen gewandert sind. Mehrere Dinge unterscheiden diese Kaminstube von einer Hotelbar. Hier spielt zum Beispiel keine Musik. Aber in der Ecke steht ein Klavier, wie eine Drohung. Und noch ein Unterschied: Alle sprechen leise, mit Wartezimmerstimmen. Doch der eindeutigste Unterschied ist, dass alle hier in Strümpfen sitzen, als sei das vollkommen natürlich. Außerdem haben alle hektisch rote Backen.

Die Gäste trinken Rotwein und verfolgen mit ihren Telefonen den Wetterbericht. Eine Gruppe mürrischer junger Männer spielt schweigend Karten. Ein älterer Herr betreibt Konversation mit einem jüngeren Gast, der nur wenig Interesse erkennen lässt. Zwei Paare, die einander kaum kennen, zeigen sich gegenseitig Bilder von der Wanderung des Tages. Es werden überhaupt viele Telefone herumgereicht. Ein Mann mit den Händen auf dem Rücken, der Kontakt sucht, fragt jemanden vom Personal aus, der nur versucht aufzuräumen. Eine Clique erwachsener Freundinnen unterhält sich mit viel Kopfnicken und halb leeren Blicken mit einer ähnlichen Freundinnenclique aus einem anderen Land. Ich tippe, sie sind Lehrerinnen, allesamt. Und einige Männer mittleren Alters, die schon häufiger in den Bergen gewandert sind, versuchen es so aussehen zu lassen, als gingen sie in Wanderhosen und Unterhemd, weil es praktisch und locker ist, und nicht, weil diese Unterhemden zufällig extrem eng anliegen.

Das ist also das Wandervolk.

Ich tue, was ich immer gern tue: Gehe durch den Raum und schnappe Gesprächsfetzen von diversen Tischen auf:

»... sechs, sieben Stunden ...«

»... ja doch, schon sehr oft dagewesen ...«

»... six hours ...«

»... aber nein, es ist nicht weit ...«

»... nicht gerade die anspruchsvollste Tour ...«

»... nein, nein, nein, das ist überhaupt nicht gefährlich ...«
»... sieben Stunden. Aber wir haben viele Pausen gemacht ...«
»... wollen den anderen Weg nehmen, nicht den, den alle gehen ...«
»... in Schlange ...«
»... habe eine Menge Überstunden abzufeiern ...«

Die letzte Bemerkung kam von einem der Männer mittleren Alters in den Superunterhemden, falls es dich interessiert.

Ansonsten handeln alle Gespräche im Kaminzimmer davon, wo man heute gewandert ist, wo man morgen wandern will, welche Touren man schon gemacht hat und welche man noch plant, wie viel Zeit man gebraucht hat und wie leicht alles ist, wenn man nur in normal guter Form ist. So spricht man gern von seiner eigenen Form, wenn man auf bescheidene Art und Weise angeben will.

Es ist nicht verwunderlich, dass das Wandervolk am liebsten vermeiden möchte, in den Bergen zu vielen anderen zu begegnen. Es handelt sich ja offenbar um Menschen, die zu normalem sozialem Umgang nicht in der Lage sind. Stell dir einen von diesen Menschen bei einer Abendgesellschaft vor. Der Hausherr öffnet die Tür:

»Hei, willkommen!«
»Also ich bin heute zu Fuß hierhergekommen.«
»Wirklich? Komm rein.«
»Habe achteinhalb Minuten gebraucht.«
»Aha ...«
»Ist wohl ein guter Kilometer, nehme ich an. Problemlose Strecke. Wenn du in normal guter Form bist.«
»Wirklich?«
»Ja. Ziemlich uneben. Hauptsächlich Schotterweg. Und dann hat es ja geregnet, ist also ein bisschen glitschig.«
»Aha.«
»War aber überhaupt kein Ding, echt. Super Tour.«
»Schön. Aber ...«

»Und du? Weit gegangen heute?«
»Nein, ich war die meiste Zeit zu Hause und habe das Essen vorbereitet.«
»Hm. Schön, ein bisschen rauszukommen.«
»Keine Frage. Aber ...«
»Hab mir gedacht, ich nehm eine andere Route zurück. Durch den Wald. Da sind nicht so viele Leute.«
»Es sind wohl auch so nicht allzu viele Leute draußen, mitten in der Nacht. Aber komm rein, die anderen sind im Wohnzimmer.«
»Wohnzimmer? Ist das weit?«
»Ob es weit ist? Nein, es ist gleich hier drinnen ...«
»Acht, zehn Meter vielleicht?«
»Eh ... ja, vielleicht?«
»Ich werde wohl im Laufe des Abends ein paar Runden zur Toilette einlegen. Verschiedene Wege ausprobieren. Du hast oben und unten eine Toilette, nicht wahr?«
»Ja ...«
»Werd wohl auf beide gehen. Der Körper braucht Bewegung.«
»Okay. Aber jetzt solltest du dich setzen, bevor das Essen kalt wird.«
»Klar. Ach, noch eins.«
»Ja?«
»Es ist doch okay, wenn ich mich in Unterwäsche an den Tisch setze, oder?«

Auf der Gjendesheim-Hütte hat man verstanden, dass das Wandervolk ein wenig grundlegendes soziales Training brauchen kann. Denn beim Abendessen wird Zwangssozialisierung praktiziert.

Das meiste hier erinnert ein wenig an ein Schullandheim. Das Abendessen wird zu einem festen Zeitpunkt serviert. Du isst, was auf den Tisch kommt. Und das ist wahrscheinlich Fleisch. Und du sitzt da, wo du hingesetzt wirst. Es ist keineswegs voll im Raum, aber alle Gäste werden um zwei lange Tische herum platziert. Uns werden die Plätze am Fenster mit Aussicht auf eine Nebelwand zugewiesen. Wir haben den Dresscode verstanden und uns für das Abendessen etwas legerer gekleidet. Hier sitze ich also am Tisch, wie ein erfahrener Mann der Berge, in Erwartung des Drei-Gänge-Menüs, in enganliegendem Unterhemd und zeitlos klassischer grauer Wohlfühlhose. Und Hausschuhen. Die meisten anderen laufen dazu noch auf Strümpfen. Aber ehrlich gesagt, man muss ja nicht total verwahrlosen, selbst auf einer Hütte nicht.

Die Gäste nehmen Platz, begrüßen sich. Es wird in verschiedenen Sprachen konversiert.

»... seven hours ...«

»... sieben Stunden ...«

»... etwas über sechs ...«

»... seks og halv tres ...«

Sechs, sieben Minuten, nachdem das Abendessen hätte beginnen sollen, sind an unserem Tisch immer noch fünf Plätze frei. Der eine oder andere hat schon auf die Uhr gesehen, mit der Zunge geschnalzt und die Augen verdreht.

In diesem Moment betritt ein Mann um die Fünfzig das Lokal, an der Spitze einer Gruppe von fünf Männern. Er trägt ein enganliegendes Unterhemd, so weit folgt er dem Dresscode, und etwas, das tatsächlich aussieht wie eine Jeans. Jesses. Zivile Kleidung. Gewagt.

Er ist offensichtlich nicht der Typ, dem es gefällt, wenn niemand merkt, dass er einen Raum betritt.

»Willkommen zurück, Leute!«, ruft er und breitet die Arme aus. »Und herzlichen Glückwunsch, dass alle überlebt haben!«

Einige lächeln unsicher. Andere sehen auf die Uhr, schnalzen mit der Zunge und verdrehen noch einmal die Augen. Seine Worte werden spontan von gutwilligen Tischnachbarn ins Englische und Deutsche übersetzt. Der eine oder andere sagt supervernünftig, dass auch nicht alle am Tisch heute den Besseggen gegangen sind, manche wollen ihn morgen gehen.

Ich muss grinsen und sage mir: *Die Fünf haben schon mal vorgeglüht.* Das gefällt mir. Und die fünf freien Stühle sind an unserem Tisch, direkt neben uns.

Es zeigt sich schnell, dass unsere Tischnachbarn die mit Abstand lebendigste Gruppe auf der Hütte sind. Die fünf Freunde arbeiten zusammen auf einer Ölplattform und gehen einmal im Jahr gemeinsam auf Fjelltour. Im vergangenen Jahr der Galdhøpiggen, dieses Jahr der Besseggen. Da muss man seine Kollegen schon sehr mögen. Anderseits: Sie haben viel frei, die Männer, die in der Nordsee arbeiten, vielleicht genug Zeit, um einander zu vermissen, wenn sie an Land sind. Einmal im Jahr besuchen sie auch zusammen ein Bluesfestival in der Stadt, in der einer von ihnen wohnt. Da übernachten sie im Garten dessen, der dort wohnt, in einem Zelt, das aussieht wie ein kleiner Bus. Sie zeigen mir Bilder davon, und ich kann mich des Eindrucks nicht erwehren, dass auf dieser anderen Tour der Schwerpunkt eher weniger auf Freiluftaktivitäten liegt. Oder auf Blues.

Wir bestellen Rotwein, prosten uns zu und sind im Nu auf der gleichen Wellenlänge.

Wir zeigen, dass wir jetzt dazugehören, und stellen alle Fragen, die man stellen muss.

Sie haben sieben Stunden für die Wanderung über den Besseggen gebraucht. Und sie haben die eine oder andere Pause gemacht. Sie hatten Schnaps und Bier dabei. Und einer von ihnen hatte seit der letzten Tour vor einem Jahr nicht besonders viel trainiert. Aber er betont, dass das Training bei ihm so schnell anschlägt, dass er in der Regel im Verlauf der ersten Steigung in Form kommt. Und dann lacht er schallend.

An diesem Abend fallen viele derartige Bemerkungen. Und es wird häufig schallend gelacht. Solche Leute sind das. Ich mag solche Leute.

Wir fragen sie, ob es unangenehm war, bei Regen und Nebel zu laufen. Das war es nicht, sagen sie. Nicht im Geringsten. Das passt zu allem anderen, was wir gehört haben. Alle, die du auf ihre Besseggen-Tour ansprichst, erzählen dir, dass der Grat auf Bildern zwar manchmal schmal und nicht ganz geheuer aussieht, aber eigentlich kein Problem darstellt, man schafft ihn locker vom

Hocker, Platz wie sonst was, überhaupt nicht riskant. Ja sicher, alle haben Geschichten von Leuten gehört, die da oben ausgeflippt sind und mit dem Hubschrauber gerettet werden mussten, aber das sind im Großen und Ganzen ausländische Wirrköpfe in Converse Chucks. Im Prinzip ist es *easy peasy*. Leute gehen mit Kindern über den Besseggen. Andere nehmen den Hund mit. Es sind schon Hundertjährige da gewesen, und Leute an Krücken. Manche joggen darüber. Ich glaube sogar, gehört zu haben, jemand hätte die Tour im Rollstuhl gemacht, aber vielleicht bilde ich mir das auch nur ein.

Unsere neuen Offshore-Freunde erzählen, dass sie nicht besonders viel gesehen haben. Aber sie zeigen uns Bilder. Und sie haben definitiv ein *bisschen* was gesehen, trotz des Nebels. Auf mehreren der Fotos sind in der Ferne Spuren von Aussicht zu erkennen.

Hiernach beschließen wir endgültig, morgen über den Besseggen zu gehen. Wir hatten zunächst einen Tag warten und morgen eine Wanderung in tiefer gelegenem Terrain machen wollen, weil keinerlei Sicht und erbärmliches Wetter zu erwarten sind. Doch jetzt haben wir uns entschieden. Wir studieren noch einmal den Wetterbericht auf dem Handy, eine der Tätigkeiten, mit denen sich die Leute auf diesen Hütten die Zeit vertreiben, falls sie nicht über Stunden und Minuten reden und sich gegenseitig in Unterwäsche betrachten. Im Großen und Ganzen stimmen sämtliche verfügbaren Wetterdienste darin überein, dass das Wetter in der Besseggen-Region morgen widerlich wird und übermorgen noch widerlicher. Klar, dass wir morgen gehen.

Wir feiern unseren Entschluss, indem wir mehr Rotwein bestellen.

Wir reden mit unseren Freunden aus der Ölbranche über unsere bisherige Tour. Wir erzählen von dem Tag, als wir im Regen durch den Wald gelaufen sind, und von dem abscheulichen Labskaus, das wir nicht runterkriegen konnten.

»Dann wart ihr nicht hungrig genug«, sagt der im Unterhemd. Nachdem wir alle obligatorischen Gesprächsthemen, den Nach-

tisch und den Wein abgearbeitet haben, begeben wir uns ins Kaminzimmer, das ich in einem Moment der Verwirrung als Hotelbar bezeichne. So angenehm ist es tatsächlich. Wir reden und lachen, unterhalten uns über Arbeit und Freizeit, Familie und Zukunft, Quatsch und Unsinn. Darüber, woher wir kommen und was wir lieben. Und über die Eagles, ja, wirklich. Warum, weiß ich nicht mehr. Wir verirren uns sogar in die Politik und die Religion, herrjemine, und ich bin ziemlich sicher, dass wir damit auf jeden Fall gegen eine ungeschriebene Regel verstoßen. Wir bestellen Bier. Nach einer Weile geht der bestbesuchten Touristenhütte in den norwegischen Bergen das normale Bier aus, und wir müssen zu einem interessanten und wahrscheinlich etwas stärkeren Lokalgebräu übergehen.

Ich denke, dass dieses Hüttenleben doch wirklich ziemlich prima ist. Erst später wird mir klar, warum ich das denke: Was hier gerade abläuft, gleicht total einem völlig normalen Abend in einem x-beliebigen angenehmen Lokal, abgesehen davon, dass ich eine Wohlfühlhose trage. Und dass die Leute auf Strümpfen herumlaufen. Und da sitzt tatsächlich einer am Kamin und schneidet sich die Fußnägel.

Na ja.

Wir sind der lauteste Tisch im Raum. Nicht dass das besonders schwierig wäre. Einige der anderen sehen uns mit, wie ich glaube, missbilligenden Blicken an. Und bald sind wir die Einzigen im Raum. Als Letzter geht der ältere Herr, den ich zu Beginn des Abends bei Konversationsversuchen beobachtet habe. Konversation ist anscheinend seine Spezialität. Er bleibt beim Hinausgehen an unserem Tisch stehen und konversiert ein wenig. Er wohnt seit mehreren Tagen hier, allein. Er ist nicht über den Besseggen gegangen und hat es auch nicht vor. Er macht lieber kurze Ausflüge in der Umgebung. Kleine Spaziergänge, ist mein Eindruck, gern auf der Straße. Es hat den Anschein, als habe er die große Ruhe gefunden. Entweder das, oder er ist vollkommen verrückt. Nachdem er uns über seine Wandergewohnheiten informiert hat, hat er offenbar für den Tag genug Konversation getrieben und kann sich mit gutem Gewissen hinlegen. Es ist noch ein gutes Stück bis Mitternacht. Und alle außer uns sind schlafen gegangen.

Wüste Zustände.

Der Gedanke an ein Schullandheim drängt sich vor allem auf, weil es so wenig braucht, dir das Gefühl zu geben, du benähmst dich daneben. Es genügt, mehr als ein paar Bier zu bestellen. Es genügt, bis halb zwölf aufzubleiben. Ja, es genügt, laut zu lachen.

Wir sollten vielleicht vernünftig sein und auch ins Bett gehen. Wir wollen schließlich morgen einen Berg *nehmen*. Aber ich habe keine Lust, vernünftig zu sein. Und genau das ist eine meiner Erklärungen dafür, warum ich es noch nicht wie alle meine Bekannten gemacht habe und dem Ruf der Berge gefolgt bin: Vielleicht habe ich meine Vernunft aufgebraucht?

Ich meine das so: Was, wenn wir tatsächlich alle eine bestimmte Menge Vernunft zugeteilt bekommen hätten, die wir im Laufe unseres Lebens verbrauchen sollen? Könnte doch sein. Es ist ziemlich normal, in der Kindheit und Jugend unvernünftig zu sein, oder auch im Studium, wenn man denn studiert. Man klaut Äpfel und Birnen, belügt die Eltern, raucht heimlich, stiehlt, schwänzt die Schule, wirft Schneebälle mit Steinen drin, spielt den Nachbarn Klingelstreiche, trinkt mit dreizehn Alkohol, steht auf, wann man Lust hat, lässt den Abwasch stehen und die Haare wachsen, experimentiert mit Rauschmitteln, schläft sich durch die Betten und wirft Steine auf Botschaften. Dann an einem bestimmten Punkt im Leben, sieht man ein, dass man seine Vernunft gebrauchen sollte, wenn man es schaffen will, sie ganz zu verbrauchen, bevor man den Löffel abgibt. Und dann gründen die Leute eine Familie, legen sich eine feste Arbeit, ein Auto, Routinen und Moral zu und engagieren sich im Elternbeirat und beim Kindersport sowie für belanglosen Kleinkram, der ihre unmittelbare Nachbarschaft betrifft, sie beginnen, sich an feste Zeiten zu halten, gesund zu essen und Wandertouren in Wald und Feld und in den Bergen zu machen. Mein Leben ist weitgehend umgekehrt verlaufen. Ich

war in der Jugend überaus vernünftig, peinlich vernünftig. Ich tat, was die erwachsenen Autoritätspersonen sagten, war gut in der Schule, machte meine Hausaufgaben, hob die Hand und benahm mich gut. Vielleicht habe ich damals einfach meine ganze Vernunft verbraucht?

Aber wir sollten jetzt vernünftig sein. Das wissen wir beide, obwohl es eigentlich keinem von uns liegt. Wir wollen morgen schließlich stundenlang wandern, weitgehend bergauf, ganz sicher in Nebel und Regen. Wir sollten uns jetzt wirklich hinlegen.

Und genau das tun wir.

Nach einer weiteren Runde von dem interessanten und wahrscheinlich etwas starken Lokalgebräu.

Und nachdem wir ein paar Stücke von den Eagles gesungen haben. Ich weiß nicht mehr warum.

Umarmungen zum Abschied. Die Plattformgang nutzt selbstverständlich die letzte Bestellung, um drei Bier pro Person zu ordern. Sie werden also noch eine Weile sitzen bleiben.

Es sei ihnen gegönnt.

Es ist einfach nicht wahr, dass man in Hütten im Gebirge so gut schläft. Und jetzt verfüge ich auch auf diesem Feld über eine begründete eigene Meinung. Alles hier besteht, wie gesagt, aus Holz. Ich bin nicht sicher, welche Holzart benutzt worden ist, doch bestimmt ist es eine, die über Generationen hinweg gezüchtet worden ist, um ein optimales Knarren zu gewährleisten. Und wäre es vorgesehen gewesen, dass Menschen in Schlafsäcken übernachten sollen, hätte man sich nicht die Mühe machen müssen, Daunendecken zu erfinden. Es ist eine komische Mischung aus viel zu warm und viel zu kalt. Und Schlafsäcke verursachen auch enorm viele Geräusche. Vor der Hütte ist es vielleicht still. Aber du meine Güte, was für ein Lärm auf dem einen Quadratmeter, den mein Bett einnimmt.

Und ich glaube tatsächlich, dass mir vor der Wanderung morgen ein wenig graut, wobei ich nicht recht weiß warum. Ein Problem der Einschlafschwierigkeiten ist, dass man Zeit hat, an so etwas zu denken. Und das ist einfach ärgerlich. Ich sollte mich freuen. Ich habe mich gefreut. Keine Logistik mehr, kein schwerer Wald. Nur wir und das Fjell. Und das ist *easy peasy*. Null Problem. Und wie herrlich es nachher ist! Sieh dir die Plattformgang an! Wie vergnügt und glücklich – und lustig! – waren die, nachdem sie den Besseggen *genommen* hatten. In weniger als vierundzwanzig Stunden werde ich derjenige sein, der mit roten Backen und Selbstvertrauen den Speisesaal betritt und ein wenig zu laut Rotwein bestellt.

Das wird gut.

Ich liege immer noch wach und fühle in mich hinein. Und ich fühle, dass ich gern anderswo wäre als hier. Auf der Toilette, um genau zu sein. Und die befindet sich im Keller, zwei Etagen unter uns. Und ich muss mich anziehen. Und ich muss an der Kaminstube vorbeigehen, wo immer noch eine Superstimmung herrscht.

Als ich zurückkomme, bin ich hellwach. Ich versuche, all meine Bekannten zusammenzubekommen, die den Besseggen gegangen sind. Das hilft nicht. Es dauert bloß wahnsinnig lange.

Ich versuche, mich an den Text von »Do-Re-Mi« zu erinnern. Dabei schlafe ich ein.

08

DEM GIPFEL ENTGEGEN

Die Aussage, der Besseggen sei nicht besonders steil, ist schlicht eine Lüge. Da könnte man genauso gut sagen, ein Kreis sei nicht besonders rund.

Dritte Etappe: Gjendesheim–Memurubu–Gjendesheim, über den Besseggen. Veranschlagte Zeit: Hier divergieren die Quellen. Auf www.ut.no sagt jemand acht Stunden, ein anderer sieben, ein dritter sechs bis acht. Im Großen Norwegischen Lexikon steht sieben. Auf https://besseggen.net heißt es sechs bis acht. Eine urige Gang Arbeiter von einer Ölplattform, die wir gestern trafen, sagt sieben, aber sie hatten Bier, Schnaps und einen ziemlich untrainierten Kumpel dabei.

Es gibt viele wichtige Dinge, die man vergessen kann, wenn man ein paar Stunden über einen Berg gehen will. Daran wirst du die ganze Zeit erinnert. In Gjendesheim hängen Plakate mit langen Listen all dessen, was man schlauerweise mitnimmt, wenn man über den Besseggen laufen will: Wasser, Essen, Zeug zum Wechseln, warme und winddichte Kleidung, Handschuhe, Mütze, Taschenlampe.

Den Gesprächen von gestern zufolge ist das Schlimmste, was du vergessen kannst, jedoch etwas anderes: auf die Uhr zu sehen, wenn du losgehst. Es ist ziemlich witzlos, anzukommen und nicht zu wissen, wie lange du gebraucht hast. Dann sitzt du da in Unterwäsche in der Kaminstube und hast nichts, worüber du reden kannst.

Wir nehmen einen Tagesrucksack mit. Lass mich versuchen, das Konzept Tagesrucksack zu erklären: Ein Tagesrucksack verhält sich zum Rucksack wie eine Clutch zu einer gewöhnlichen Tasche. Wie sie lässt er sich leicht mitnehmen, hat Platz für das Notwendigste und passt besser zu deiner Aufmachung. Bloß, dass »das Notwendigste« bei einer Bergtour sehr viel mehr ist als bei einem Fest. Und absolut nichts passt zu einer Aufmachung, die so grün ist wie meine.

Es ist also viel Umpacken nötig, bevor die Tour losgehen kann. Schon wieder. Zwei Tage ist es her, seit wir im Oslo Plaza aufgestanden sind. In diesen zwei Tagen habe ich insgesamt sieben Stunden geschlafen, und ich packe gerade zum sechsten Mal um.

Und wir haben es natürlich eilig. Denn wir müssen ein Boot erreichen. Die Wanderung beginnt mit einer Bootsfahrt. Ich komme mir vor, als wäre ich wieder beim Militär: In einem viel zu kleinen Raum mit Etagenbetten zu hocken und zu versuchen, dich zu erinnern, was du weglassen kannst, während du pünktlich bei etwas erscheinen musst, auf das du eh keine Lust hast. Dunkel im Zimmer ist es außerdem. Es ist beeindruckend dunkel auf all diesen Hütten, selbst auf denen, die elektrisches Licht haben. Und natürliches Licht. Ich weiß nicht, wie sie das schaffen.

Dafür, dass es ein Gegengewicht zum ewigen Organisationsstress im Alltag sein soll, hast du in den Bergen eine ganze Menge Logistikstress.

Und gerade, wenn du den Tagesrucksack so vollgepackt hast, wie man einen Tagesrucksack nur vollpacken kann, fällt dir ein, dass du ja Platz für das Lunchpaket lassen musst. Das du während des Frühstücks selbst zurechtmachen musst. Das Frühstück ist im Übrigen der Teil dieses Hüttenerlebnisses, der am allerwenigsten an ein Hotel denken lässt. Hier zählt das Einfache, Grundlegende, Hüttenmäßige und Protestantische. Nichts ist übertrieben. Das Extravaganteste sind Gurkenscheiben, die genauso trocken sind wie die Brotscheiben.

Als wir endlich nach draußen gekommen sind und es anfängt, ordentlich zu regnen, wobei der Nebel natürlich noch dicker ist als

gestern, spüre ich, wie sich mein Unmut legt. Ich könnte sagen, dass es an der frischen Bergluft liegt, aber ich weiß es besser: Es liegt daran, dass ich den Packstress hinter mir habe. Ich weiß, dass ich aufbruchbereit bin. Ich bin sicher. Ich habe nichts vergessen. Ich kann unmöglich etwas vergessen haben, denn ich habe beinahe alles mitgenommen, was ich besitze. Ich habe Essen und Trinken mit, Kaffee, Wechselklamotten, Regenzeug, Mütze, Handschuhe, Hubschrauber.

Kleiner Scherz.

Aber eine Taschenlampe habe ich dabei. Und Schokolade. Und Karte und Kompass und Kamera und die Visa Card. Für sehr viel davon hatte ich keinen Platz mehr im Tagesrucksack, und deshalb hängt alles, was um einen Hals hängen kann, um meinen Hals, unter der Jacke, damit es nicht nass wird. Ich sehe mit anderen Worten nicht mehr aus wie ein Anfänger in einer etwas zu grünen Jacke. Ich sehe aus wie ein schwangerer Anfänger in einer etwas zu grünen Jacke.

Doch diese grüne Jacke wird mich für den Rest meines Lebens trocken halten. Das hat mir ein einfühlsamer junger Mann in einem Sportgeschäft versprochen. Außerdem hat die Jacke Lufttransport. Und ich habe gute Wanderschuhe. Und ich bin für alles bereit. Und ich spüre, dass ich mich freue, weil es jetzt losgeht. Ich würde fast sagen, dass ich so etwas wie ein Gefühl von Freiheit verspüre.

Wir blicken in die Richtung, wo der Berg sich in Nebel hüllt.

»Es wird aufklaren«, sage ich zur Dokubeauftragten.

»Ja, es wird aufklaren«, antwortet sie.

Das sagt man hier, wenn schlechte Sicht ist. Im Laufe der knapp zehn Stunden, die wir in Gjendesheim verbracht haben, ist es sicher hundertfünfzig Mal gesagt worden. Plötzlich klart es auf, sagen die Gäste, sagen auch die, die hier arbeiten. Sie scheinen zu glauben, dass es so kommt, wenn sie es nur oft genug sagen.

Ich weiß ja, dass es so kommen kann. Das ist es nicht. Als ich die Dokubeauftragte das erste Mal auf eine Bergtour mitnahm (ja, ich habe es tatsächlich schon einmal gemacht, das vergaß ich zu erwähnen), da war es so. Es war in meinem Heimatort, dem mit der Stabburtreppe. Da gibt es eine Bergwanderung ganz nach meinem Geschmack. Sie beginnt an der Hauptstraße und führt mit der Seilbahn zu einem Restaurant. Und von dort hat man eine fantastische Aussicht, die ich ihr zeigen wollte. Das heißt, für gewöhnlich hat man von dort eine fantastische Aussicht. Aber genau an jenem Tag, einem ganz normalen Tag im Juli, schneite es. Und du sahst nichts, null, nada. Im Restaurant saßen säuerlich blickende Touristen mit überdimensionierten Fotoausrüstungen und tranken sich Trost zu. Wir nahmen es gelassen, denn solche Leute sind wir, und bestellten Essen. Und auf einmal, die Dokubeauftragte war gerade auf die Toilette gegangen, geschah es.

Es klarte auf.

Im Restaurant brach Chaos aus. Ich lief zur Damentoilette, riss die Tür auf und rief. Die Touristen griffen zu ihren Kameras, stürmten zum Ausgang und warfen dabei Biergläser, Stühle und Kleinfamilien um.

Und dann standen sie alle da und betrachteten die Aussicht, die sich plötzlich vor uns auftat.

Nach fünfzehn Sekunden war es vorbei. Und du sahst wieder nichts.

In der Zwischenzeit war das Essen kalt geworden.

Es war magisch.

»Es wird wieder geschehen«, sagen wir jetzt zueinander. Denn solche Leute sind wir. Ätzend positiv.

Und dann müssen wir lachen.

Wenn wir uns zum Freiluftvolk zählen wollen, müssen wir damit aufhören.

Ich bin jetzt so obenauf und motiviert, dass ich tatsächlich die Augen verdrehe über den Aufzug eines kanadischen Paares, das wir gestern kurz begrüßt haben.

»Der hat ja Joggingschuhe an«, sage ich und schnalze mit der Zunge.

»Und so einen Regenponcho, wie sie bei Musikfestivals kostenlos verteilt werden. Und sie eine ganz normale Jacke. Keine Regenjacke.«

»Null Lufttransport.«

Wir sind schockiert.

»*How are you today?*«, sagen wir, als wir bei ihnen ankommen. Und zeigen unser inklusives Lächeln, das in Bergwandererkreisen hier und da wahrscheinlich schon Gesprächsthema geworden ist.

»*Wet*«, antwortet sie.

Das Boot ist fast leer. Das nur nebenbei für alle, die davon faseln, dass man in den Bergen Schlange steht: Es ist kein Problem, dem zu entgehen. Man muss seine Tour nur auf einen Werktag legen, an dem noch dazu kein besonders schönes Wetter herrscht. Da musst du garantiert keine Schlangen fürchten. An diesem ganzen Tag sehen wir exakt zehn Menschen und einen Hund. Sechs davon treffen wir auf dem Boot: ein nasses kanadisches Paar ohne Lufttransport, zwei wenig kontaktfreudige Freundinnen, die ständig Fotos machen, und zwei äußerst freundliche Damen aus Utah, mit denen wir uns unterhalten. »*Your country is beautiful*«, sagt die eine Dame aus Utah anstelle einer Begrüßung. Ich habe nicht wenig Lust, ihr zu erklären, dass nicht ich dieses Land gemacht habe, doch ich bin ein Mann von Bildung, also bedanken wir uns höflich und fügen hinzu: »*Sorry about the weather.*« Sie fragen, ob das Wetter in Norwegen oft so ist. Wir lügen.

Das Boot legt an einem Ort und einer Hütte an, die Memurubu heißen. Von dort müssen wir eine Anzahl von Stunden gehen, und dann werden wir zu unserem Ausgangspunkt zurückkehren. Wie bei so vielem sonst im Leben. Also einfach immer weitergehen. Die beiden Kanadier legen gleich im Laufschritt los, hangaufwärts, sobald wir das Boot verlassen haben.

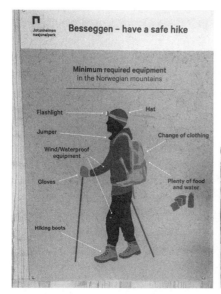 

Empfohlene Ausrüstung für den Besseggen   Hurra, ich habe ein »T« gefunden

»Das halten die nicht durch«, sagt die Dokubeauftragte.
Die Damen aus Utah lassen sich alle Zeit der Welt. Die beiden wenig kontaktfreudigen Freundinnen müssen eine ganze Menge Fotos voneinander knipsen, bevor sie sich auf den Weg machen.

Jetzt sind es nur noch wir und die Berge. Es regnet, aber nicht in Strömen. Und der Nebel ist auch kein Problem, auf jeden Fall nicht so tief unten. Es geht leicht bergan. Der Weg ist nicht zu verfehlen. Es ist prima. Wir albern rum. Wir machen eine kurze Schokoladenpause. Wir gehen weiter. Ich summe »Do-Re-Mi«.

Und dies möchte ich nur all denen sagen, die es noch nicht versucht haben: In Matschwetter mit leichtem Kater und einem Musical-Klassiker auf Bergtour zu gehen, ist nicht das Schlechteste.

Die Zeit vergeht schnell. Vor allem, weil hier, im Gegensatz zum Wald, etwas passiert. Plötzlich ändert sich die Landschaft. Du gehst ein wenig aufwärts, dann gehst du ein wenig abwärts. Nicht nur einfach geradeaus. Plötzlich siehst du einen schönen, fast grü-

nen See irgendwo unter dir. Die Dokubeauftragte hat außerdem etwas anderes entdeckt, das ihr viel Freude macht. Sie sieht die Kanadier in der Ferne, und sie ist der bestimmten Ansicht, dass wir Boden gut machen.

Hier unterscheiden die Dokubeauftragte und ich uns ein wenig. Ich finde durchaus, dass so etwas einen gewissen Unterhaltungswert haben kann, und ich wünschte, wir hätten zwei Kanadier gehabt, nach denen wir uns am ersten Tag hätten strecken können, um die Wanderung wenigstens ein bisschen interessant zu machen. Aber die Dokubeauftragte spielt in einer anderen Liga. Es kann sie echt begeistern, andere Leute in Wettbewerben zu schlagen, von deren Existenz diese anderen nicht einmal eine Ahnung haben. Möglicherweise liegt es daran, dass sie mehr in den Bergen gewandert ist als ich. Ich selbst habe keinen Ehrgeiz und einen niedrigen Konkurrenzinstinkt. Ich weiß, man kokettiert gern mit so etwas, aber ich habe tatsächlich einmal einen Persönlichkeitstest gemacht, dessen Ergebnis in folgenden Worten formuliert wurde: kein Ehrgeiz und niedriger Konkurrenzinstinkt. Ich habe es schriftlich.

Da kann man nur froh sein, dass man sich nie im Arbeitsleben beweisen musste.

Wir holen die Kanadier tatsächlich ein. Die Dokubeauftragte strahlt übers ganze Gesicht und sagt mit besonderer Herzlichkeit »*Hei*«.

»*Your country is beautiful*«, antwortet er. So etwas sagen Touristen offenbar, anstatt zu grüßen. Wir wechseln ein paar Worte. Sie sind jetzt etwas gesprächiger. Vielleicht haben wir uns ihren Respekt verdient, weil wir ihren Vorsprung aufgeholt haben. Vielleicht ist es auch nur die überaus freundliche Erscheinung der Dokubeauftragten, die ihnen Vertrauen einflößt. Sie können ja nicht wissen, dass sie strahlend lächelt, weil sie die beiden in einem ihnen unbekannten Wettbewerb vernichtend geschlagen hat.

Es zeigt sich, dass sie schon viele Bergtouren gemacht haben (Nun ja, aber worüber sonst hätten wir mit ihnen reden sollen?

Die instabile politische Lage in Zimbabwe?). Sie sind sogar sehr viel in den Bergen gewesen. Besonders in den Rocky Mountains, aber sie reisen in der Welt umher und wandern in den Bergen. Es hat den Anschein, als täten sie nur das. Und ich weiß, was die Dokubeauftragte denkt: *Und trotzdem gehen wir schneller als ihr.*

Es sei ihr herzlich gegönnt.

Wir winken ihnen zum Abschied jovial zu und lassen die erfahrenen Bergwanderer hinter uns.

»Jetzt sind wir die ersten von denen, die auf dem Boot waren«, sagt die Dokubeauftragte.

»Lass uns jetzt aber nicht vergessen, dass eine Bergtour nicht in erster Linie ein Wettrennen ist«, sage ich. »Sie ist ein Naturerlebnis. Und der wichtigste Wettkampf ist der Wettkampf mit sich selbst.«

Und es ist immer noch unser Ziel, so etwas sagen zu können, ohne loszuprusten.

Und genau da bemerken wir, dass wir an einem Punkt stehen, von dem viele der Bilder von dieser Tour aufgenommen werden. Wir befinden uns schlicht und ergreifend in Instagram. Nur dass ein wenig mehr Nebel und Regen auf dem Bild ist als auf den meisten anderen. Aber nicht so viel Nebel, dass er uns daran hindern könnte zu sehen, dass es schön ist. Oder es auf jeden Fall zu ahnen. Diese beiden Seen auf jeder Seite des schmalen Bergrückens, irgendwo tief unter uns, und der eine See ist vollkommen grün. Wir machen Fotos. Und ich habe das Gefühl, dass das Leben auf Tour nicht das Schlechteste ist und dass es sich vielleicht lohnt, ein bisschen zu viel vom lokalen Bier zu trinken und ein bisschen zu wenig zu schlafen, bevor man aufbricht zur Bergtour. Ich fühle mich gelöst und albern.

Wir gehen zwanzig, dreißig Meter weiter, und da hört der Pfad auf. Der Berg spitzt sich zu und es geht senkrecht nach oben. Aber nur vier Meter, denn dann verschwindet alles im dichten Nebel. Was links von diesem spitzen Stück Felsen, das senkrecht in die

Höhe zeigt, liegt, kann man unmöglich sagen. Da ist auch Nebel. Rechts von uns ist auch nichts zu sehen, falls du dich das gefragt haben solltest.

»Müssen wir hier hinauf?«, fragt die Dokubeauftragte. Eine gute Frage. Es sieht nicht aus wie eine Stelle, an der man bergauf geht, außer man ist Bergsteiger. Und ein kleines bisschen krank.

»Ist das vielleicht der eigentliche Grat?«, frage ich. Denn jetzt ähnelt hier nichts mehr den bekannten Bildern. Weil absolut niemand, der Bücher oder Blogs schreibt oder Internetseiten über das Bergwandern betreibt, oder in den sozialen Medien mit seinen Bergtouren prahlt, im dichten Nebel Fotos macht. Wirklich niemand. Dies werde ich an höherem Ort zur Sprache bringen, falls wir es jemals von hier herunter schaffen.

Es heißt ja, man soll einfach nur den Steinen mit rotem T folgen. Aber wir sehen keine. Vielleicht sehen wir auf einem der Steine vor uns im Nebel Reste von roter Farbe. Aber es kann auch nur ein Fleck sein. Vielleicht ist es nur nass. Denn das ist es ja hier, nach all dem Regen. Und glatt, wahrscheinlich.

Wenn es tatsächlich so wäre, wie alle lamentieren, dass du in einer Schlange über den Besseggen gehst, dann wäre es ja kein Problem. Dann wüssten wir ja, wohin wir gehen müssen. Und es wäre noch nicht einmal eine ganze Schlange nötig. Wenn es hier überhaupt Menschen gäbe, kämen wir schon zurecht. Das ist ja das Gute an Menschen. Sie können miteinander reden. Einander um Rat fragen. Sich helfen. Gemeinsam Lösungen finden.

Das sind gute Dinge, in den Bergen und im Leben. Das nur nebenbei.

Aber *hier ist absolut niemand!*

Und dann geschieht es. Es reißt auf. Nur ein Riss. Und nur ein paar Sekunden. Aber es reicht, um uns erkennen zu lassen, dass der Berg rechts von uns steil abfällt. Tief. Dann sehen wir wieder nichts mehr.

Zum Kuckuck!

Das muss man uns wirklich lassen, der Dokubeauftragten und mir. Wir sind gut darin, wenn es darauf ankommt, nicht besonders drastische, aber vernünftige Entscheidungen zu treffen. Wir haben vorgestern im Wald kehrtgemacht. Und jetzt beschließen wir, auf die Kanadier zu warten. Dann sind wir schon mal vier, die sich im Nebel verirren. Oder die in einen sehr grünen See fallen. Der sich vielleicht da unten befindet, ein paar hundert Meter unter uns. Oder dort liegen einfach nur Steine. Auch das wäre denkbar.

Als die Kanadier kommen, er im klassischen Stil ein paar Meter vor ihr, wirft er einen raschen Blick auf den Grat, oder was es nun ist, und den Nebel. Und dann beginnt er, den nassen, glatten Felsen hinaufzuklettern. In Joggingschuhen. Ohne ein Wort. Er verschwindet fast unmittelbar im Nebel. Wir drehen uns um und sehen seine Frau an. Sie zuckt mit den Schultern. Es hat den Anschein, als hätte sie schon vor Jahren resigniert. In den Bergen, in der Ehe, im Leben.

Wir stehen eine Weile da und schauen vor uns hin. Eine ziemlich lange Weile. Es ist ganz still.

Endlich hören wir ihn rufen.

»*I found a T!*«

Wir müssen also hier hoch.

Das hat uns keiner erzählt. Wir haben mit Freunden und Bekannten über den Besseggen gesprochen, mit erfahrenen Bergwanderern, mit Leuten, die in der Hütte am Fuß dieses Berges arbeiten, Leuten, deren Job es ist, andern bei der Planung von Bergtouren zu helfen. Keiner hat uns erzählt, dass du klettern musst.

Später, als ich mit Bergwanderern darüber spreche, sagen die Bergwanderer, dass es sich um Aufsteigen handele und nicht um Klettern. Und an diesem Punkt stößt mein Sprachinteresse an seine Grenzen. Wenn du Arme und Beine gebrauchen musst, um an einem Felsen nach oben zu gelangen, dann ist das Klettern. Und davon hat uns niemand etwas erzählt. Alle haben uns erzählt, dass

es eine leichte und schöne Wanderung ist, auf die manche Leute Kinder und Hunde und hundertfünfzig Jahre alte Großeltern mitnehmen.

Und das kann man vielleicht verstehen. Denn die meisten, mit denen wir gesprochen hatten, haben die Tour vor langer Zeit gemacht. Sie ist ja ein Klassiker, eine der ersten Touren, die man macht, wenn man mit so etwas anfängt. Sie haben also sicher vergessen, wie es war. Oder es verdrängt. Das kann den Besten passieren. Und sie sind ganz bestimmt bei Sonne gegangen. Früher war ja immer Sonne.

Aber was ist mit diesen Ölplattformtypen, die wir gestern getroffen und mit denen wir stundenlang geredet und getrunken haben? Sie hatten die Tour ja *gerade* gemacht. In dem gleichen Wetter, wie wir es jetzt haben.

Die haben auch nichts gesagt. Und die haben wir immerhin *gefragt*. Sie haben gesagt, es sei *easy peasy*. Leicht wie nix.

Wir diskutieren darüber. Aus Gründen des Persönlichkeitsschutzes will ich nicht ins Detail gehen, aber die Dokubeauftragte erlaubt sich, die Glaubwürdigkeit besonders eines der Männer in Zweifel zu ziehen, der gestern behauptet hat, weder körperlich noch mental das geringste Problem mit dem Weg hier herauf gehabt zu haben. Und sie nennt den Namen. Das werde ich nicht tun.

Doch jetzt müssen wir endlich mit dem Klettern anfangen, bevor unser kanadischer Freund in Joggingschuhen wieder zu Hause in Kanada ist.

Was wir jetzt tun, ist nämlich eindeutig Klettern. Und es ist nass und schlüpfrig. Und wir sehen nichts. Wir sehen weder, was links von uns ist, noch, was rechts von uns ist, aber was wir gesehen haben, als wir doch mal einen kurzen Blick darauf werfen konnten, hat uns nicht gefallen. Wir sehen gerade mal, was direkt vor uns ist. Und das ist nasser Fels. Und meine Knieverletzung, die ich mir in einem früheren Leben zugezogen habe, als ich mit anderen Menschen in gastlicheren Gefilden bei Tanz und Musik weilte, ist noch nicht wieder ganz verheilt. Ich kann das eine Knie noch nicht ganz normal beugen oder strecken. Das stelle ich genau hier fest. Auf einem schlüpfrigen Grat in dichtem Nebel. Mit einem leichten Kater.

Selbst die Dokubeauftragte findet die Situation ein bisschen prekär. Und sie hat wirklich keine Angst vor so etwas. Sie war schon früher auf Berggipfeln. Und deshalb geht sie als Erste im Hauptfeld und sucht den Weg. Ich gehe hinter ihr. Als Letzte kommt Frau Kanada, mit Gratisponcho und schlechter Laune.

Es zeigt sich, dass es noch mehr Dinge gibt, die uns niemand über den Besseggen erzählt hat. Zum Beispiel, dass der Grat voller Kautabak ist. Dieses typisch nordische Rauschmittel, das Schweden in einem seltenen Anfall von Ungehorsam beizubehalten hingekriegt hat, obwohl es in der EU verboten ist. Hier liegt der Wegwerfkautabak im Gebirge herum. Portionsprieme. Oder Windelprieme, wie sie in meiner Jugend leicht verächtlich genannt wurden, zu einer Zeit, als es üblich war, etwas so Abartiges zu tun, wie den Tabak direkt ins Maul zu stopfen. Dicht an dicht liegt hier der ausgespuckte Kautabak. Ein Pfad von Portionspriemen führt den Grat hinauf. Doch in gewisser Weise ist dies auch beruhigend. Es bedeutet nämlich, dass hier vorher schon Leute gegangen sind. Dass wir auf dem richtigen Weg sind. Ein Tipp: Falls auf dem Besseggen schlechte Sicht herrscht, folge dem Kautabak, nicht den Ts.

Dies rückt die Dinge auch perspektivisch zurecht. Leute, die den Mount Everest besteigen, gehen an Leichenresten vorbei. Bei uns sind es nur Kautabakreste.

Haben die Leute den Kautabak ausgespuckt, weil ihnen schwindelig wurde? War es das? Oder ist ihnen der Tabak schlicht aus dem Mund gefallen, als sie Angstschreie ausstießen?

So etwas geht einem durch den Kopf, wenn man im Nebel einen Pfad von Kautabak hinaufsteigt oder hinaufklettert. Und eine

resignierte Kanadierin hinter sich hat. Und einen kanadischen Mann vor sich, der wahrscheinlich bald zurück sein wird in der Hütte.

Und dann denke ich, dass es zu dämlich wäre, hier zu sterben. Peinlich. Meine Freunde würden sich bei meiner Beerdigung über mich lustig machen. Ich sehe meinen besten Freund vor mir, im dunklen Anzug. Er zieht ein Blatt Papier aus der Brusttasche, faltet es auseinander, räuspert sich und sagt: »Er liebte es, zu überraschen.« Dann macht er eine Pause. »Und er hat uns wohl nie mehr überrascht als in dem Moment, da er auf einem Berggrat sechzehnhundert Meter über dem Meer auf einem Portionspriem ausrutschte und hinunterfiel, in einen grünen See, in dem er von den Suchmannschaften nie gefunden wurde, weil seine Jacke die gleiche Farbe hatte wie das Wasser.« Dann fangen alle an zu lachen.

»Warum grinst du?«, fragt die Dokubeauftragte.

Konzentration. Konzentration.

Es geht immer noch geradewegs nach oben. Wie weit es noch ist, lässt sich unmöglich sagen, weil wir nicht so weit sehen. Dann und wann, aus immer weiterer Entfernung, hören wir:

»*I found a T!*«

»*Where's the path?*«, ruft Frau Kanada in den Nebel.

»*Find your own path*«, erwidert der Nebel.

»*I don't want to find my own path*«, murmelt Frau Kanada. Darin liegt viel Lebensweisheit.

Ich finde nicht, dass dies viel Spaß macht oder sonst irgendwie positiv ist. Aber wir kommen voran.

Dann passiert etwas. Wir treffen Menschen! Einen Mann und eine Frau, die in die entgegengesetzte Richtung gehen. Plötzlich stehen sie da, zusammen mit unserem kanadischen Freund, der auf uns wartet, wie ein Lehrer bei der Schulwanderung auf die langsamsten Schüler wartet.

Ich habe das Thema schon angeschnitten: In den Bergen Menschen zu begegnen, wird stark unterbewertet. Du kannst Menschen nach etwas fragen. Sie können dir Dinge erzählen. Diese hier können uns beispielsweise erzählen, dass es nur noch ein kurzes Stück steil ist, danach wird es flacher, und anschließend ist es, wie die Frau sich ausdrückt: »*Flat for miles*«. Sie ist Amerikanerin, stellt sich heraus. Dafür ist er Däne, sicherheitshalber.

»*Good luck with that*«, sagt die Dokubeauftragte zu dem Dänen. Sie hat jetzt Oberwasser, wo sie erfahren hat, dass wir bald oben sind.

Wir erzählen ihnen, so schonend wir es vermögen, dass sie gerade angefangen haben, auf dem Grat zu gehen. Aus mindestens einem der beiden Gesichter vor uns entweicht alle Farbe, ganz zu schweigen von den erlöschenden Lebensfunken. Sie blicken nach unten, sagen nichts, sehen uns wieder an, wir nicken. Weitere Lebensfunken erlöschen, und die Wanderfreude auch, nehme ich an. Ich möchte ihnen gern etwas Aufmunterndes sagen, aber es würde kaum glaubwürdig wirken.

Extrem vorsichtig beginnen sie mit dem Hinunterklettern, das bestimmt anders heißt als Hinunterklettern, für diejenigen, die es mit der Semantik haben, und die gern richtig nervig sind.

Und ich frage mich, ob diese beiden, besonders diese beiden, heute Abend in Unterwäsche auf einer Hütte sitzen, ein Glas Rotwein in der Hand, und erklären, aber nein, diese Tour ist nicht besonders schwierig. Ein Spaziergang. Und der Nebel stört nicht! Es wird selbstverständlich ein bisschen glatt auf den Felsen, aber das macht es doch nur spannender.

Judasse!

Werden wir vielleicht auch so dasitzen? Geht es allen so?

Offensichtlich geht es vielen so. Man wird ein wenig mehr Urmensch, wenn man in den Bergen gewandert ist. Fühlt ein stärkeres und bis dahin unbekanntes Bedürfnis, sich ein gewisses Imponiergehabe zuzulegen.

Einer von denen, mit denen ich vor der Tour sprach, arbeitet in der Humorbranche und hat deshalb ein überdurchschnittlich sensibles Verhältnis zu solchen Dingen. Es ist derjenige, der sich auf der Flucht vor der Birnenform befindet, wenn wir ihn denn jetzt outen wollen. Als ich ihm meine geplante Reiseroute vorlegte, weil ich weiß, dass er sich in dieser Gegend gut auskennt, nannte er den Besseggen eine Kindertour. Es handelt sich um einen jungen, sensiblen Mann von heute, mit gesunden kulturellen Interessen, der Frauen zuhört und einen gut entwickelten Sinn für Humor besitzt. Aber zieh ihm ein paar Wanderschuhe an, und er wird zu einem Freiluftrambo.

Wir haben es erst gestern Abend bei der Ölplattformgang beobachtet. Sie waren auf Männertour mit all dem, was das mit sich bringt an Gerede vom Überstundenabfeiern und etwas zu lautem Auftreten. Aber sie waren trotz allem angenehme, umgängliche moderne Männer, in Kontakt mit ihren Familien und ihren femininen Seiten. Aber genau in dieser Situation, in Wollunterwäsche, nachdem sie einen Berg bestiegen haben, werden sie zu dieser Art von Leuten, die nichts für schwierig oder nicht ganz geheuer halten, und die sagen, dass du nur nicht genug Hunger hast, wenn du das Outdooressen nicht runterbekommst.

Und worüber haben alle in der Hütte gestern Abend geredet? Wie leicht diese Tour ist. Wie schnell sie sie gegangen sind. Und nicht zuletzt, über andere Touren, die sie gemacht haben, die viel härter sind, mit denen sie aber auch keine Probleme hatten.

Das ist mir früher schon aufgefallen: Je weiter du dich von der Zivilisation entfernst, desto wahrscheinlicher ist es, dass die Leute, die du dort antriffst, von anderen Orten erzählen, an denen sie gewesen sind, die noch weiter von der Zivilisation entfernt liegen. Wenn du weit abseits befahrener Straßen auf dem Land in Afrika unterwegs bist und an einen provisorischen Übernachtungsplatz mit instabiler Stromversorgung und nichts als Ziege auf der Speisekarte kommst und dort andere Reisende aus Europa antriffst, kannst du sicher sein, dass sie darüber reden, wie sie einmal noch weiter von der befahrenen Straße an einem noch provisorischeren Übernachtungsplatz ohne Strom übernachteten und ihnen dort Körperteile von Ziegen aufgetischt wurden, von den sie nicht einmal wussten, dass es sie gab. Oder die Milz eines verendeten Gnus.

Und wenn du die Milz eines verendeten Gnus nicht isst, dann bist du einfach nicht hungrig genug.

Falls – nein, wenn – wir heute Abend zur Hütte zurückkommen, werden wir es sagen, wie es ist. Wir werden ehrlich sein. Das beschließe ich hier und jetzt, während ich auf Kautabak starre und klettre und einsehe, dass es bis zum Gipfel viel weiter ist, als die beiden, denen wir begegnet sind, es dargestellt haben. Sie fingen also *auf der Stelle* an zu übertreiben, genau genommen noch während sie die Strecke gingen, über die sie übertrieben.

Vor unserer Abreise besuchte ich auch ein paar Netzforen, wo Bergwanderungen diskutiert werden. Dies ist das wirkliche Dark Net. Hier fragen Menschen, die es nicht besser wissen, Leute, die es definitiv besser wissen, um Rat. Wie lange dauert die Wanderung? Ist sie schwierig? Ist sie gefährlich? Ist es steil? Kann ich Kinder oder den Hund oder die Großeltern oder untrainierte Personen oder untrainierte Großeltern mit untrainiertem Hund mitnehmen?

Die anderen antworten, nahezu ohne Ausnahme: Kein Problem.

Eine Frau mit Höhenangst fragte, ob es gefährlich sei, über den Besseggen zu gehen, und ob es stimme, dass es vom Grat vierhundert Meter nach unten geht. Hier sind einige der Antworten, die sie erhielt:

»Ich habe ziemlich viel Höhenangst, bin aber dreimal ohne Probleme über den Besseggen gegangen.«

»Der Besseggen ist ja ein Touristen-Highway, daraus ergibt sich ja schon, dass er so schlimm nicht sein kann. Ich bin ihn gegangen, als ich zehn Jahre alt war, mein kleiner Bruder acht.«

»Überhaupt kein Problem. Meine Schwester und ich sind hinauf gelaufen. Meine Mutter ist im krankheitsbedingten Vorruhestand und hat es auch ganz passabel geschafft. Dass es vierhundert Meter steil abfällt, ist einfach Quatsch und Übertreibung.«

Der Ordnung halber: Ich habe es nachgeprüft. Es *sind* vierhundert Meter nach unten. Also etwas höher als das Empire State Building.

Ein anderer fragte, ob es eine gute Idee wäre, seinen alten untrainierten und wenig bergerfahrenen Vater mit auf die Besseggen-Tour zu nehmen. Er bekam keine Antwort, wie man sie eigentlich erwarten würde, also zum Beispiel:

»Nein.«

Oder: »Es kommt darauf an, wie viel du gegen deinen Vater hast.«

Oder: »Was stört dich an Mallorca?«

Mitnichten. Alle antworteten: Null Problem! Das schafft ihr locker.

Einer von denen, die diesem armen Teufel antworteten, brachte es tatsächlich fertig zu schreiben, dass der Besseggen weder besonders schwierig noch besonders steil sei. Man kann natürlich unterschiedlicher Meinung darüber sein, ob es schwierig ist, über den Besseggen zu gehen, aber angesichts dessen, dass es sich hier um einen untrainierten und wenig bergerfahrenen älteren Mann handelte, sollte man vielleicht die Möglichkeit in Betracht ziehen, dass er die Wanderung als ein wenig schwierig erleben *könnte*.

Die Aussage, der Besseggen sei nicht besonders steil, ist schlicht eine Lüge. Da könnte man genauso gut sagen, ein Kreis sei nicht besonders rund.

Und Bergwanderer könnten sich durchaus einfallen lassen, so etwas zu behaupten.

Und der Ordnung halber: Es gibt gute Gründe dafür, dass Menschen derartige Fragen stellen. Ich habe auch das nachgeprüft. Fünfzehn bis zwanzig Mal im Jahr benötigen Menschen Hilfe, um vom Besseggen herunterzukommen.

Ich war stark versucht zu testen, wo die Grenzen in diesen Diskussionen eigentlich verlaufen. Wie weit muss es kommen, bis jemand von ihnen zugibt, dass auch er einmal Angst gehabt hat oder dass es tatsächlich Dinge gibt, die zu unternehmen nicht besonders schlau ist. Ich hatte mir ausgemalt zu schreiben: »Hei Wanderfreunde! Meine Großmutter ist von der Unterlippe abwärts gelähmt. Habe vor, ihr eine Bergtour zum hundertsten Geburtstag zu schenken. Dachte an den Besseggen am Vormittag und den Galdhøpiggen am Nachmittag. Kann jemand Tipps geben, in welcher Jahreszeit es am meisten Schnee und Wind gibt, damit die Tour wenigstens ein bisschen herausfordernd wird?«

Sie geben nichts zu. Sie sagen nicht, wie es wirklich ist. Such nur mal das Internet durch, wenn du einmal Zeit hast, und sieh nach, ob irgendwo steht, dass du riskierst, auf nassem Kautabak mutterseelenallein über den Besseggen zu klettern.

Vor der Abreise habe ich ein Buch mit allgemeinen Tipps und Ratschlägen für das Freiluftleben gekauft. Ich wählte dieses Buch aus den tausend anderen aus, weil ich in der Buchhandlung darin blätterte und die folgenden Einleitungssätze fand: »Eines Tages vor nicht allzu langer Zeit hatte ich keine Lust mehr. Hinauszuziehen. Draußen zu sein.«

Sieh da, dachte ich. Endlich ein Freiluftbuch von jemandem, der einräumt, dass es mühsam sein kann. Erst als es zu spät und die Tour schon ordentlich in Gang gekommen war, las ich die nächsten Sätze: »Ich war von einem Hubschrauber gerettet worden. Aus einem Orkan auf einer Skitour im äußersten Norden von Spitzbergen.«

Aber Himmel, Herrgott, Sakra?!

Eineinhalb Zeilen. So viel hat die Autorin geschafft, bevor sie anfängt zu prahlen. Eineinhalb Zeilen. Und nach meiner Leseerfahrung ist das mehr als in den meisten Büchern, in denen die

Leute über ihre Bergerlebnisse schreiben. In den seltenen Fällen, wenn Leute, die ihre eigenen Bergtouren in Buchform schildern, einmal zugeben, Angst gehabt zu haben, tun sie es ausschließlich, um damit anzugeben, dass sie Dinge getan haben, die kein Mensch, dem sein Leben lieb ist, tun sollte.

Und das Bergwanderlatein hat eine lange Tradition. Man kann praktisch sagen, dass es von Anfang an da war. William Cecil Slingsby, der Engländer, der sich dermaßen langweilte, dass er im neunzehnten Jahrhundert zig norwegische Berge bestieg, war als Erster auf dem Store Skagastølstind. Bereits mit Nummer zwei begann die Angeberei. Johannes Heftye war dieser Zweite, er bestieg den Store Skagastølstind 1880 und schrieb nachher, es habe ihn gewundert, wie leicht die Tour gewesen sei, und dass jeder, der im Vollbesitz seiner fünf Sinne und normal ausgerüstet sei, kein Problem damit haben würde, sie durchzuführen. In den folgenden Streitigkeiten zwischen Slingsby und Heftye wird das Wort »Damenberg« benutzt.

Doch das liegt ja lange zurück, in einer anderen Zeit.

Oder etwa nicht?

Eine meiner Freundinnen, die sich selbst aus allen denkbaren Gründen als Feministin betrachtet, sagte etwas dazu, als wir in der Kneipe saßen und uns über Hüttenthemen unterhielten. Wir, die wir Bücher schreiben, machen das so: Nehmen Freunde mit in die Kneipe und reden mit ihnen über Dinge, über die wir schreiben wollen. Wir nennen es Recherche.

Auf jeden Fall erzählte sie, sie sei einmal mit mehreren Freundinnen, die sich ebenfalls aus allen möglichen Gründen als Feministinnen betrachten, auf einer Hüttentour gewesen. Und sie stellten fest, dass sie entsetzt waren, als ihnen aufging, dass sie das Plumpsklo leeren mussten. Denn es waren keine Männer da. Keine von ihnen hatte so etwas schon einmal gemacht. Keine von ihnen wusste, wie man es macht. Und keine von ihnen hatte besondere Lust. Und sie mussten sich zu ihrer eigenen Überraschung eingestehen, dass sie genau dies als Männerarbeit ansahen.

Wir diskutierten darüber. Und wir meinten, mehrere Beispiele dafür zu finden, dass die Geschlechterrollen dazu tendieren, um einige Jahre zurückgesetzt zu werden, sobald man auf eine Hütte kommt. Dort ist es plötzlich, in der Regel ohne Erklärung oder Diskussion, völlig klar, was Frauen tun sollen und was Männer tun sollen.

An dieses Gespräch muss ich jetzt denken. Denn das hier ist ja das Gleiche. In der Natur wird die Zeit zurückgedreht bis zu einem Punkt, an dem Männer noch Männer waren und nur Weicheier zugaben, dass etwas gefährlich oder schwierig oder nicht geheuer ist. So können sich selbst moderne Skandinavier mit Hochschulausbildung in einer sicheren Umgebung mit altmodischem Machohumor aufspielen. Und diese Menschen versuchen sich im Alltag an nichts Kühnerem, als aus Salmalachs ihr eigenes Sushi zu machen.

Und es betrifft nicht nur die Geschlechterrollen. Auch die Sprache wird zurückgedreht. Erinnerst du dich an das Hüttenbuch aus der Hütte im Wald? Junge Menschen fangen draußen in der Natur offenbar plötzlich an, wie ihre Großeltern zu sprechen, und schreiben Dinge wie »Tretmühle des Alltags« und »technologische Fisimatenten«.

Eine Reise in die norwegische Natur ist eine Reise in ein Norwegen, das nicht mehr existiert, wenn es denn je existiert hat. Ein Norwegen, in dem Männer Männerdinge tun und alle gleich sind und alle »*Hei*« zueinander sagen und anständiges Essen zu sich nehmen. Auf den Touristenhütten isst man Männeressen. Es gibt Braten zum Frühstück, zum Mittag- und zum Abendessen. Keine Spur von Quinoa oder Chipotle. Alle sind stark und kernig, und keiner hat Probleme damit, in der Natur zurechtzukommen. Und schlechtes Wetter gibt es nicht. Und die einzigen Ausländer, die du triffst, sind untertänig höflich und loben die ganze Zeit dein Land in den höchsten Tönen. Außerdem haben die Ausländer offenbar nicht das Geld für eine so kostspielige Ausrüstung, wie du sie hast, du kannst also ruhig ein wenig über sie lächeln, ohne dass

jemand ein Problem damit hat. Denn in den Bergen sind wir etwas einfacher. Da sind wir wir selbst, natürlich und echt.

»Einfach, natürlich und echt« ist in beinahe allen Fällen gleichbedeutend mit »reichlich altmodisch«. Kein moderner Skandinavier mit Hochschulausbildung und Salmalachs käme auf die Idee zu sagen, er fahre am Wochenende auf die Hütte, um sich »reichlich altmodisch« zu verhalten. Dagegen ist es ohne weiteres möglich, dass er sagt, auf der Hütte sei er in Kontakt mit etwas Echtem und Natürlichem und genieße die einfachen Freuden der Natur.

Auch das hat eine lange Tradition. Ein anderer Engländer, der im neunzehnten Jahrhundert in Norwegen Urlaub machte, war der Pastor Richard Carter Smith. Er formulierte diese Sehnsucht nach dem Ursprünglichen und Unverdorbenen ziemlich präzise: »In den Städten sieht man manches an dänischen und ausländischen Sitten, Ideen und Menschen, und das ist nicht vom besten Schlag. Luxus gewinnt ständig an Boden, Reichtum sammelt sich an, die Ausbildung wird besser, und alles ist in Veränderung. Infolgedessen hat die Gesellschaft ihre ursprüngliche Einfachheit und Aufrichtigkeit verloren, ohne für diese bisher einen ausreichenden Ersatz gefunden zu haben. ... Ich schätze einen geradlinigen und einfachen Bergbauern höher ein als einen halbstudierten und halbgebildeten Stadtbewohner.«

Ich kenne Leute, die dies – mit ein paar stilistischen Retuschen – auch heute noch unterschreiben würden. Und ich weiß auch, welche Partei sie wählen.

Der Gedanke, dass wir in der Natur so sind, wie wir eigentlich sind und sein wollen, ist zählebig. Ebenso wie die Vorstellung, dass wir, wenn wir wählen dürften, ohne auf die Forderungen des Alltags Rücksicht nehmen zu müssen und ohne besudelt zu sein vom sozialen Leben, vom Luxus, von Ausbildung, Technologie und all dem Künstlichen, mit dem wir uns umgeben, dass es dann für uns alle nur eine einzige Wahl gäbe: auf einem Stein allein in der Natur zu sitzen.

In einem der letzten Jahrbücher von Den Norske Turistforening wird die Botschaft propagiert, dass wir die Zeit zurückgewinnen müssen. Was selbstverständlich bedeutet, dass wir mehr Zeit in der Natur verbringen sollen. Also muss die Zeit, die du für anderes brauchst, Zeit sein, die dir jemand weggenommen hat: die Zeit, die du brauchst, um zu arbeiten, um Verwandte zum Essen einzuladen, mit Freunden zum Bowling zu gehen, Menschen kennenzulernen, Konzerte zu besuchen, Großstadtferien zu machen, Karaoke zu singen, die ganze Nacht an einem Küchentisch zu sitzen und Stuss zu reden oder mit deiner Liebsten durch die Kneipen zu ziehen. Dies ist die Zeit, die wir eigentlich, wenn wir frei, wirklich frei wählen dürften, auf einem Stein in der Natur verbringen würden. Oder mit zum Himmel erhobenen Armen auf dem Gipfel eines Berges. Oder in Unterwäsche in einer Kaminstube, während wir uns damit brüsten, wie leicht uns alles fällt.

Auch viele Philosophen waren der Meinung, dass man in der Natur etwas Echtem näher ist und die Dinge klarer sieht. Nietzsche schrieb sogar: »In der Natur fühlen wir uns so wohl, weil sie kein Urteil über uns hat.«

Vielleicht zieht es die Politiker deshalb so häufig in die Natur. Sie ist der einzige Ort, wo sich niemand beklagt. Vielleicht ist es der Schlüssel zum Erfolg der skandinavischen Länder, dass wir gut darin sind, vor den Problemen davonzulaufen.

Nietzsche war übrigens der Lieblingsphilosoph der Nazis, ohne dass wir daraus hier eine große Nummer machen müssten.

In der Nachkriegszeit sind die Menschen in die Städte gezogen, sind zu Wohlstand, Freizeit und Autos gekommen. Und zu Hütten, die immer größer und immer zahlreicher wurden. Das für Hütten benutzte Areal hat sich in Norwegen in fünfzig Jahren mehr als verdoppelt. Aber weniger als die Hälfte der Hütten haben sowohl Strom als auch einen Wasseranschluss. Jede vierte Hütte hat keins von beiden. Und mehr als jeder vierte Einwohner Norwegens wird wahrscheinlich der Auffassung zustimmen, dass dies

die *echten* Hütten sind. Und viele sagen, dass sie die Arbeit auf der Hütte lieben. Die etwas ganz anderes ist als die Arbeit, die sie im Alltag verrichten. Holzhacken. Zäune setzen. Echte Arbeit. Körperliche Arbeit.

Nun kann man natürlich darüber diskutieren, wie echt es ist, Arbeiten zu verrichten, zu denen man nicht mehr gezwungen ist, wohingegen die Menschen früher sie verrichteten, weil sie es mussten.

Oder man kann es bleiben lassen, darüber zu diskutieren. Denn so macht man es in der Natur. Die Natur hat ja kein Urteil über uns. Stellt keine Fragen. Hier sind wir ganz wir selbst. Hier können der Institutschef und der Abteilungsleiter mit nacktem Oberkörper gehen und nach Schweiß riechen, mit einer Axt auf der Schulter, und ein bisschen einfach sein. Das ist ja nicht so schlimm. Und mit seinem Land angeben kann man in der Natur auch. Auf der Hütte, oder in den Bergen, ist es völlig in Ordnung, selbst für tolerante Menschen mit höherer Ausbildung, über die Landschaft zu blicken und zu sagen: »Wir leben im besten Land der Welt, keiner kann etwas anderes behaupten.« Dann packen wir gern noch ein bisschen drauf und rühmen uns des Jedermannsrechts, des gesetzlich verbrieften Rechts, uns frei in der Natur zu bewegen, und als kleines Extra können wir noch damit angeben, dass es im Norwegischen keine Entsprechung zum englischen Wort »trespassing« gibt, denn wir sind frei, wir bewegen uns, wo wir wollen, wir sind Menschen der Natur.

Und die Natur hat kein Urteil über uns, also kommt niemand mit Einwänden.

Wie dem Einwand, dass es durchaus möglich ist, mit guten Gründen und jedem möglichen Recht, etwas anderes zu behaupten, als dass Norwegen das beste Land der Welt ist.

Oder dem Einwand, dass alle Touristen, die in das Prahlen über Norwegen einstimmen, vielleicht nur höflich und nicht lebensmüde sind und wissen, dass sie erschlagen werden, wenn sie sagen: »Es ist schön hier, aber es sind ja nicht die Alpen.«

Oder dem, dass es zwar sein mag, dass wir hierzulande kein eigenes Wort für *trespassing* haben, es aber dennoch höchst unpopulär ist, den Garten fremder Leute zu betreten.

Oder dem, dass das Jedermannsrecht keineswegs spezifisch norwegisch ist, selbst wenn alle Norweger das glauben. Man findet dieses Recht oder etwas Vergleichbares in Schweden, Finnland, Island, Dänemark, Deutschland, Österreich, der Schweiz und England. Norwegen und die nordischen Länder führten es nicht einmal besonders früh ein. Die Schweiz war das erste Land, im Jahr 1907. Island war das erste nordische Land, fünfzig Jahre später.

Oder dem Einwand, dass echt und natürlich zu sein auch ein Trend ist, was man leicht vergisst. Es hat diesen Trend schon früher gegeben, und er geht vorüber, jedes Mal. Wir müssen nur etwas mehr als dreißig Jahre zurückdenken, um zu einer Zeit zu kommen, in der es als stilvoll galt, Skandinaviens höchstes Hotel mit außen angebrachtem gläsernem Aufzug zu planen. Im Jahr 1987 wurde in Oppland, Norwegens größtem Fylke mit Gebirgstourismus, ein Tourismusentwicklungsplan erstellt. In diesem Plan steht nahezu nichts von Hütten. Damals war man davon überzeugt, die Zukunft läge in großen Luxushotels im Gebirge. Die Verantwortlichen sahen die langsame Zeit und den Kult der Stille ganz und gar nicht kommen. Sie rechneten nicht damit, dass eine Zeit kommen würde, in der Luxushotels als alltäglich und langweilig gelten würden, oder dass das Kochen deiner eigenen Mahlzeiten aus Gemüse, das du selbst angebaut und geerntet hast, zum wichtigsten Beweis deiner Modernität werden würde.

Naturromantik und Sehnsucht nach dem einfachen Leben sind unoriginell. Und sie gleichen sich zu allen Zeiten. Im Jahr 1789 schrieb der deutsche Wissenschaftler Johann Christian Fabricius, dass man in der norwegischen Natur »in froher Einsamkeit, fern von den Ausschweifungen und Lastern der neueren Zeiten« lebe. Sie hatten 1789 keine Wörter wie »Tretmühle« und »Fisimatenten«, doch davon abgesehen könnte dies einem Hüttenbuch aus dem Jahr 2017 entnommen sein.

Und schon 1918 stand im Jahrbuch von Den Norske Turistforening in etwa das Gleiche über Jotunheimen wie das, was man mir erzählte, als ich diese Tour plante, dass viele »mit den Schultern zucken angesichts der allzu zivilisierten Prägung, der Massenwanderungen durch die gepflegten Täler, an Seilen über die Gletscher und auf die Gipfel, die alle besteigen wollen«.

Und errätst du, aus welchem Jahrhundert die folgenden Zitate stammen?

»Träumen wir nicht alle davon? Ein stilles Wasser in uns selbst zu finden? Ein kurzes oder längeres Aufflackern von Gegenwärtigkeit.«

»Diese Stunden in einsamer Meditation sind die einzigen im Laufe des Tages, in denen ich ganz ich selbst bin, ohne Hindernisse und Ablenkungen, und wo ich wirklich sagen kann, dass ich bin, was ich von Natur aus sein soll.«

»Im Freien bekommt man einen ganz anderen Kontakt mit sich selbst und den Elementen um sich herum. Man öffnet die Sinne.«

Eines dieser Zitate ist von Jean-Jacques Rousseau vom Ende des 18. Jahrhunderts, die beiden anderen stammen aus einem Artikel über Yoga und Achtsamkeit in der Natur von 2016.

Es ist heutzutage leichter denn je, sich nach dem Ursprünglichen zu sehnen. Denn es ist leichter, das bäuerliche Leben zu romantisieren, wenn du nicht Bauer sein musst. Es ist leichter, das kalte, aber gemütliche und sozialdemokratische Skandinavien cool zu finden, wenn du nicht hier leben musst. Und es ist leichter, der Sehnsucht nach der Natur zu frönen, wenn du dich nicht im täglichen Leben zu ihr verhalten musst.

Dann kannst du ins Gebirge fahren. Als wäre es eine Zeitreise in eine einfachere und primitivere Zeit, in der man sich mit Dingen beschäftigte, mit denen man sich nicht länger beschäftigen muss, und Tätigkeiten beherrschte, die man nicht mehr zu beherrschen braucht. Und falls eine Summe, die dem Lohn des Au-pair-

Mädchens für sechs Monate entspricht, für dich kein Problem ist, bekommst du auch die Ausrüstung, die es dir ermöglicht, in einer einfacheren und primitiveren Zeit zu leben, ohne nasse Füße zu kriegen oder ins Schwitzen zu geraten, und du kannst an Orten übernachten, wo es Drei-Gänge-Menüs und Internet gibt.

Aber auf Strümpfen. Wir sind trotz allem Naturmenschen.

Genug davon.

Wir schaffen es nach oben. Selbstverständlich tun wir das. Ich habe ja dieses Buch geschrieben.

Angenehm ist es nicht, aber wir schaffen es nach oben. Wir erreichen den höchsten Punkt. Ich weiß es, weil auf einem Schild steht, dass es der höchste Punkt ist. Davon abgesehen deutet nichts darauf hin, dass dies der höchste Punkt ist. Oder überhaupt ein Punkt. Es ist flach hier, vielleicht ist das Schild der höchste Punkt?

Wir haben unseren kanadischen Freunden Schokolade und Kaffee versprochen, wenn sie mit uns gemeinsam über den Grat gehen. Wir sind Leute, die halten, was sie versprechen. Die Tasse geht herum. Die Schokolade geht herum. Wir gratulieren uns gegenseitig. Er sagt sicher etwas in der Art wie, dass wir ein *beautiful country* haben. Sie blickt sich um, sieht ausschließlich kleine Steine und Nebel und murmelt: »*Lovely view.*«

Sie ist definitiv diejenige von den beiden, die den stärkeren Hang zu finsterem Humor hat.

Nach ungefähr einer Minute müssen sie weiter. Wir verabschieden uns, und sie streben im Laufschritt das nächste T an. Diesen Wettbewerb haben wir verloren.

Warum haben sie es so eilig? Wollen sie vor dem Abendessen noch einen Berg erreichen?

Auch unsere Mittagsrast wird ziemlich kurz. Es ist kalt und es regnet. Und wir sehen nichts. Also gehen wir weiter.

Und um auch das zu sagen. Der Rest der Wanderung verläuft problemlos. Sehr problemlos sogar. Allzu problemlos. Um es anders zu sagen: Der Rest der Wanderung ist sinnlos langweilig. Wenn ich sage der Rest der Wanderung, dann meine ich in etwa die Hälfte. Es geht langsam abwärts durch eine Art Mondlandschaft. Möglicherweise ist hier und da hinter dem Nebel eine Aussicht, aber ich habe meine Zweifel. Es gibt hauptsächlich Steine. Und es zieht sich hin und zieht sich hin.

 Hiervon hat uns auch niemand etwas gesagt.
 Es gibt nur eins zu tun. Wir fangen mit D an.
 »Dolly Parton.«
 »Damit fangen wir an?«
 »Damit fangen wir an.«
 »David Bowie.«
 »Dana International.«
 »Dana International?«
 »Gewinnerin des European Song Contest für Israel 1998.«
 »Das kann eine lange Tour werden ...«

Und sie wird es. Bergwanderungen haben zuweilen eine elende Dramaturgie. Sie fangen gut an und entwickeln sich schön auf einen Höhepunkt hin, und für eine Weile wird es richtig spannend: Wird es gut gehen? Wenn du dann den Höhepunkt erreichst, bist du in etwa bei der Hälfte. Danach kommt der längste, schwerste und langweiligste Teil der Tour, bei dem du dich auf nichts anderes freuen kannst, als dass es endlich zu Ende geht. Es ist wie ein abendfüllender Kriminalfilm, wo der Mörder nach vierzig Minuten gefasst wird, und dann folgt eine knappe Stunde, in der der Held am Schreibtisch sitzt und Papierkram erledigt. Bloß dass der Held in diesem Fall wenigstens in einem warmen Innenraum sitzt. Und eine durchschnittliche Bergtour dauert fünfmal so lange wie ein durchschnittlicher Spielfilm.

 Mein Knie mag es nicht, wenn ich abwärtsgehe. Darauf war ich vorbereitet, aber hier? Hier ist es ja nicht einmal steil. In ein

paar Tagen wollen wir, wenn wir uns an unseren Plan halten, auf den Galdhøpiggen. Soll ich mit diesem Knie vier Stunden bergauf gehen zu einem Punkt, wo wir aufgrund von Nebel bestimmt nichts sehen, und danach vier Stunden bergab? Und wird es je richtig aufklaren? Werde ich irgendwann auf dieser Wanderung irgendetwas sehen?
    Darüber müssen wir reden.

»Dweezil Zappa«, sage ich. Dies ist wohl der Moment auf dieser Tour, in dem ich die größte Lust verspüre, die Arme gen Himmel zu strecken.

Oder vielleicht ist es dieser: Nach ein paar Stunden extrem schwach abfallender Mondlandschaft sehen wir die Hütte! Tief unten. Unsere Hütte. Wir sind seit knapp fünf Stunden unterwegs. Die Ölplattformburschen haben sieben gebraucht, www.ut.no sagt sechs bis acht. Wir sind knapp unter fünf. Wir sehen die Hütte.
    »Das kann unmöglich zwei Stunden dauern«, sage ich. Und so etwas zu sagen ist *lebensgefährlich*.
    Aber wir sehen die Hütte. Und dort, sehr nah bei der Hütte, sehen wir auch zwei Punkte, die sich rasch bewegen und kanadisch aussehen.
    Dies wird sogleich zu einem Wettkampf, einem Kampf, um wen zu besiegen, www.ut.no? Die Ölplattformgang? Die Kanadier können wir unmöglich einholen. Aber ein Wettkampf ist es. Die Dokubeauftragte grinst unheilverheißend und zieht das Tempo kräftig an.
    Ich bin mit von der Partie. Das fehlte noch. Ich bin motiviert, ich will es ja hinter mich bringen. Wir joggen beinahe abwärts. Und jetzt geht es auch schneller nach unten als vorher. Und die Landschaft ist schöner. Es hilft natürlich, dass wir sie sehen, jetzt, da wir unterhalb der Nebeldecke sind.
    Was wollen wir bei solchem Wetter eigentlich oben auf dem Berg? Hier unten ist es doch viel schöner.

Natürlich hilft es ebenfalls, dass wir jemanden überholen. Nicht dass es direkt eine Heldentat wäre, an dieser Gruppe vorbeizugehen. Es ist ein deutsches Paar mit Hund, das nur einen kleinen Spaziergang von der Hütte machen wollte und dies nun bitter bereut. Der Hund sieht missvergnügt, ängstlich und fertig aus und steht stocksteif auf einem Stein. Er ruht seine Zunge an diesem Stein aus. Die Besitzer sehen dem Hund in die Augen, reden mit ihm wie mit einem Kind und zeigen aufmunternd auf den nächsten Stein, der fünf Zentimeter weiter vorn liegt. Der Hund rührt sich nicht. Ich sage »Hei«, als wir vorbeigehen, denn das tun wir hier in den Bergen. Sie nicken mürrisch zurück. Der Hund sieht mich an, als hoffte er, ich würde ihn nach Hause tragen.

Die werden zwei Stunden bis zur Hütte brauchen.

Wir hingegen rauschen nur so dem Ziel entgegen. Wir strahlen und tanzen von Stein zu Stein bis zur Hütte, und die Dokubeauftragte stoppt eine Zeit von fünfeinhalb Stunden. Das liegt eine halbe Stunde unter der niedrigsten Schätzung auf www.ut.no und www.besseggen.com, es ist eineinhalb Stunden weniger als die Zeit der Ölplattformgang, es ist zweieinhalb Stunden schneller als die höchste Schätzung auf www.ut.no und www.besseggen.com. Und wir haben beide von Leuten gehört, die elf Stunden gebraucht haben. Das ist doppelt so lang.

Die Dokubeauftragte ist äußerst zufrieden.

09

KOLLEKTIVE BEWÄLTIGUNG IN UNTERWÄSCHE

Die Leute gehen hier früh ins Bett. Und es bleibt ihnen auch nichts anderes übrig. In diesen Zimmern kann man sich nur ins Bett legen.

Und jetzt«, sagt die Dokubeauftragte, »jetzt gehen wir direkt in die Kaminstube und genehmigen uns ein Bier.«

Ich sehe keinen Grund zu protestieren.

In meiner Hochstimmung denke ich, dass ich jetzt wirklich spüren werde, wie viel besser das Bier nach einer langen Wanderung schmeckt.

Das Problem ist allerdings, dass wir gestern Abend das ganze Bier auf der Hütte weggetrunken haben, zusammen mit den Jungs von der Ölplattform, und jetzt gibt es nur noch Diätbier. Das hat noch nie gut geschmeckt. Doch wie ich hier am Kamin sitze und die Wanderstiefel von den Füßen gestreift habe, da kann ich mich immerhin zu der Meinung durchringen, das Bier schmecke trotz allem ein wenig besser als sonst.

Der Dokubeauftragten fällt ein, dass wir vergessen haben, auf dem Gipfel Schnaps zu trinken. Wir sind Amateure. Stattdessen nehmen wir jetzt einen Kleinen, zusammen mit dem kalorienarmen Bier. Und eine Sekunde lang denke ich wirklich, dass dies ja alles gar nicht so schlimm ist. Es ist tatsächlich vollkommen in Ordnung.

Doch es bleibt selbstverständlich die Frage: Lohnt es sich, fünfeinhalb Stunden bei Regen und Nebel zu klettern und zu steigen, damit ein kalorienarmes Diätbier ganz passabel schmeckt, wenn man anderswo auf der Welt nur zehn Minuten durch angenehme Straßen zu laufen braucht, um ein Lokal zu finden, wo du ein Bier bekommst, das himmlisch schmeckt?

Naturmenschen reden und schreiben gern über die einfachen Freuden, die das Leben in der Natur uns schenkt. Man kann vieles über die Freuden in der Natur sagen, aber sie sind verdammt noch mal nicht einfach.

Genau so soll ich jedoch nicht denken. Im Gebirge soll man überhaupt nicht zu viel denken. Man soll die Dinge nicht kompliziert machen. Nur echt, natürlich, ursprünglich sein. Fühlen, wie man langsamer und weniger denkt und am Ende nur noch ist. Genau hier. Genau jetzt.

Ist das nicht ziemlich schön?

Jemand vom Hüttenpersonal sieht uns und sagt: »Jesses, seid ihr schon wieder zurück?«

Jetzt findet zumindest die Dokubeauftragte das Leben ziemlich schön.

Das Personal hat gerade eine kurze Pause, bevor das Abendessen beginnt. Einige von ihnen setzen sich zu uns an den Kamin. Es sind junge, kräftige und wandererfahrene Leute. Rate mal, worüber wir sprechen. Das Gespräch zeigt schnell und vorhersehbar, dass eine Zeit von fünfeinhalb Stunden ziemlich gut ist, aber auch nicht *so* beeindruckend. Viele schaffen es in drei Stunden. Es wird sogar ein Lauf über den Besseggen veranstaltet. Dabei legen die Schnellsten die Strecke in etwas mehr als einer Stunde zurück.

Aber eine Bergwanderung ist ja kein Wettrennen, wie wir alle wissen.

Interessanter ist, dass die meisten uns in unserer Auffassung bestätigen, dass der zweite Teil ziemlich langweilig ist. Mehrfach fällt das Wort »Mondlandschaft«. Mehrere geben uns auch in dem

Punkt recht, dass man sich in einer Art und Weise vorwärtsbewegen muss, die »haarscharf an Klettern grenzt«, um den Grat zu bewältigen. Und sind auch der Ansicht, dass die Wanderung bei Nässe, Glätte und schlechter Sicht nicht besonders angenehm ist.

Und das alles sagen sie *jetzt!*

Es ist, als gehörten wir jetzt zum Klub, nachdem wir die Tour gemacht haben. Jetzt können wir ja sagen, wie es ist, unter uns, solange wir all den anderen nichts erzählen. Es muss unter uns bleiben.

Und jetzt kommen sie mit *allem*. Wir sitzen am Kamin, nippen an einem geschmacksarmen Bier und atmen den Geruch von Feuer und nassen Socken ein. Und dies ist das Gespräch, das die outdoorerfahrenen jungen Menschen führen:

»Die erste halbe Stunde einer Tour ist immer die Hölle.«

»Die erste Stunde, würde ich sagen.«

»Dazu kommt noch die Stunde vor dem Aufbruch, in der du dich graulst.«

»Besonders bei schlechtem Wetter.«

»Und das ist ja nicht gerade selten.«

»Wenn nicht die Regel. Und dann macht es eh keinen Spaß.«

»Ich weiß noch, wie ich es gehasst habe, auf Tour zu gehen, als ich jünger war.«

»Ich bin von meinen Eltern gezwungen worden.«

»Und in der Regel ist es ja nur ein kleiner Teil der Wanderung, der sich wirklich lohnt.«

»Ja, du musst eine Menge langweiliger Partien in Kauf nehmen.«

»Die langweiligen Partien überwiegen sogar.«

»Es gibt beinahe nur langweilige Partien.«

Hier melde ich mich zu Wort.

»Warum macht man es dann?«, frage ich.

In der Kaminstube wird es ganz still. Die Anwesenden lassen fallen, was sie in den Händen haben. Alle blicken mich entsetzt an.

Das Kaminfeuer erlischt. Alle gehen. Gjendesheim wird stillgelegt, und die Menschen geben das Freiluftleben auf.

Okay, jetzt übertreibe ich ein bisschen, aber ich habe den bestimmten Eindruck, dass diese Frage hier in dieser Kaminstube nicht jeden Tag gestellt wird.

Doch sie haben Antworten parat. Selbstverständlich. Diese drehen sich darum, wie schön es ist anzukommen. Sie drehen sich um die Belohnung hinterher. Darum, dass man seinen Körper bewegt. Und es geht offenbar um Bewältigung.

»Hast du nicht das Gefühl von Bewältigung empfunden, als du oben angekommen bist?«, fragt einer.

Darüber denke ich gründlich nach. Als Erstes denke ich: Gibt es wirklich Leute, die das Wort »Bewältigung« benutzen, als sei es ein ganz normales Wort? Also Leute, die keine Psychologen oder Kinderpädagogen, Coaches oder pensionierte Leistungssportler sind, die Motivationskurse in der freien Wirtschaft geben? Ich glaube, ich habe das Wort »Bewältigung« so noch nie benutzt. Schon weil ich keine Lust habe, durchs Leben zu gehen und mich wie ein Vortrag anzuhören. Doch hier wird das Wort fleißig gebraucht. Ich glaube sogar, Bewältigung ist an diesem Nachmittag eins der am häufigsten benutzten Wörter in der Kaminstube. Ganz oben neben »Stunden«, »Minuten« und »Aufladung«. Hier in den Bergen ist sehr viel von Aufladung die Rede. Dafür, dass es sich bei den Bergfreunden um Leute handelt, die darauf aus sind, abzuschalten und zu entspannen, machen sie sich erstaunlich viele Sorgen, dass ihnen die Batterien ausgehen könnten.

Aber wir sprachen von Bewältigung. Habe ich sie empfunden, als ich den Grat hinter mir hatte? Als ich den Grat *genommen* hatte?

Kann es echt nicht sagen. Ich war zufrieden, dass ich es hinter mir hatte, natürlich, so geht es einem doch, wenn man etwas Unangenehmes und Unnötiges gemacht hat. Aber Bewältigung? Nee.

Und dies ist vielleicht etwas, das mir fehlt, rein freiluftmenschenmäßig. Es bedeutet mir wirklich recht wenig, etwas getan zu haben, nur um es getan zu haben. Wenn es zu nichts führt, für wen auch immer. Es muss etwas mehr sein. Nicht dass mein Handeln unbedingt die Menschen froher und die Welt schöner machen muss, auch wenn das zweifellos fantastisch wäre. Aber es muss zumindest am anderen Ende eine tolle Aussicht sein. Oder ein Kiosk. Auf dem Gipfel des Galdhøpiggen ist tatsächlich ein Kiosk. Das gefällt mir. Aber den Gipfel zu erreichen, um den Gipfel zu erreichen, bedeutet mir fast nichts, egal wie sehr ich meinen Körper gebraucht habe, um die Natur zu überwinden.

Aber okay, ich will jetzt diesen Mangel an Ehrgeiz bei mir auch nicht übertreiben. Ich habe schon Lust, Dinge hinzukriegen, von denen ich meine, ich müsste sie hinkriegen. Ich habe Lust, in Dingen gut zu sein, von denen ich meine, ich müsste gut darin sein, weil es meinem Image entspricht oder weil ich schlicht und einfach davon lebe.

Aber *so* große Lust dann auch wieder nicht.

Lass mich versuchen, es in einem Bild zu verdeutlichen: Stell dir jemanden vor, der sein ganzes Leben trainiert hat, um der Beste in einer Disziplin zu werden, der alles andere dafür geopfert hat, Freunde und Familie und Liebste entbehrt, auf Feste und Absacker, spontane Wochenendreisen und Picknicks im Park verzichtet hat und dem der Weg dahin sicher schwergefallen ist und für den es langweilig und nass und grau und frustrierend gewesen ist. Der überquert eines Tages die Ziellinie drei Hundertstel vor dem Zweitbesten. Und da steht er im Ziel und spannt sämtliche Muskeln an, die es in einem Menschen gibt, und brüllt: »JAAAAAAAAAAAAAAAAAA!«

An diesem Punkt bin ich nie gewesen. Und ich glaube, ich werde auch nie dahin kommen. Und vielleicht bin ich ein wenig neidisch. Es sieht so aus, als sei es ein ganz fantastisches Gefühl.

Anderseits: Mir fällt nicht eine einzige Sache ein, für die ich auf Freunde und Familie und Liebste, auf Feste und Absacker, spontane Wochenendreisen und Picknicks im Park verzichten möchte. Mir fällt nicht eine Sache ein, in der ich gerne *so* gut werden würde.

Und: Die meisten, die ihr ganzes Leben trainieren, um der Beste in einer Sache zu werden, die zahlreiche Opfer bringen und deren Weg dahin schwer und langweilig und nass und grau und frustrierend ist, die gehen ja nie drei Hundertstel vor dem Zweitbesten ins Ziel. Sie erreichen im besten Fall vielleicht dann und wann einen super siebten Platz.

Außerdem spricht vieles dafür, in Bezug auf die Jagd nach Bewältigung um der Bewältigung willen zutiefst skeptisch zu sein. Wenn du nicht auch skeptisch gegenüber solchen Sachen bist, empfehle ich dir, auf YouTube zu gehen und nach »cykelsvensken« oder »mtb rage« oder »skogssvensken« oder einer anderen Kombination von »sykkel«, »terreng«, »skog«, »svenske« und »sinne« zu suchen. Was du da findest, ist ein kleiner Film über Bewältigung. Es gibt viele Versionen dieses Films, mit und ohne Untertexte. Der Film ist zum Schreien komisch, aber zugleich deprimierend. Zwei schwedische Freunde, Männer, die mitten im Leben stehen, sind auf ihren Mountainbikes unterwegs im Wald. Nichts lässt darauf schließen, dass es sich um eine Vergnügungstour handelt. Ihre Ausrüstung sieht teuer aus, sie tragen enganliegende Shorts. Hier geht es um Bewältigung. Jetzt wollen sie eine Anhöhe nehmen. Der eine von ihnen ist offenbar bereits erfolgreich gewesen und steht jetzt oben und filmt seinen Kumpel. Der Kumpel macht zuerst einen Versuch, dann noch mehrere. Aber er schafft es nicht auf die Anhöhe.

Und da rastet er aus. Er wirft sein Fahrrad in den Wald. Er wirft seinen Helm so oft auf den Boden, bis er sicher ist, dass der vollständig kaputt ist. Er brüllt und flucht laut, wieder und wieder, aus Ärger über seine eigene Unfähigkeit.

Er holt das Fahrrad aus den Büschen und versucht noch einmal, den Anstieg zu schaffen. Und noch einmal. Es geht schlechter und schlechter. Er wird wütender und wütender und flucht lauter und lauter. Mit der Zeit spürt er Hass auf sein ganzes Leben. Seine Tiraden werden finsterer und finsterer und »Schwanz« wird häufiger und häufiger als Vorsilbe gebraucht.

So ergeht es dir, wenn du es zu sehr darauf anlegst, Dinge zu bewältigen, die du streng genommen überhaupt nicht bewältigen musst.

Vielleicht sollte man sich ab und zu einmal Folgendes bewusst machen: Für jedes Bild eines wohltrainierten und gebräunten Mannes, der auf einem Berggipfel die Arme gen Himmel reckt, gibt es einen wütenden und schmutzigen Schweden, der sein Mountainbikezubehör zertrümmert und sein Leben mit einem Geschlechtsorgan gleichsetzt.

Dieser Schwede erinnert mich noch an etwas anderes, das auch ein Grund für mein fehlendes Interesse an Bewältigung sein mag und dafür, dass ich keine Lust verspüre, mir auf die Brust zu trommeln und davon zu reden, Berge zu *nehmen:* Ich finde beinahe alles, was als männlich gilt, grundsätzlich komisch oder uninteressant. Der Schwede auf dem Mountainbike ist komisch. Unter anderem. Und es interessiert mich nicht, mich mit den Dingen zu beschäftigen, mit denen er sich beschäftigt. Ich interessiere mich auch nicht für Motoren. Es gefällt mir natürlich, dass es Motoren gibt, ohne dass ich mir darüber viele Gedanken mache. Darüber hinaus interessieren sie mich nicht. Es macht mir kein besonderes Vergnügen, Dinge zu reparieren. Von Autos verstehe ich nichts. Extremsport lässt mich kalt, Waffen ebenso. Oder Schnitzen. Ich mag Fußball, wie vielleicht schon klar geworden ist, aber das liegt auch daran, dass ich große Veranstaltungen und Menschenmengen mag. Und die männlichsten Rituale, die man bei Fußballfans beobachten kann, bringen mich zum Lachen. Mit anderen Worten: Du wirst mich nie sagen hören: »Du kannst die Freundin wechseln, aber du wechselst nie den Klub, hehe.«

Über so etwas denkt man also nach, während man an einem Nachmittag in den Bergen am Kamin sitzt und an seinem Schnaps nippt. Es geht aufs Abendessen zu, und die Pause des Personals ist zu Ende. Bevor sie an ihre Arbeit gehen, deutet einer von ihnen auf unseren Flachmann und sagt: »Der Verzehr von Mitgebrachtem ist hier nicht gestattet.«

Einen Augenblick lang hatte ich vergessen, dass wir im Schullandheim sind.

Wir haben den bewussten Entschluss gefasst, beim Abendessen zu sagen, wie es ist. Wir werden es nicht machen wie die Ölplattformjungs und die meisten anderen Gäste. Wir werden nicht prahlen und easy peasy sagen. Wir werden den Klub verraten und die Wahrheit sagen.

Zuerst müssen wir nur noch die Vorbereitungen für das Abendessen treffen, die in den Bergen obligatorisch sind: Eine allzu kurze Dusche nehmen und ein Unterhemd und eine Jogginghose anziehen.

Dies ist die erste Dusche auf der Wanderung, und ich versuche zu denken, wie man denken soll. Dass dieses Duschen viel mehr sein wird als nur ein Duschen, jetzt, da ich seit mehreren Tagen nicht geduscht und den Körper bewegt und den Berg genommen habe.

Dies ist kein solches Buch, also sage ich nicht allzu viel darüber, woran mich das Duscherlebnis erinnerte, aber lass mich so viel sagen: Es waren Erwartungen involviert. Es war Nacktheit involviert. Und es war sehr schnell zu Ende.

Denn auf dieser Hütte musst du Bargeld bei dir haben, damit die Dusche angeht. Bargeld! So was wird doch nur noch von Kriminellen und von Menschen benutzt, die glauben, wir lebten noch im Jahr 1982. Wir haben natürlich keine große Menge Bargeld bei uns, aber wir finden immerhin genug Münzen, dass wir beide genau ein bisschen zu kurz duschen können.

Zum Abendessen wird ziemlich viel Fleisch aufgetragen. Was sonst. Wir kommen neben den zwei wenig kontaktsuchenden Freundinnen zu sitzen, die sich gegenseitig fotografierten. Sie sind auch jetzt nicht besonders gesprächig. Aber sie sind gut erzogen und in der Lage zu begreifen, dass man auf diesen Hütten mit dem Nebenmann sprechen soll, auch wenn man wenig Lust dazu hat.

Wir ziehen ihnen aus der Nase, dass sie aus England beziehungsweise Frankreich kommen und gemeinsam studiert haben. Sie erklären, sie hätten für die Wanderung über den Besseggen sechs Stunden gebraucht. Und schon hier merke ich, dass es mir schwerfallen wird, an unserem Plan, an diesem Abend nur die Wahrheit zu sagen, festzuhalten. Denn die Dokubeauftragte und ich glauben ihnen nicht. Ausgerechnet diese beiden wollen sechs Stunden gebraucht haben.

Und wenn *die* hier sitzen und angeben ...

Wir versuchen, das Problem zu umgehen und das Gespräch in eine andere Richtung zu lenken.

Es gibt Grenzen dafür, wie lange man darüber reden kann, dass es in Norwegen schön, aber teuer ist, dass der Brexit wie ein Schock kam, und dass Briten und Franzosen ein etwas angestrengtes Verhältnis zueinander haben. Und worin diese beiden Freundinnen den Doktor machen, ist völlig unmöglich zu begreifen. Und speziell kontaktsuchend sind sie auch nicht.

Das ist dagegen die Frau, die neben ihnen sitzt, und sie macht es auch ein wenig schwierig, leise geführte Gespräche in Gang zu halten. Es handelt sich um eine Kanadierin von etwas mehr als mittlerem Alter mit Lehrerinnenfrisur. Ich tippe, dass in Kanada jetzt alle Ferien haben. Sie verspürt eine Verantwortung, jedermann an dem langen Tisch in alles einzubeziehen, die Art von Verantwortung, die nur bei Menschen mit langjähriger Tätigkeit im Schuldienst so stark ausgeprägt sein kann. Sie redet laut, sieht alle an und beendet jeden Satz mit einem entschuldigenden Lachen, für den Fall, dass sie aus Achtlosigkeit etwas gesagt haben könnte, durch das sich jemand verletzt fühlt. Es fällt schwer, sie nicht ein bisschen zu mögen. Und es fällt schwer, nicht ein bisschen zurückzuschrecken.

»*I am really a vegetarian! Ha ha!*«, ruft sie und lächelt jeden Einzelnen am Tisch an. Dann sagt sie, das sei nichts, wovon man viel Wesens machen müsse. Da ist es vielleicht ein wenig seltsam, es zur Sprache zu bringen, aber wir wollen uns nicht an Details festbeißen.

»*I'll just eat the vegetables! Ha ha!*«

Um zu zeigen, dass sie nichts gegen Leute hat, die nicht Vegetarier sind, sieht sie mit einer Mischung aus Ekel und einem echten Versuch von Begeisterung auf das ansehnliche Fleischstück auf dem Teller ihres Nebenmannes und ruft: »*Mm. That looks good! Ha ha!*«

Danach versucht sie, alle am Tisch in ein Gespräch darüber zu ziehen, wie man den Namen des Ortes, wo die Wanderung über den Besseggen beginnt, ausspricht.

»Is it Mem*ooroo*boo? Mem*ooroo*boo? Mem*ooroo*boo? Mem*ooroo*buh! Ha ha!«

Die beiden wenig kontaktsuchenden Freundinnen bereuen die Wahl ihres Ferienziels.

In der Kaminstube haben sich seit gestern Dinge getan. In ein paar Tagen wird hier nämlich ein Filmfestival stattfinden. Denn sie haben Filmfestivals in den Bergen, um uns Ungläubigen zu demonstrieren, dass das Leben in den Bergen genauso spannend ist wie das Leben in der Stadt, nur eben an einem sehr viel unpraktischeren Ort. Im Gebirge Filme im Freien zu zeigen, halte ich ja für eine fast schon lustige Idee. Horrorfilme bei Nebel und Dunkelheit, zum Beispiel, sind ja ganz witzig. Aber zeigen sie auf diesem Festival Horrorfilme? Nein. Sie zeigen Bergfilme. Die Menschen sind von Bergen umgeben und schauen sich Filme über die Berge an. Da muss man die Berge wirklich lieben.

Diese Lust, genau das, womit wir uns gerade beschäftigen, wiederzufinden in dem, was wir lesen, sehen oder hören, ist ein sonderbares Phänomen. Wie schon erwähnt, sind die Bücherregale in den Hütten vollgestopft mit Büchern über Berge und Hütten. Vielen von uns geht es genauso mit Musik. Wir lieben es, Musik zu hören, die von genau dem handelt, was wir gerade tun, wenn wir die Musik hören. Sind wir auf einem Fest und in Riesenstimmung, wollen wir Musik hören, die davon handelt, dass man auf einem Fest und in Riesenstimmung ist. Wenn wir in der Weihnachtszeit die Wohnung schmücken, hören wir gern Musik, die davon handelt, dass die Leute in der Weihnachtszeit ihre Wohnungen schmücken. Wenn wir im Sommer auf einer Klippe am Meer liegen, hören wir gern Musik, die davon handelt, dass die Leute im Sommer auf Klippen am Meer liegen. Und hier werden also in den Bergen Filme über Berge gezeigt. Und in der Kaminstube merkt man deutlich, dass Leute angekommen sind, die mit dem Festival zu tun haben oder die es besuchen. Alle in der Kaminstube sehen so aus, als arbeiteten sie bei einer Produktionsfirma. Alle reden ein bisschen zu schnell, sind ein bisschen zu heiser und sehen aus, als ob sie Linn hießen.

Die Dokubeauftragte zieht ein Fazit.

»Ich muss sagen, mich schockiert es ein wenig, wie hier angegeben und gelogen wird«, sagt sie.

»Hier sagt ja niemand die Wahrheit.«

»Besonders, dass diese beiden Freundinnen sechs Stunden gebraucht haben wollen.«

»Die haben ja schon sechs Stunden nur für die Selfies gebraucht, die sie am Boot gemacht haben.«

Die Dokubeauftragte blickt hinaus in Dunkelheit und Nebel.

»Was meinst du?«

»Worüber?«

»Den Rest.«

»Den Rest?«

»Jetzt hast du den Wald bei schlechtem Wetter und die Berge bei schlechtem Wetter erlebt. Laut Plan wollen wir morgen, vielleicht bei ebenso schlechtem Wetter, acht Stunden lang in steilem Terrain wandern. Und übermorgen wollen wir noch einmal acht Stunden laufen, auf Norwegens höchsten Berg und wieder hinunter, vielleicht ohne etwas zu sehen.«

»Worauf willst du eigentlich hinaus?«

»Ich habe doch eine Verantwortung. Du sollst zur Natur bekehrt werden.«

»Hm. Und?«

»Also ... Es ist wichtig, sich dem Wetter und den natürlichen Gegebenheiten im Gebirge anzupassen.«

»Das habe ich auch schon gehört.«

»Es könnte sein, dass du deine Kräfte überschätzt hast.«

»Das glaube ich nicht. Aber es kann sein, dass ich überschätzt habe, wozu ich Lust habe.«

»Genau. Und es soll dir doch Spaß machen.«

»Eben.«

»Außerdem hast du ja dieses Knie.«

Die Dokubeauftragte hat eine Art, über meine Knieverletzung zu sprechen, als handelte es sich in erster Linie um eine Entschuldigung. Es ist jedoch eine reale Verletzung. Der Arzt war ein wenig unsicher, ob es eine gute Idee wäre, mit diesem Knie überhaupt in die Berge zu gehen. Und ich trage eine Beinschiene. Ich habe einen Beweis. Ich bin heute in fünfeinhalb Stunden bei schlechtem Wetter *mit* Knieverletzung über den Besseggen gegangen.

Nicht dass man damit angeben könnte. Ich erwähne es nur.

Und ich sehe ja, was sie meint. Ich finde es auch nicht verlockend, mit diesem Knie vier Stunden steil bergab zu gehen. Besonders nicht, nachdem man vorher sinnlos vier Stunden bergauf gegangen ist, um dann nichts zu sehen.

Wir sehen uns den Wetterbericht an. Morgen soll im Gebiet um den Galdhøpiggen miserables Wetter und so gut wie keine Sicht sein, und übermorgen und überübermorgen auch, und so weiter bis Silvester 2043.

Es existiert eine andere Route zum Gipfel des Galdhøpiggen, von einer anderen Hütte aus. Die Tour ist kürzer und beginnt mit einer Gletscherwanderung, mit einem Führer in einer Seilschaft. Die Dokubeauftragte weiß davon und argumentiert eigentlich auch für diese Alternative.

Warum nicht, denke ich. Wenigstens passiert dann mal was. Gletscher! Das ist etwas anderes. Und wenn ein Gletscherführer dabei ist, treffen wir auf jeden Fall Menschen. Zumindest einen.

Der den Weg kennt. Ich finde, es hört sich nach der besseren Alternative an.

Das Problem ist allerdings, dass diese Hütte viel weiter entfernt liegt. Wir können nicht zu Fuß dorthin gehen.

Also was tun?

Wir können natürlich mit dem Wagen fahren. Wir kennen beide Leute, die nicht weit entfernt wohnen und uns bestimmt helfen können, ein Auto zu leihen oder zu mieten. Dies ist einer der Vorteile, wenn man andere Menschen nicht aktiv meidet: Du schaffst dir Freunde und Bekannte ringsumher, die dir helfen können, wenn du Hilfe brauchst. Das ist keine schlechte Sache.

Es ist entschieden. Wir besorgen uns ein Auto.

Wir prosten uns zu und gratulieren einander. Zweimal acht Stunden an Steigungen sind zu einer Autotour, Gletschertour und kürzeren Bergwanderung geworden.

Ich frage mich, was eigentlich gerade passiert ist. War die Dokubeauftragte vorausschauend? Schützt sie mich vor mir selbst? Oder ist sie es selbst ein bisschen leid, durch Nebel und Regen zu laufen? Ich beschließe, dass das keine Rolle spielt. Denn morgen fahren wir mit dem Auto. Dann gehen wir mit einem coolen Gletscherführer auf Norwegens höchsten Berg. Krass.

»*Oh, look! They have a piano! Haha!*«

Die inklusive Lehrerin hat zusammen mit einem deutschen Paar, das vielleicht den gleichen Beruf hat wie sie, das Kaminzimmer eingenommen. Sie blickt auf Linn, Linn, Linn, Linn, die Dokubeauftragte und mich, um sich zu vergewissern, ob wir mitbekommen haben, dass ein Klavier da ist. Dann fügt sie hinzu: »*Memoorooboo, ha ha!*«

Fünf Minuten später singen sie und die Deutschen mehrstimmig *My Bonnie lies over the ocean*. Wie um jeden Zweifel auszuräumen, dass sie Lehrer sind.

»*Sorry about that. Ha ha!*«, ruft sie anschließend, als alle klatschen.

»*Well! Off to bed! Ha ha!*«

Die Leute gehen hier früh ins Bett. Und es bleibt ihnen auch nichts anderes übrig. In diesen Zimmern kann man sich nur ins Bett legen. Für etwas anderes ist kein Platz.

Außer sie sitzen im Gang und packen um, natürlich. Um vorbereitet zu sein, bevor sie morgen früh aufstehen, um noch einmal umzupacken.

Wir leeren die Weingläser und sagen Linn, Linn, Linn und Linn »Gute Nacht«.

Ich sehe die Dinge wieder in einem helleren Licht. Und mir geht auf, dass morgen der erste Tag auf dieser Tour ist, an dem wir nichts erreichen müssen. Null Zug, null Boot, null Risiko, im Stockdunkeln in einem Wald steckenzubleiben. Wir können sogar das Frühstück verschlafen, ohne dass es etwas ausmacht. Denn morgen haben wir ein Auto und können fahren, wohin wir wollen, und Dinge kaufen.

Schon gegen vier Uhr schlafe ich ein. Wie ein Stein. Wie ein glitschiger und nasser Stein voller Kautabak.

10

HÖR AUF UNERFAHRENE BERGWANDERER, TEIL 1

Du musst schon über einen relativ langen Zeitraum hinweg bewusstlos gewesen sein, wenn du in Norwegen aufgewachsen bist und nicht mitbekommen hast, dass es etwas gibt, das Bergwanderregeln heißt. Das sind neun Sicherheitsregeln für den Aufenthalt in den Bergen. Sie wurden in den 1950er-Jahren vom Roten Kreuz und Den Norske Turistforening ausgearbeitet und während meiner gesamten Jugend in regelmäßigen und etwas zu kurzen Abständen der ganzen Bevölkerung im Radio und im Fernsehen präsentiert. Im Winterhalbjahr summten alle die Melodie »Daydream« des französischen Easy-Listening-Pioniers Franck Pourcel, die der Radio- und Fernsehkampagne unterlegt war. Und jeder kannte die Bergwanderregeln auswendig. 2016 wurden sie revidiert. Einer der Klassiker in den alten Regeln lautete: »Hör auf erfahrene Bergwanderer.« Er ist in der neuen Version nicht mehr enthalten. Ich verstehe das gut. Man sollte lieber auf unerfahrene Bergwanderer hören wie mich. Hier einige meiner Ratschläge:

1. Hör nicht auf erfahrene Bergwanderer. Erfahrene Bergwanderer sagen im Großen und Ganzen nur »Pah«, »Es ist nicht weit«, »Es ist leicht«, »Es ist nicht gefährlich«, »Null Problem«, »Da läufst du im Gänsemarsch« und »Wenn du in normal guter Form bist«.

2. Erfahrene Bergwanderer geben häufig auch forsche Sprüche von sich wie: »Man muss einfach nur loslaufen!« Das ist auch nicht

wahr. Es ist vielleicht annähernd wahr, wenn du bei oder auf einem Berg wohnst und die gesamte notwendige Ausrüstung besitzt, um bei jedem Wetter zu wandern, doch auch dann musst du dich zunächst am Wetter und an den Wegverhältnissen orientieren, dich entsprechend kleiden und für die Tour packen. Wenn du nicht auf einem Berg wohnst und nicht hast, was du brauchst, musst du zuerst vierzigtausend für die Ausrüstung ausgeben, die Tour planen, den Wetterbericht verfolgen, achtzehnmal packen, Zug- und Busfahrpläne studieren, denn du willst ja umweltfreundlich sein, wenn du die Natur aufsuchst; dabei musst du daran denken, dass die Busrouten sich mit den Jahreszeiten ändern, und dass, falls du die Hochsaison um eine Viertelstunde verpasst, praktisch keine Busse mehr fahren und keine Hütten mehr geöffnet sind.

3. Falls du die Hochsaison um eine Viertelstunde verpasst hast, besonders wenn es kein Wochenende ist und besonders wenn das Wetter nicht tipptopp ist, gehst du außerdem das Risiko ein, dass du mutterseelenallein in den Bergen bist. Dann kannst du niemanden nach dem Weg fragen. Oder nach etwas anderem. Denk daran.

4. Gegen einen leichten Kater und einen Musical-Klassiker als Ohrwurm ist nichts einzuwenden.

5. Wenn du über den Besseggen gehen willst, sei dir darüber im Klaren, dass nur etwa die halbe Tour interessant ist. Der Rest ist eine endlose Wanderung durch ein kaum abfallendes Gelände über ein wenig zu große kleine Steine.

6. Schummeln ist erlaubt. Ab und zu ist es unnötig und sinnlos, unnötige und sinnlose Dinge zu tun.

7. Sag nicht, dass du einen Berg *nehmen* wirst. Das hört sich nur albern an.

Die Stabburtreppe auf dem elterlichen Hof.

Der Autor, neun Jahre alt, auf dem Weg in die Natur mit seinem Bruder. Er lächelt tapfer.

Der Autor, neun Jahre alt, mit einem Freund im Fjell. Der Freund ist fröhlich, während der Autor mit dem grellen Licht kämpft, ein wenig friert und seine Handschuhe vergessen hat.

Der Autor, neun Jahre alt, in einem Gartenlokal, glücklich.

Gibt es wirklich so grüne Jacken?

Verdächtig fröhliche Menschen, die die Arme zum Himmel strecken.

Gute Schuhe sind das A und O. An diesem Indoorberg kannst du sie ausprobieren.

Dann sind wir schon mal vier, die sich im Nebel verirren.

Und dann geschieht es. Es reißt auf. Nur ein Riss. Und nur ein paar Sekunden.

Schilder wie dieses findest du in den Bergen.

Schilder, wie du sie in den Bergen finden solltest.

Preikestolen: Schlange beim Weg zum Aussichtsfelsen

Preikestolen: Schlange stehen fürs Foto

Aussicht vom Preikestolen

Aussicht vom Besseggen

Und dann können seine Freunde ein Bild von ihm machen, auf dem es so aussieht, als stände er völlig allein auf dem Preikestolen.

Wir bestellen Bier und das Tagesgericht, außer dem Besorgnisbeauftragten, der Wein und das Tagesgericht bestellt.

Skitour bei bestem Wetter!

Nimm immer reichlich Zigarillos oder etwas Entsprechendes mit, das du magst, und das sich in den Bergen nicht gehört.

McGyver macht sich an die Arbeit.

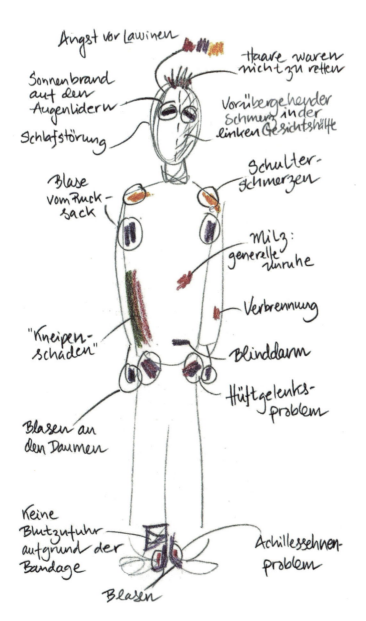

Die Dokubeauftragte: Elisabeth Reiersen

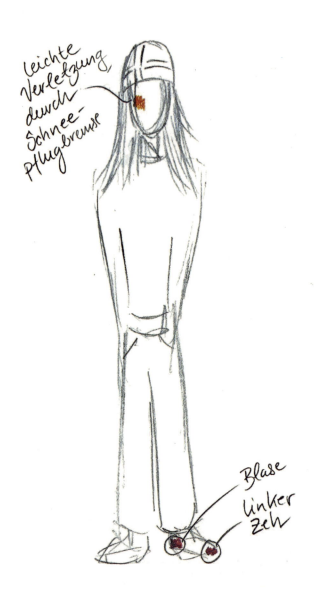

Die SAB: Linda Blaasvær

Der Besorgnisbeauftragte: Andreas Austrheim Rød

Aussicht vom Oslo Plaza

ÜBER DIÄTBIER UND OUTDOORLABSKAUS

1: DIÄTBIER

WAS MUSST DU TUN, DAMIT ES GANZ PASSABEL SCHMECKT?
Mindestens fünf Stunden in Regen und Nebel herumlaufen, darin inbegriffen Aufstieg, der an Klettern grenzt, mit Knieverletzung.

WAS MUSST DU TUN, DAMIT ES GUT SCHMECKT?
Zehn Stunden bei Schneeregen an teilweise steil ansteigendem Hang gehen und klettern. Dir unterwegs den Knöchel verstauchen, so dass du die letzten sechs Stunden hinken musst.

WAS MUSST DU TUN, UM DICH DANACH ZU SEHNEN?
Vierundzwanzig Stunden lang dem Tod ins Auge schauen.

2: VAKUUMVERPACKTES OUTDOORLABSKAUS

WAS MUSST DU TUN, DAMIT ES GANZ PASSABEL SCHMECKT?
Drei Tage und Nächte ohne Nahrung bei Minusgraden wandern.

WAS MUSST DU TUN, DAMIT ES GUT SCHMECKT?
Drei Tage und Nächte ohne Nahrung bei Minusgraden wandern und dazu noch ein halbes Jahr lang regelmäßiger Folter ausgesetzt sein.

WAS MUSST DU TUN, UM DICH DANACH ZU SEHNEN?
Drei Tage und Nächte ohne Nahrung bei Minusgraden wandern, dazu ein halbes Jahr lang regelmäßiger Folter ausgesetzt sein und darüber hinaus vierzehn Jahre ohne Grund in einem dunklen Raum eingesperrt sein, ohne etwas anderes als kalten Brei und hämische Kommentare aufgetischt zu bekommen.

11

DIE RÜCKKEHR DES FROHEN WANDERSMANNS

Vierte Etappe: Gjendesheim–Juvasshytta. Mit Auto und Knieverletzung.

Ich weiß nicht mehr, was es an diesem Tag zum Frühstück gab. Fleisch wahrscheinlich. Ich weiß auch nicht mehr, was wir zu den armen Schweinen sagten, die vor uns die Hütte verließen, um im Nebel über den Besseggen zu wandern. Ebenso wenig erinnere ich mich daran, was wir taten, bevor wir zur Brunchzeit im geliehenen Wagen von der Hütte wegfuhren. Packen, wahrscheinlich.

An eins erinnere ich mich dagegen, es war der Tag, an dem ich begriffen habe, was schlechte Sicht ist.

Natürlich habe ich schon früher schlechte Sicht erlebt. Zum letzten Mal gestern.

Aber doch nicht …

Und ich habe gestern den Wetterbericht gesehen. Da stand ja, dass schlechte Sicht sein würde.

Aber doch nicht …

Und ich habe ja auch schon den Ausdruck »die Hand vor Augen nicht sehen« gehört.

Aber ich hatte noch nie erlebt, dass es das tatsächlich gibt. Dass du wirklich nicht die Hand vor Augen siehst.

Nachdem wir ein paar Stunden gefahren sind, beginnt die Steigung hinauf zur Juvasshytta, die der Ausgangspunkt für die Wanderung zum Gipfel des Galdhøpiggen ist. Bevor wir die Steigung in Angriff nehmen, sehen wir gerade noch genug, um in kurzen Ausblicken zu registrieren, dass die Straße, die wir am Berghang nach oben fahren sollen, ein Serpentinenweg ohne Leitplanken ist. Und die Straße ist schmal. Glauben wir. Und dann haben wir absolut keine Sicht mehr.

Da fährst du langsam.

Da fährst du sehr langsam.

Du erinnerst dich: Dies ist ja der Tag, an dem wir zum ersten Mal nichts erreichen müssen. Ich glaube, der Gletscherführer beginnt seine Tour zum Galdhøpiggen morgen früh um neun Uhr. Ich fange allmählich an, mir Sorgen zu machen, ob wir *das* schaffen.

Wir lachen natürlich. Was soll man auch sonst tun? Wir sind unterwegs, damit ich bekehrt werde zu den Bergen, zu Natur und zum Hüttenleben. Und zu Aussichten. Und hier sitzen wir nun an Tag vier, in einem Auto, auf dem Weg von einer Hütte mit schlechter Sicht zu einer Hütte mit noch schlechterer Sicht.

Und da *ist* die Hütte. Plötzlich. Wir fahren fast dagegen, bevor wir sie sehen.

Es lässt sich ja nicht so leicht mit Sicherheit sagen, doch es hat den Anschein, als wäre es eine ziemlich große Hütte. Dunkelbraun, selbstverständlich. Irgendwann wurde an zentraler Stelle beschlossen, dass Hütten jetzt einen Whirlpool und ein Carport sowie einen Hubschrauberlandeplatz haben können, aber sie müssen weiterhin dunkelbraun sein.

Es sind keine Autos vor der Hütte. Keine Menschen. Das wenige, was wir von der Landschaft erkennen können, erinnert an die Mondlandschaft, die wir im zweiten Teil unserer Besseggen-Wanderung durchquert haben. Steine und Nebel und Leere. Wir haben gelesen, dass gleich bei dieser Hütte ein Sommerskizentrum liegen soll. Wir sehen nichts davon.

»Du hast dir für deine Bekehrung zur Natur die falsche Woche ausgesucht«, sagt die Dokubeauftragte.

»So etwas kann man sich nicht aussuchen. Man hat frei, wann man frei hat, und dann muss man die Tour machen. Und es ist ja nun einmal nicht immer strahlendes Wetter hierzulande.«

»Deshalb sind ordentliche Naturfreunde jederzeit zum Aufbruch bereit.«

»Ja, deshalb gehen sie in Outdoorhosen und Windjacken zum Einkaufen.«

»Genau. Für den Fall, dass es aufklart.«

»Dann lassen sie alles stehen und liegen und stürmen auf den nächsten Gipfel.«

»Es wird nicht aufklaren.«

»Es wird nie aufklaren.«

Wir beginnen uns zu fragen, ob die Hütte überhaupt geöffnet ist. Es ist kein Anzeichen von Leben zu erkennen. Vielleicht haben die Hüttenbetreiber eines Morgens aus dem Fenster gesehen, festgestellt, dass sie am fünften Tag in Folge direkt gegen eine graue Wand schauten, und zueinander gesagt: »Jetzt reicht es uns.« Danach verbrannten sie in einer einfachen Zeremonie auf dem Hofplatz ihre Outdoorhosen, verschlossen die Türen und zogen an die Küste. Da sitzen sie jetzt, blicken aufs Meer und fragen sich, warum sie das nicht schon vor langer Zeit getan haben.

»Glaubst du, es merkt jemand, dass wir abgehauen sind?«, sagt vielleicht einer von ihnen zum Klang der rollenden Wellen.

»Kann ich mir nicht vorstellen. Niemand käme auf die Idee, in dichtem Nebel zu einer Hütte in fast zweitausend Metern Höhe zu fahren.«

»Sie kommen gar nicht erst so weit. Die Straße ist ja schon bei strahlendem Sonnenschein lebensgefährlich.«

»Und hat keine Leitplanken.«

»Leute, die jetzt diese Straße benutzen, sind nicht ganz bei Trost. Das ist Wahnsinn.«

»Es ist, wie bei null Sicht und Regen und mit einer Knieverletzung über den Besseggen zu klettern.«

Aussicht von der Juvasshytta. Die beiden Kerzen wurden zum Gedenken an die höchsten Berge Nordeuropas angezündet, die man von hier aus sehen sollte.

»Zu steigen.«
»Nein, klettern.«
Eine Tür geht auf. Ein Mann in Küchenuniform kommt heraus. Er lehnt sich an die Wand, steckt sich eine Zigarette an, schaut in den Nebel und fragt sich, was aus dem Leben geworden ist.
»Vielleicht bedeutet das, dass das Mittagessen vorbei ist.«
»Wir brauchen Mittagessen. Wir haben mehrere Stunden keine großen Fleischstücke gegessen.«

Ich rufe »Hallo«, als ich die Tür öffne. Und ich erwarte wohl ein Echo. Ein Mensch taucht hinter einer Empfangstheke auf.

Eine Frau in Bergkleidung. Sie nickt. Wir sagen, wir hätten ein Zimmer bestellt. Sie zeigt ein klitzekleines Lächeln, das andeutet, dass wir uns das gut und gern hätten sparen können. Wir fragen, ob es noch Mittagessen gibt. Sie sieht auf die Uhr und verschwindet durch eine Tür. Kurz darauf kommt sie zurück. Sie nickt wieder. Auf eine Art und Weise, die uns zu verstehen gibt, wie glücklich wir uns schätzen dürfen, dass wir noch etwas zu essen bekommen, obwohl es schon fast halb drei ist. Wahrscheinlich musste sie den Koch stören, der draußen stand und stark davon in Anspruch genommen war zu träumen, er lebte in einem anderen Land.

Dies ist ein anderer Typ Hütte als die vorige. Nachdem wir allein im Wald mit dem Messer unter dem Kopfkissen in einer Hütte mit nichts anderem als ungenießbarem Labskaus und ebenso ungenießbarem Wasser übernachtet hatten, zogen wir zu einem Low-standard-high-budget-Schullandheim am Besseggen. Jetzt haben wir uns wieder eine Stufe aufwärtsbewegt. Es beginnt, wirklich einem Hotel zu ähneln. Wir bekommen ein Zimmer mit Dusche. Die Dusche kann jederzeit benutzt werden und zwar nur von den Bewohnern des Zimmers. Und es gibt richtige Bettdecken. Die Bettdecke ist und bleibt eine unterschätzte Erfindung. Aber damit du nicht vergisst, dass du in der Natur bist, hängt ein Tierschädel über dem Bett und das Bild eines Eisbären an der Wand. Und damit du nicht vergisst, dass du in einem Schullandheim bist, verkünden Plakate, dass die Gemeinschaftsräume internetfreie Zone sind. Während wir auf das Essen warten, halten wir Ausschau nach weiteren Plakaten: »Hier nehmen wir im Haus die Mütze ab.« »Schmutzmagazine lassen wir zu Hause.« »Deine Mutter arbeitet nicht hier.«

Auch der Speisesaal unterscheidet sich von dem in der vorigen Hütte. Hier wird man nicht an lange Tische mit dem Blick auf jemanden in Unterwäsche gesetzt, der dir erzählt, Norwegen sei *beautiful* und er habe sechseinhalb Stunden über den Besseggen gebraucht. Nein, hier dreht sich alles um die Aussicht. Die großen Fenster reichen vom Fußboden bis zur Decke, und von allen Plätzen schaut man direkt aus dem Fenster. Was einer gewissen Komik nicht entbehrt, wenn du draußen bloß einen zweieinhalb Meter breiten Streifen von Steinen siehst, hinter dem alles grau ist.

Eine Gruppe jovialer Rentner bricht gerade auf, als wir uns setzen. Wir reden ein wenig mit einigen von ihnen, die uns erzählen, dass sie sich auf einer einwöchigen Bustour zu den schönsten Aussichtspunkten in Südnorwegen befinden. Bisher hätten sie noch nichts gesehen, sagen sie. Und dann lachen sie schallend. Ich verspüre Lust, mit ihnen weiterzureisen.

Zwei Damen hinter uns leeren auch ihre Kaffeetassen und gehen. Jetzt sind nur noch wir da.

Das Essen kommt. Es gibt Fleisch mit Extrafleisch, und Fleischpudding mit Fleischsoße zum Nachtisch.

Da sitzen wir ganz allein in einem großen Raum und essen Fleisch und schauen geradeaus aus dem Fenster, und wir sehen dort nichts.

Wir müssen wieder lachen. Natürlich müssen wir lachen. Doch wir reißen uns zusammen. Ich fürchte, jemand in Outdoorhose und mit einem Namensschild könnte kommen und uns zurechtweisen. Ich halte Ausschau nach Plakaten: »Hier lachen wir nicht über die Aussicht.« »Es gibt kein schlechtes Wetter.«

Die Wirtin kommt herein. Wir geben uns Mühe, uns wie erwachsene Menschen zu benehmen, und fragen, was man normalerweise durch diese Fenster sieht.

Normalerweise siehst du hier beinahe alles. Unter anderem siehst du die zwei höchsten Berge Norwegens. Es ist ziemlich faszinierend, dass die zwei höchsten Berge Norwegens direkt vor uns liegen, ohne dass wir sie sehen. Wir reden hier schließlich nicht über eine Münze, die dir auf den Boden gefallen ist. Wir reden über Berge.

»Wollt ihr Kaffee?«
»Ja, gern.«

»Wollt ihr etwas zum Kaffee?«

»Könnten wir vielleicht etwas Fleisch bekommen?«

Das habe ich nicht gesagt. Ich weiß mich zu benehmen, wenn es nötig ist. Im Großen und Ganzen.

Vor dem Speisesaal begegnen wir den beiden Damen, die unmittelbar vor uns gegessen haben. Erst jetzt bemerke ich, dass die eine von ihnen ein Pflaster im Gesicht hat. Und alles an ihnen deutet daraufhin, dass sie heute gewandert sind. Ihre Kleidung ist ein wenig nass. Ihre Wangen sind gerötet.

Wir ziehen ja nicht los auf eine Bergwanderung, ohne uns vorzubereiten, deshalb wissen wir, dass von hier aus alle in Gruppen zum Galdhøpiggen gehen und dass diese Gruppen so früh am Tag nicht zurückkommen.

Die Damen erzählen, dass sie zu einer dieser Gruppen gehörten, sich aber verirrt haben.

Moment mal. *Verirrt?* Wo denn?

Auf dem Weg zum Gletscher.

Moment mal. Auf dem Weg *zum* Gletscher? Also vor dem Beginn der eigentlichen Wanderung? Also mehr oder weniger direkt vor der Hütte?

Ja, gleich hier vorn irgendwo.

Moment, noch einmal. Ist auf diesen Wanderungen nicht ein professioneller Gletscherführer dabei?

Doch.

Die beiden Damen berichten, dass sie mit zwei Freundinnen hier sind. Die vier und noch ein paar andere sind heute früh mit dem Gletscherführer aufgebrochen. Sie waren ein Stück gegangen, als unsere beiden neuen Freundinnen an einem steilen Wegstück eine Verschnaufpause einlegten. Als sie weitergehen wollten, war vom Rest der Gruppe nichts mehr zu sehen. Nach einer Weile entschieden sie, dass es am besten wäre umzukehren. Dabei schlugen sie wahrscheinlich den falschen Weg ein. Was überhaupt nicht schwer zu verstehen ist. Die Sicht hier ist gleich null. Es ist unmöglich, Steine auf dem Boden zu unterscheiden, wenn sie das Einzige sind, was du auf dem Boden siehst.

»Wo sind eure Freundinnen jetzt?«

»Auf dem Galdhøpiggen wahrscheinlich.«

Sie beteuern, ihren Freundinnen nicht im Geringsten gram zu sein, aber sie sind ein wenig enttäuscht vom Gletscherführer.

Dennoch sind sie in bester Stimmung. Und das Mittagessen war gut.

Wir hätten diese beiden mitnehmen und uns den Rentnern in dem Bus anschließen sollen. Hätten wir wirklich tun sollen.

Wir fragen die Wirtin nach den Wetteraussichten für morgen. Es sieht für morgen möglicherweise noch schlechter aus. Nicht so viel Regen, vielleicht. Aber mehr Nebel.

Mehr Nebel? Gibt es mehr Nebel?

Und dann sagt sie Folgendes: »Es ist nicht sicher, dass ihr besonders viel seht.«

Wie bitte?

Und dann: »Aber es ist trotz allem eine schöne Wanderung.«

Ich bin, wie gesagt, ein Mann von Bildung. Aber jetzt fehlt nicht viel daran, dass ich aus der Haut fahre. Was ist mit diesen Berglern los? Sie sind ja vollkommen außerstande, irgendetwas einzuräumen. Hier steht sie zwei Meter vor mir, sieht mir in die Augen und sagt Dinge, von denen sie weiß, dass sie nicht wahr sind. Und sie weiß, dass ich weiß, dass sie nicht wahr sind. Sie ist ein Donald Trump in Outdoorhose.

Selbstverständlich ist es nicht *trotz allem* eine schöne Wanderung. Es ist trotz allem eine Wanderung. So weit bin ich einig. Aber *es gibt* doch einfach schlechtes Wetter. Es *ist* eine schönere Wanderung, wenn die Sonne strahlt und du vom Gipfel eine Aussicht über halb Europa hast, als wenn so dicker Nebel herrscht, dass du dich beim Verlassen der Hütte schon verlaufen kannst, selbst mit Bergführer. Können wir uns darauf einigen?

Und »Es ist *nicht sicher,* dass ihr *besonders viel* seht«?!?

Ich bin hier. Jetzt. Ich habe hinausgesehen. Es ist ganz sicher, dass man nichts sieht.

Ich hatte sie eigentlich fragen wollen, was man davon hat, wenn man diese Wanderung bei Nässe und null Sicht macht. Und ist sie gefährlich? Ist sie unangenehm? Sollten wir lieber einen Tag warten und stattdessen eine entspannte Wanderung unten im Tal machen?

Aber das ist ja witzlos.

Wie sich zeigt, hat die Dokubeauftragte das Gleiche gedacht wie ich.

»Alle reden einfach so daher«, flüstert sie nachher in der internetfreien Kaminstube. Ich reagiere nicht einmal darauf, dass sie flüstert. Du flüsterst eben, wenn du dich an Orten mit belehrenden Plakaten an den Wänden befindest. »Sie denken gar nicht darüber nach, was sie sagen oder was es bedeutet. Sie sagen einfach immer wieder das Gleiche. ›Trotzdem schön, eine Tour zu machen‹.«

»Gut, rauszukommen!«

»Man muss sich nur richtig anziehen!«

»Nein, es ist nicht gefährlich.«

»Es ist super, ans Ziel zu kommen!«

»Das Essen schmeckt so viel besser!«

»Gut, den Körper zu bewegen!«

»Das hat heute allerdings noch keiner gesagt.«

»Abwarten. Du kannst dich darauf verlassen, dass jemand es sagt, bevor der Tag vorüber ist.«

»Garantiert.«

Auch hierin gleichen die Naturfrommen den religiös Frommen. Den buchstabengetreu religiös Frommen. Die keine Fragen stellen. Die sich von Veränderungen um sich herum nicht beeinflussen lassen. Die nur wiederholen, was schon vorher gesagt wurde. Denn das ist wahr und richtig, auf ewig.

Und sie glauben auch noch, dass sie recht haben. Niemand hat ihnen etwas anderes gesagt. Denn es gibt niemanden, der dagegen ist, dass du in die Natur gehst. Niemand betrachtet solche Aktivitäten kritisch. Es ist gesund und es ist gut für dich, es ist natürlich, es ist echt und es ist norwegisch. Das erzählt man dir in der Schule. Und in öffentlichen Kampagnen. Und in den sozialen Medien. Die Regierenden sind dafür. Deine Eltern sind dafür. Deine Umgebung ist dafür. Wenn du in die Natur gehst, tust du etwas, von dem alle wissen, dass sie es eigentlich auch tun sollten. Ein Interesse an Naturerlebnissen brauchst du nie zu erklären oder zu rechtfertigen. Es ist nicht das Gleiche, wie zu sagen, dass du den European Song Contest magst oder dass du keinen Alkohol trinkst oder dass du dich mit Rollenspielen beschäftigst oder dass du in deiner Jugend relativ oft Chris de Burgh gehört hast. Es ist nie peinlich zu sagen, dass du Naturliebhaber bist.

Ich bin überzeugt davon, dass es jedem guttut, sich mindestens einmal im Leben mit voller Hingabe einer Aktivität zu widmen, von der man weiß, dass es peinlich sein wird, später davon zu erzählen.

Die Bergenthusiasten stoßen ganz einfach auf zu wenig Widerstand. Im Gegenteil, sie erfahren noch Bestätigung, wenn sie stets aufs Neue die gleichen Sprüche von sich geben.

Dass es guttut, den Körper zu bewegen.

Dass es trotz allem eine schöne Tour ist.

Dass es kein schlechtes Wetter gibt.

Dass es sich gut anfühlt, Bewältigung zu erleben.

Dass es guttut, rauszukommen.

Lieber Leser, hast du den Film »Die Truman Show« gesehen? Jim Carrey spielt darin einen Mann, der nicht weiß, dass sein Leben eine Realityserie ist und alle, denen er in der ein wenig zu gelungenen Stadt, in der er lebt, begegnet, Schauspieler sind, die Menschen spielen, die ein bisschen zu positiv sind und die gleichen Dinge wieder und wieder sagen.

Lieber Leser, hast du den Film »Und täglich grüßt das Murmeltier« gesehen? Darin spielt Bill Murray einen Mann, der jeden Morgen zu dem immer gleichen Tag erwacht. Tag für Tag erwacht er zu den Tönen von *I got you babe* im Radio und begegnet Menschen, die immer wieder die gleichen Dinge sagen.

Stell dir vor, dass du bei sehr schlechtem Wetter in einer Kombination dieser beiden Filme gelandet bist, und du verstehst, wie wir uns fühlen.

Wenn wir uns eine begründete Meinung darüber bilden wollen, was man davon hat, in dichtem Nebel den Galdhøpiggen zu besteigen – Entschuldigung: zu *nehmen* –, müssen wir unsere eigenen Untersuchungen anstellen. Und dafür brauchen wir das Internet. Und das ist im Gemeinschaftsbereich nicht erlaubt. Im Rezeptionsbereich ist es hingegen gestattet. Da gibt es einen Tisch, der für jedermann sichtbar ist, damit die Wirtsleute dich missbilligend ansehen können, und alle, die in die Hütte kommen, nachdem sie in Gottes freier Natur den Körper bewegt haben, sehen, sobald sie eintreten, dass du da sitzt, ein wertloser Sklave des Internets, der es nicht schafft, abzuschalten, nicht einmal hier in den Bergen, wohin andere der Ruhe und Einkehr zuliebe reisen, nur du nicht, du brauchst deine Likes, musst sie haben, musst sie unbedingt haben, du bist ein Junkie, die Natur ist dir nicht genug, du willst die ganze Welt in der Hand halten, hier, jetzt. Und nicht genug damit, dass ebenso gut ein leuchtender Idiotenpfeil auf den Tisch zeigen könnte; wenn du dort sitzt und schamhaft googelst, bist du von Wänden mit Zeitungsartikeln und Bildern jener Menschen umgeben, die seinerzeit diese Hütte gebaut und den Weg hierhin angelegt und den Kiosk auf dem Gipfel des Galdhøpiggen errichtet und tonnenweise Material hinaufgeschafft haben, mehrmals am Tag, bei jedem Wetter, zu jeder Jahreszeit, ohne ein einziges Like dafür zu bekommen.

Und du sitzt da und googelst. Um herauszufinden, ob das Wetter morgen schön genug für dich ist.

Wir finden nichts anderes heraus als das, was die Wirtin vorhin gesagt hat. Alle stimmen darin überein, dass auch morgen kein strahlendes Wetter sein wird. Und dass es eine schöne Tour ist. Doch nüchterne Information über Bergwanderungen existiert ja nicht, weil alles, was über Berge im Internet steht, von Bergenthusiasten geschrieben ist, und Bergenthusiasten lügen.

Beim Abendessen sind wir zu acht. Die vier Freundinnen, von denen die zwei letzten augenscheinlich vom Gipfel zurück sind, ein gerade angekommenes Paar, das überlegt, ob es die Wanderung morgen machen will oder nicht, und wir. Wir essen Fleisch, unterhalten uns leise und genießen die Aussicht auf in Dämmerung getauchtes Nichts.

Nachher gehen wir alle ins Kaminzimmer, denn es gibt sonst keinen Raum, wenn du dich nicht zum Gespött machen willst, indem du dich in die Rezeption setzt und Facebook checkst.

Die vier Freundinnen unterhalten sich über Theater. Natürlich. Alle möglichen Statistiken verraten ja, dass wir es hier mit höher gebildeten, gut gestellten Kulturkonsumenten zu tun haben. Ich mische mich in das Gespräch ein, weil ich damit beruflich zu tun habe. Also mit dem Theater, nicht mit dem Einmischen in Gespräche, das tue ich eher selten. Bald reden wir auch über alles andere. Die Witze sitzen locker. Es wird gelacht. Die Stimmung ist bombig, und wir könnten mit diesen Leuten gern sechs, sieben Stunden in einer Hotelbar verbringen.

Aber mir ist klar, dass wir zum einen oder anderen Zeitpunkt gezwungen sein werden, über die Tour zu sprechen.

Und dann kann alles geschehen.

»Ihr wart heute auf dem Gipfel?«, beginne ich.

»Ja.«

»Habt ihr etwas gesehen?«

Sie lachen und zeigen uns Bilder vom Gipfel. Sie haben Juxbilder gemacht, auf denen sie dastehen und über die Landschaft blicken. Nur dass keine Landschaft da ist, über die man blicken

könnte. Die ist in Grau verpackt. Ich frage sie, ob es unangenehm war zu gehen, ohne dass sie etwas gesehen haben.

»Es war okay.«

»Es war vielleicht ein bisschen unangenehm, als wir geklettert sind.«

»Na ja, Klettern. War das überhaupt Klettern?«

»Es fehlte jedenfalls nicht viel.«

»Es war ja ein bisschen glatt.«

»Und schlüpfrig.«

»Schwer, Halt zu finden.«

»Ja.«

»Und wir konnten ja nicht sehen, wohin wir treten sollten.«

»Wir haben nichts gesehen.«

»Auf dem Gipfel auch nicht. Absolut nichts.«

Kurze Pause.

»Aber es war eine richtig schöne Tour.«

»Ja. Ein echt gutes Gefühl, oben anzukommen.«

»Und es ist kein Problem, da hochzugehen, wenn du dich nur richtig anziehst und dich vorbereitet hast. Und in normal guter Form bist.«

»Aber nein, und nachher wirst du ja belohnt!«

»Echt schöne Tour.«

»Ja. Gut, den Körper zu bewegen.«

In diesem Augenblick betritt die Wirtin das Kaminzimmer. Es sind sicher keine Googler in der Rezeption, die sie missbilligend ansehen kann. Ich frage sie nach der Geschichte der Hütte. Denn so einer bin ich. Danach frage ich sie, wie oft sie schon auf dem Galdhøpiggen war.

»Ungefähr fünfhundert Mal.«

Fünfhundert?!?

Jetzt verstehe ich, warum es keinen Sinn hat, sie zu fragen, ob du bei solchem Wetter auf dem Gipfel etwas siehst. Es ist *so* lange her, seit etwas Derartiges für sie irgendeine Rolle spielte. Für sie ist es nur eine Tour. Wenn du ein paar Jahre lang zwei-, dreimal in der Woche zum Gipfel des Galdhøpiggen gehst, vergisst du natürlich, wie schön es dort ist. Du vergisst die Aussicht. Du vergisst, wie es beim ersten Mal war. Wenn du mehr oder weniger jeden Tag hinaufgehst, ist es sogar möglich, gelegentlich zu vergessen, dass du zwei Frauen bei dir hattest, die dafür bezahlt haben, sicher auf den Gipfel von Norwegens höchstem Berg geführt zu werden.

»Ich gehe bei jedem Wetter«, sagt sie. »Eine Wanderung ist immer schön.«

»Nicht wahr?«, stimmt eine der Freundinnen auf dem Sofa ein. »Gut, den Körper zu bewegen.«

»Und es ist einfach super, ans Ziel zu kommen.«

Die Freundinnen erheben sich aus dem Sofa und gehen zur Wirtin.

»Es gibt kein schlechtes Wetter«, sagt die eine. Und dann lachen sie alle ein bisschen.

Jetzt stimmt die Wirtin ein Lied an.

»Ich heiß' der frohe Wandersmann«, singt sie und beugt sich ein wenig vor.

Die Freundinnen fallen ein:

»Denn sorglos, frisch und frei
schreit' ich fürbass den Weg entlang,
so endlos er auch sei!«

Der Koch und zwei neu eingetroffene Gäste stecken die Köpfe zur Tür herein, und alle singen, in bester Laune:

»Falleri! Fallera! Fallera-la-la-la-la-la!
So endlos er auch sei!«

Jetzt tanzen alle. Sie haben Rucksäcke, die sie spielend leicht hin und her schwenken.

»Die warme Sonne ist mein Freund«, singen sie.

»Der Regen ist mein Bruder!«

Alle haben ihre Blicke auf mich gerichtet und singen lauter denn je:

»*Oh ja, ich liebe die Natur,*
bin Bruder mit der ganzen Welt!«
Jim Carrey tritt ein, gekleidet wie Truman in »Die Truman Show«, und singt den Refrain mit:
»Falleri! Fallera! Fallera-la-la-la-la-la.«

Wir unterhalten uns stattdessen mit dem anderen Paar. Wir sind ja in der gleichen Situation. Wir fragen uns alle vier, ob wir morgen gehen sollen.

Die Dokubeauftragte erzählt ihnen, dass sie früher schon einmal zum Galdhøpiggen gewandert ist, damals jedoch von Spiterstulen aus, was länger und härter ist. Außerdem erzählt sie, dass wir gestern bei ähnlichem Wetter wie diesem den Besseggen gegangen sind. Und in einer ziemlich guten Zeit.

Als wir weggehen, hat die Dokubeauftragte einen schockierten Gesichtsausdruck.

»Hast du gehört, was ich gesagt habe?«, flüstert sie. »Ich habe angefangen anzugeben.«

»Was meinst du mit ›habe angefangen‹?«

»Witzig. Aber hast du mich gehört? Ich habe gesagt, dass ich eine längere und härtere Route zum Gipfel gegangen bin.«

»Ja, das habe ich gehört.«

»Und dass wir in einer guten Zeit über den Besseggen gegangen sind.«

»Das habe ich auch gehört.«

»Es hatte nichts mit der Sache zu tun.«

»Nein.«

»Null. Null Relevanz.«

»Nein. Null.«

»Ist dir klar, was das bedeutet?«

»Nein ...«

»Wir sind dabei, auch so zu werden!«

O mein Gott! Du merkst es selbst sicher nicht so leicht. Du fängst an, ein bisschen unschuldig anzugeben. Du lügst ein kleines bisschen. Am Tag danach hast du sicher schon vergessen, wie es war, über den Besseggen zu laufen, und du sagst den Leuten, dass es überhaupt kein Problem ist, den Dreijährigen und die Katze und die Urgroßmutter im Orkan mit hinaufzunehmen, man muss sich nur richtig anziehen. Es ist trotz allem eine schöne Tour! *Easy peasy!* Draußen lebt sich's am besten! *Poco loco!*

»Wir können hier nicht bleiben«, sagt die Dokubeauftragte.

»Aber wir wollten doch ...«

»Wir können hier nicht bleiben, sage ich.«

»Solltest du nicht nervig positiv sein?«

»Scheiß drauf. Alle anderen hier sind nervig positiv. Ich kann so nicht werden. Und du auch nicht.«

»Aber wir hatten doch geplant ...«

»Wir dürfen *nie* so werden. Wir müssen abhauen. Sofort.«

Dies läuft absolut nicht nach Plan. Und das gefällt mir total.

»Nein«, sage ich. »Wir können wirklich nicht hierbleiben.«

»Nein.«

»Wir können nicht auf den höchsten Berg Norwegens steigen und nichts sehen! Nur um es getan zu haben.«

»Genau, das können wir nicht. Dann sind wir wie sie. Dann können wir auch gleich anfangen davon zu reden, wie schön es ist anzukommen.«

»Und den Körper zu bewegen.«

»Wenn wir morgen irgendwohin gehen, dann an einen Ort, wo wir etwas ganz Fantastisches sehen!«

»Ja! Wir sind seit Sonntag unterwegs, und die einzige Aussicht, die wir gesehen haben, war die von der Bar im Oslo Plaza.«

»Und das ist eine ganz prima Aussicht.«

»Auf jeden Fall. Aber der Sinn dieser Tour ist doch, zur Natur bekehrt zu werden.«

»Und das wirst du hier nicht.«

»Genau.«

»Wir haben einen Wagen. Wir können fahren, wohin wir wollen. Wir können irgendwohin fahren, wo schönes Wetter ist.«

»Und Aussicht! Und Leute! Am liebsten massenhaft Leute. Leute, die nicht die gleichen Sätze wieder und wieder sagen.«
»*Yes!!*«

Wir müssen herausfinden, wo Sonne und Aussicht und Leute sind. Mit anderen Worten, wir brauchen Internet. Und wir holen unsere Handys raus. Und gehen ins Netz. Obwohl wir im Kaminzimmer sitzen. Also in der internetfreien Zone.
We. Are. Living. On. The. Edge.
Und es ist ja auch nicht so, dass wir jemanden belästigen. Es ist niemand mehr da. Die anderen sind ins Bett gegangen. Es ist immerhin nach neun.
Die Dokubeauftragte findet schnell ein Foto, das eine Freundin heute gepostet hat. Vom Preikestolen, diesem wahnwitzigen Felsplateau in Rogaland, das wirklich genau wie eine Kanzel aussieht, wenn du dazu tendierst, in religiösen Bahnen zu denken. Die sechshundert Meter über dem Fjord beinahe frei in der Luft hängt. Mit Aussicht nach allen Seiten. Die von allen Seiten eine Fantastillion Mal fotografiert worden ist, aus gutem Grund. Die auf mehreren Listen der fantastischsten Orte der Welt gestanden hat. Dies ist eine von Norwegens größten Touristenattraktionen. Eine Viertelmillion Besucher werden jedes Jahr gezählt. Viele davon ausländische Touristen, die noch nie einen Wanderstiefel gesehen haben.
Das Wetter sieht fantastisch aus. Laut www.ut.no zufolge dauert die Wanderung zwei Stunden in jede Richtung. Bestimmt die Hälfte für uns, wie die Dokubeauftragte bemerkt. *What's not to like?*
»Es ist ziemlich weit dahin.«
»Aber es ist eine schöne Fahrt.«
»Und wir haben ein Auto. Mit Dach. Und Musik.«

Alles sieht jetzt viel freundlicher aus. Wir gehen ins Bett und schlafen acht Stunden *in Bettzeug*. Wir stehen auf, schauen hinaus und sehen nichts. Wir lachen. Wir packen. Wir frühstücken. Wir erzählen dem Paar von gestern, dass wir beschlossen haben abzuhauen. Sie sehen uns voller Neid an, auf jeden Fall sehen sie so aus. Und warten darauf, dass es aufklart.

Es wird nie aufklaren.

Wir setzen uns ins Auto, drehen die Musik voll auf und fahren dem Licht entgegen.

Good bye, suckers.

12
HÖR AUF UNERFAHRENE BERGWANDERER, TEIL 2

1. Steig nicht auf einen Berggipfel, wenn Mistwetter ist und du nichts siehst. Das versteht sich ja von selbst. Lass dir stattdessen etwas einfallen, das Spaß macht.

2. Wenn es darum gehen soll, sich zu bewegen, besteht kein Grund, das an einem ausgesprochen unschönen Ort zu tun. Auch im Flachland, in Parks, auf Stadtstraßen und in Innenräumen kann man sich bewegen.

3. Es gibt schlechtes Wetter. Aber es ist möglich, anderswohin zu gehen.

4. Falls du einen Gletscher überqueren und den höchsten Berg eines Landes besteigen willst, versichere dich vorher, dass der Gletscherführer einer von der Sorte ist, die die Leute nicht drei Meter von der Hütte entfernt im Stich lassen.

5. Bettzeug wird unterschätzt.

13

DEM LICHT ENTGEGEN!

Letzte Etappe. Juvasshytta–Preikestolhytta, im Auto. Preikestolen, zu Fuß. Veranschlagte Zeit: Wen interessiert's?

Ja. Wir wollen zum Licht. Zu Aussichten. Und zu Menschen. Zunächst müssen wir nur ziemlich lange mit zweieinhalb Stundenkilometern und bei drei Zentimetern Sicht eine Straße hinabfahren, die plötzlich eine Kehrtwendung um 180 Grad macht, keine Leitplanken hat, ziemlich schmal ist und an einem Berghang liegt, wo die Gefahr besteht, dass wir einem Bus begegnen. Das Display am Armaturenbrett zeigt an: Temporarily out of function due to blocked vision.

Aber es ist ja *temporary*. Langsam fahren wir abwärts. Der Nebel bleibt hinter uns. Wir fahren nach Westen. Und jetzt beginnt der entschieden schönste Teil der bisherigen Reise. Er schlägt sogar die Fahrt mit dem Aufzug hinauf in die Bar des Oslo Plaza.

Weil ich ein unreifer Spinner bin, der ungern eine Gelegenheit auslässt, die Naturfreunde zu ärgern, habe ich mehrfach gesagt, dass ich Berge am schönsten finde, wenn ich sie von unten betrachte.

Aber so ist es tatsächlich. Mit jedem Meter, den wir hier unten auf dem Grund des Tals fahren und auf allen Seiten Berge sehen, mächtige, imponierende Berge, steigt meine Stimmung. Ganz zu schweigen davon, dass sich das Tal öffnet und wir erkennen, dass sich weit vor uns eine kleine Ortschaft befindet, wo wir bestimmt zu Mittag essen können. In einem Lokal mit Tischen und Stühlen und Besteck. Und Leuten in normaler Kleidung.

Es ist wichtig, sich vorzubereiten, also lesen wir unterwegs im Wagen auf verschiedenen Internetseiten, was wir über den Preikestolen finden, und schon hier spüre ich, dass ich eine positive Einstellung zu dieser Tour gewinne. Denn hier fehlt die Prahlerei beinahe ganz. Hier ist weitgehend das Gegenteil der Fall. Es ist viel darüber zu lesen, dass man die Tour nicht unterschätzen soll, dass sie härter werden kann, als man glaubt, und dass man sich reichlich Zeit nehmen und vernünftig kleiden soll. Dies alles hängt sicher damit zusammen, dass der Preikestolen von so vielen bergunerfahrenen Touristen besucht wird, die glauben, das Plateau liege mitten in Stavanger und es gebe einen Aufzug hinauf. Auf www.ut.no werden Wanderungen nach ihrem Schwierigkeitsgrad beurteilt. Einem norwegischen Text zufolge ist die Wanderung zum Preikestolen mittelschwer. Im englischen Text wird sie dagegen als *demanding* bezeichnet.

Wir haben in Norwegen vielleicht ein wenig zu viel Vertrauen in unsere Bergkompetenz. Dafür aber kein besonders großes Vertrauen in die der anderen.

Ich rufe in der Touristenhütte am Preikestolen an. Sie ist voll. Auch das macht mich seltsam froh. Es muss ja bedeuten, dass viele Menschen da sind. Wir haben Wochenende. Das Wetter ist schön. Es wird eine wahre Völkerwanderung zum Preikestolen geben.

Wir finden Unterkunft in einer Herberge gleich daneben. Es wird hart, sich nach dem Luxusschullandheim in Nebelhausen wieder mit Etagenbetten und Gemeinschaftstoilette abzufinden, doch das werden wir schaffen. Wir schaffen jetzt alles. Wir haben noch einen Tag vor uns. Einen Tag mit Sonne und Aussicht und Menschen. Nachdem ich mich an diesem Abend in ein Holzbett gelegt habe, fühle ich, dass ich mich zum ersten Mal in dieser Woche auf eine Wanderung freue.

Es irritiert mich nicht einmal besonders, dass die ganze Herberge um fünf Uhr morgens von einer Gruppe geweckt wird, die wahrscheinlich so früh aufsteht, um auf den Preikestolen zu gelangen, solange es dort noch kalt, dunkel, unwirtlich und leer ist.

Endlich erlebe ich, dass etwas, was Wanderenthusiasten mir erzählt haben, tatsächlich stimmt. Denn hier laufen die Menschen in einer Schlange.

Und ich liebe es. Schon auf den ersten zehn Metern habe ich sieben Sprachen gehört. Die Leute gehen in normaler Kleidung. Wir sind praktisch diejenigen, die auffallen. Ich falle in dieser Jacke immer auf, aber da, wo wir bisher gewandert sind, hat es keiner bemerkt, weil dort keine Leute waren. Nach ungefähr zwanzig Metern sehen wir einen Chinesen, der aufgegeben hat. Er hat sich auf einen Stein gesetzt und ringt nach Luft. Wir begegnen einem jungen Paar auf dem Weg nach unten. Sie gehen Arm in Arm. Er hat einen kleinen Lautsprecher auf der Schulter, aus dem ziemlich laute Bangla-Musik ertönt.

Und warum auch nicht?

Hier sind Leute jeden Alters. Ich spitze die Ohren, wie ich es zur Gewohnheit habe und liebe, und schnappe Gesprächsfetzen auf. Und – das hast du inzwischen längst geahnt – hier reden die Leute nicht darüber, wie weit sie gegangen sind und wie viel Zeit sie gebraucht haben und wo sie vorher waren und wohin sie nachher wollen. Hier reden sie über Politik und Neuigkeiten, über die Ehe, über Kinder, über Umstrukturierungen bei der Arbeit, über Musik und Bücher, über eine Freundin, die gestern in der Stadt ein bisschen Pech gehabt hat, über Fortschritte im Studium. Ein Mädchen sagt zu seiner Mutter: »Ich finde, gewöhnlicher Sport macht mehr Spaß.« Ein anderes Mädchen sagt zu einer anderen Mutter: »Jetzt läufst du uns weg, Mama. Du brauchst uns doch nicht zeigen, wie toll du bist.«

Nein, genau das ist es.

Als wir auf dem eigentlichen Plateau angekommen sind (nachdem wir ungefähr die Hälfte der veranschlagten Zeit gebraucht haben, ohne dass wir es an die große Glocke hängen wollen), ist die Aussicht wahnsinnig. Das muss man wirklich erleben. Aber genug davon. Und es sind viele Menschen da. Sie tun, was Menschen nun mal tun, wenn sie an Orten mit wahnsinniger Aussicht sind. Sie

fotografieren sich gegenseitig, wie sie die Arme zum Himmel strecken. Sie sitzen gefährlich dicht an der Kante, essen ihren Proviant, reden und lachen. Eine Gruppe eindeutig erwachsener Menschen erzählt uns, dass sie ein Klassentreffen haben, und fragt, ob wir sie filmen können, wie sie sich auf dem Plateau hinlegen und Engelbewegungen machen. Sie treffen sich dann und wann, fahren zu bekannten Sehenswürdigkeiten, legen sich hin und machen Engel im Schnee, egal ob Schnee liegt oder nicht. Es ist bekloppt, es ist albern. Und du musst schon reichlich griesgrämig sein, um davon nicht ein wenig gute Laune zu bekommen.

Kurz vor dem Plateau steht ein Mann mit Kamera und ruft seinem Kumpel, der ganz am Rand steht, zu: »Tom Cruise! Mission Impossible!« Wahrscheinlich, weil kürzlich in den Nachrichten berichtet wurde, dass Szenen des neuen *Mission Impossible*-Films hier gedreht werden sollen. Er hebt die Kamera. Der Kumpel versucht, so gut er kann, wie Tom Cruise auszusehen. Ein mittelmäßiger Versuch. Und das Bild wird geschossen. Andere, die dabeistehen, lachen und klatschen.

Ich frage mich: Welches bisherige Erlebnis in dieser Woche könnte diese Szene übertreffen?

Baumwurzel? Baumwurzel? Baumwurzel?

Ein Kautabakpfad im Nebel?

Gespräche in Strümpfen über Bewältigung?

Memoorooboo?

Alles, was wir bis jetzt auf dieser Tour erlebt haben, hört sich an wie sehr schlechte Gedichtsammlungen.

Wie viele wirklich gute Geschichten hast du gehört, die vom Alleinsein handeln?

Lass mich lieber eine einfache Geschichte über das Zusammensein mit Menschen erzählen. Jemand, den ich kenne, war mit Freunden unterwegs. Es war der letzte Abend. Am nächsten Vormittag wollten sie nach Hause fliegen. Sie kamen im Lauf des Abends ins Hotel zurück, es war noch nicht besonders spät, und sie beschlossen, im Zimmer meines Freundes noch einen auf die gelungene Tour zu trinken. Und da saßen sie und hatten Spaß und redeten und lachten. Ein super Abend. Dann brachen sie auf, jeder ging in sein Zimmer, und sie verabredeten, sich erst auf dem Flugplatz zu treffen. Mein Freund stellte seinen Wecker und ging ins Bett. Am Morgen klingelte der Wecker und mein Freund stand auf, duschte kurz, packte, zog sich die Jacke und die Schuhe an und verließ das Zimmer.

Und hatte das ganz deutliche Gefühl, dass irgendetwas nicht stimmte. Er wusste nicht, was es war, aber irgendetwas war nicht in Ordnung.

Er frühstückte, immer noch mit dem gleichen Gefühl. Er fuhr zum Flugplatz, und das Gefühl, dass etwas anders war, als es sein sollte, verließ ihn nicht. Nach einer Weile gelang es ihm, das Gefühl zu identifizieren. Es hatte mit den Füßen zu tun, genauer gesagt: mit den Schuhen.

Die Schuhe waren warm. Und sie waren warm gewesen, als er sie im Hotelzimmer angezogen hatte.

Er glaubte, sich zu einer vernünftigen Zeit ins Bett gelegt und stundenlang geschlafen zu haben. Wahrscheinlich hatte sein Kopf aber kaum das Kissen berührt, als der Wecker schon klingelte. Er hatte nicht bemerkt, wie viele Stunden vergangen waren, während er mit guten Freunden zusammengesessen und geredet und gelacht hatte. Die Schuhe waren noch warm, als er sie anzog, weil er sie gerade erst ausgezogen hatte.

Dies halte ich für ein erstrebenswertes Ziel im Leben. Es sollte nicht allzu viel Zeit verstreichen zwischen den Gelegenheiten, bei denen du aufstehst und warme Schuhe anziehst. Dann weißt du, dass der Abend gelungener war als irgendwer vorher erwartet hatte. Solche unvorhergesehenen Abende sind die besten. Wenn du mit Freunden unterwegs bist und eigentlich nur kurz bei einem von ihnen ins Zimmer schauen wolltest. Wenn du zufällig jemanden triffst, den du lange nicht gesehen hast. Oder wenn ein ganz gewöhnlicher Abend mit deinen Mitbewohnern kein Ende findet.

Und du merkst nicht, wie viel Zeit vergangen ist, bevor es hell wird oder du die Vögel hörst oder den morgendlichen Berufsverkehr oder Kirchenglocken. Oder du wachst auf und ziehst warme Schuhe an.

Wenn du einen Abend ganz allein warst und am Morgen warme Schuhe anziehst, hast du nur eine schlaflose Nacht verbracht.

Und sieh einmal an. Wen treffen wir oben auf dem Preikestolen? Unsere kanadischen Freunde vom Besseggen. Den Mann, der im Nebel vorauslief und Ts suchte, und seine Frau, die hinterherging und nass war.

Es herrscht pure Wiedersehensfreude. Sie sind in der Zwischenzeit in Flåm gewesen. Ich weiß nicht, wie gut du dich in Norwegen auskennst, aber Besseggen, Flåm und Preikestolen liegen alles andere als dicht beieinander. Diese Leute meinen es ernst. Sie sausen kreuz und quer durch Norwegen, um über Steine zu laufen.

Er sagt: »*It's really beautiful here.*« Natürlich.

Sie sagt: »*Too many people.*« Natürlich.

Geht's noch? Hast du dich umgeschaut? Hast du die Aussicht gesehen? Hast du das Plateau bemerkt, und dass es mehrere hundert Meter direkt zum Fjord abfällt? Es ist dramatisch, es kribbelt im Bauch, es ist schön, es ist überwältigend, es ist mit wenigem vergleichbar, es ist ziemlich leicht, hierher zu kommen, du brauchst keine schweineteure Ausrüstung und es liegt nicht weit entfernt von einigen größeren Städten. Warum in Dreiherrgottsnamen sollten hier *nicht* viele Menschen sein?

Und *so* voll ist es auch wieder nicht. Es besteht keine Gefahr, dass du über die Kante geschubst wirst. Es ist Freitag, mitten am Tag, strahlende Sonne, aber hier ist Platz genug, um umherzuschlendern, die Aussicht aus unterschiedlichen Blickwinkeln zu betrachten, sich hinzusetzen und zu picknicken oder sich hinzulegen und Engel zu machen.

Es muss dir doch gefallen, dass auch andere dies erleben können. Warum machen sie sonst alle Fotos und schreiben #rausandieluftjunge?

Erst jetzt bemerke ich, dass sich in der Mitte des Plateaus eine Schlange gebildet hat. Einer nach dem anderen tritt zur Kante, so dicht, wie er will und wagt. Und dann können seine Freunde ein Bild von ihm machen, auf dem es so aussieht, als stände er völlig allein auf dem Preikestolen. Wanderer lieben keine Schlangen, aber sie sind anscheinend bereit, eine Ausnahme zu machen, wenn es eine Schlange ist, um allein sein zu können.

Herr Kanada erstaunt mich, denn es sieht so aus, als gefalle ihm dieses Spektakel wesentlich besser als seiner Frau. Er ist ein eifriger und – wie ich vermute – ziemlich guter Fotograf, und im Gegensatz zu seiner Frau ist er durchaus dafür, dass wir uns in die Schlange stellen, um Fotos zu machen. Das gefällt mir. Er lässt sich einfach mitreißen. Er lacht und applaudiert den anderen, die sich in ausgefallenen Posen fotografieren lassen. Als wir an der Reihe sind, gibt er uns Anweisungen und führt lautstark Regie. Er ist voll bei der Sache.

Dann müssen sie gehen. Sie wollen natürlich zur Hütte hinunterlaufen. Heute Abend werden sie in Stavanger übernachten, haben sie erzählt. Ich hoffe sehr, dass sie in ein nettes Restaurant gehen, lustige Leute treffen, möglicherweise die Clique mit den Engeln, und vielleicht um drei Uhr in der Nacht auf einem Tisch stehen und »Tore Tang« singen. Und morgen früh aufwachen und warme Schuhe anziehen.

Herr Kanada schickt uns die Bilder, die er gemacht hat. Die Dokubeauftragte streckt die Arme gen Himmel. Ich tue es nicht.

Aber es fehlt nicht viel.

14

WELCHES FAZIT ZIEHST DU?

**Von Hütte zu Hütte zu wandern ist
wie Interrail für Leute,
die gern früh ins Bett gehen.**

Wir sind wieder unten. Wir sitzen vor der relativ modernen Preikestolhytta mit Aussicht auf einen Parkplatz, eine Menge Menschen und ein wenig Natur. Bald sind wir wieder zu Hause und ziehen uns wieder normale Sachen an. Wir trinken Bier, draußen in der Sonne. Am Nachbartisch sitzt die Engelclique. Auch sie trinken Bier, amüsieren sich und lachen.

»Okay«, sagt die Dokubeauftragte. »Kommen wir zum Fazit. Was ist dein Eindruck vom Wandervolk?«

»Das Wandervolk besteht aus Leuten, die sich nach einem ungefähren Plan von hier nach da bewegen. Sie waschen sich ziemlich selten. Wechseln nicht oft die Kleidung. Schminken sich nie. Schleppen viel zu große Rucksäcke mit sich herum und reden im Großen und Ganzen mit anderen Leuten mit viel zu großen Rucksäcken darüber, wo sie waren und wohin sie wollen und wie viel Zeit sie gebraucht haben.«

»Du meinst also: Von Hütte zu Hütte zu wandern ist wie Interrail für Leute, die gern früh ins Bett gehen.«

Natürlich haben wir das nicht gesagt. Niemand redet so. Ich habe es im Nachhinein formuliert, um mich aufzuspielen. Ein bisschen habe ich in einer Woche in Gesellschaft von Bergwanderern schließlich gelernt.

Wirklich gesagt haben wir dies:

SIE: Bist du bekehrt?
ICH: Nicht ganz.
SIE: Hab ich auch nicht wirklich geglaubt.
ICH: Und du? Wie ist der Job als nervig Positive gelaufen?
SIE: Na ja, ganz passabel.
ICH: Aber es ist doch aufwärts gegangen.
SIE: Ja. Denn heute war der beste Tag.
ICH: Klar.

Kurze Stille.

ICH: Stell dir vor, dass es nur eine Woche her ist, seit wir im Plaza gewohnt haben.
SIE: Ja, das war schön.
ICH: Hm. Echt schön. Das müssen wir noch mal machen.
SIE: Auf jeden Fall.

ERSTER VERSUCH: NACH JOTUNHEIMEN, UM BEKEHRT ZU WERDEN – DAS ERGEBNIS

TOURPLAN:

TAG 1: Oslo Zentrum–Nordmarka
(Durchgeführt mit einem Navigationsfehler. Regen und Nebel.)
TAG 2: Nordmarka–Jotunheimen
(Planmäßig durchgeführt. Regen und Nebel.)
TAG 3: Besseggen
(Planmäßig durchgeführt. Regen und Nebel.)
TAG 4: Gjendesheim–Spiterstulen
(Ersetzt durch Autofahrt Gjendesheim–Juvasshytta.
Regen und Nebel.)
TAG 5: Galdhøpiggen
(Ersetzt durch Autofahrt Juvasshytta–Preikestolen.
Angenehm. Ein wenig Regen. Ein wenig Sonne.)
TAG 6: Ruhige Tagestour und Auswertung
(Ersetzt durch Fußwanderung zum Preikestolen und
Bier im Freien an einer Sonnenwand.)

ZIELSETZUNG:

* Innere Ruhe finden.
  (Nicht erreicht, aber an der Sonnenwand an Tag 6
  fehlte nicht viel.)
* Begreifen, wie klein ich bin.
  (Nicht erreicht.)
* Etwas erleben, das schwer zu erklären ist.
  (Ich finde immer noch, dass es schwer zu erklären ist, warum
  Leute sich mit so etwas abgeben, aber darüber hinaus nichts.)
* Lust bekommen, die Arme zum Himmel zu strecken.
  (Auf dem Preikestolen war ich nahe dran, aber da schwang
  auch nicht wenig Ironie mit.)
* Herausfinden, ob Essen und Trinken besser schmecken und
  ob die Aussicht besser ist, wenn man vorher lange gelaufen ist.
  (Ja schon, aber du musst verflixt lange laufen.)
* Mit Menschen, die ich auf Hütten mit seltsamen Namen
  treffe, reden, sie verstehen und vielleicht sogar mögen.
  (Ich habe mein Bestes gegeben und nette Menschen
  getroffen. Doch in erster Linie bin ich sehr wenigen
  Menschen begegnet.)

ERGEBNIS:
Erster Versuch: Misslungen.

… **FÜNF MONATE SPÄTER**

15

ICH GEHE IN MICH, UND ICH GEHE IN DIE STADT

»Wir müssen in die Berge, um Leute zu treffen«,
sagt die Dokubeauftragte.
»Und um Quatsch zu erleben. Leute und Quatsch.«
»Leute und Quatsch. Ein bisschen so wie an Silvester.«

Todesangst hat einen unverdient schlechten Ruf. Die Mischung aus Machoattitüde und Kläglichkeit macht es sehr einfach, in der Todesangst das Komische zu sehen. Es ist leicht, das Gipfelbild eines Fünfzigjährigen vor sich zu sehen, der zu lächeln versucht, wobei du aber siehst, dass er sicher Probleme mit den Knien hat und dass hinter den weißen Zähnen und der gebräunten Haut ein winziger Mensch steckt, der sagt: »Ich habe weder Haare noch Humor, und ich habe schreckliche Angst zu sterben. Habt mich lieb.«

Doch Todesangst ist trotz allem ein Zeichen dafür, dass du Lust hast, noch ein bisschen weiterzuleben, und das kann nicht nur negativ sein. Es bedeutet nämlich, dass du an eine Zukunft glaubst, die so schön wird, dass du Lust hast, so viel wie möglich davon mitzuerleben.

Wenn wir versuchen wollen, etwas Positives zu sagen über unsere Gegenwart in Ländern wie denen, in denen ich und sicher auch du, lieber Leser, leben – und ich meine, das sollten wir, die Vergangenheit bekommt auch so schon mehr als genug Lobeshymnen –, dann zum Beispiel dies: Ziemlich viel von dem, was Leute wie wir in unserem gegenwärtigen Leben tun, gründet sich auf unserer Überzeugung, dass die Zukunft schön wird.

Zum Beispiel muss das der Grund dafür sein, dass wir die ganze Zeit unsere Wohnungen verschönern. Es ist ja nicht so, dass wir uns vornehmen, in jungen Jahren in schicken Wohnungen zu sterben. Nein, wir denken, dass wir eines zukünftigen Tages endlich die perfekte Wohnung haben werden, und dann sind wir vielleicht im Ruhestand und haben massenhaft Zeit, nur dazusitzen und zu genießen, wie perfekt alles ist.

Das muss auch der Grund dafür sein, dass wir für das Rentenalter sparen und uns diese Ferienwohnungen zulegen, im Fjell, am Meer, in wärmeren Ländern. Es ist ja nicht unser Ziel, so viel wie möglich unbenutzte Baumasse zu hinterlassen, wenn wir mit rund sechzig das Zeitliche segnen. Im Gegenteil, wir glauben, dass ein Tag kommt, an dem wir genug Zeit haben werden, diese Ferienwohnungen zu benutzen, an dem Zeit das Einzige ist, von dem wir genug haben, und dann wollen wir wirtschaftlich abgesichert sein und nur noch das Leben genießen.

Und um uns lange genug fit und gesund zu halten, damit wir diese Tage auch voll und ganz ausleben können, treiben wir Sport. Wir fahren auf Fahrrädern, die sich nicht bewegen, wir joggen auf Fußböden, die sich bewegen, wir klettern auf Berge und wandern im Wald und interessieren uns für gesunde und selbst zubereitete Nahrung. Alles in der Hoffnung, dass wir, wenn wir alt genug werden, um perfekt aufgemöbelte Wohnungen und Zweitwohnsitze und reichlich Zeit und keine Geldsorgen zu haben, in Superform sind und spitzenmäßig aussehen. Und massenhaft Zeit haben, um nichts zu tun als umherzuschlendern und gut auszusehen. Vielleicht auf einer Strandpromenade, in einem leichten, hellen Sommerhemd und einer Shorts in – gemessen an unserem Alter – erstaunlich lebhaften Farben.

Wir glauben ja, dass diese Zeit kommt. Die meisten von uns, die in solchen Ländern leben wie du und ich, Leser, wir denken zwar gelegentlich, dass vieles in der Politik falsch läuft, dass es viele Tendenzen gibt, die uns nicht gefallen, wir können sogar auf den Gedanken kommen, dass die Dinge in die völlig falsche Richtung

laufen, aber wir glauben trotz allem nicht, dass die Gesellschaft in naher Zukunft zerbricht oder das System kollabiert. Wir glauben, dass es schon gut gehen wird.

Ja, es ist viel Aggression in der Gesellschaft, viele meinen, dass die Gesellschaft auf dem absteigenden Ast ist, und sie rufen und schreien es laut und aggressiv heraus. Doch die meisten von uns sind trotz allem nicht an diesem Punkt. Nicht wirklich. Und all die, die rufen und schreien und aggressiv sind, ob sie nun von der äußersten Rechten oder der äußersten Linken kommen oder auch eine fundamentalistische Version der einen oder anderen Weltreligion propagieren, sind sich ja in Bezug auf die grundlegende Analyse verblüffend einig: Dass die heutige westliche Gesellschaft den Bach runtergeht, weil alles in Veränderung begriffen ist und niemand die guten alten Werte verteidigt. Aber die meisten von uns, die wir keinem extremen Flügel von irgendetwas angehören, wir denken: Es geht bestimmt gut. Das kriegen wir hin. Wir tun es immer. Es kommt eine Zukunft. Die wird gut. Und an der will ich teilhaben. Jetzt gehe ich erst mal wandern. Tschüss.

»Okay«, sagt die Dokubeauftragte, die mich ziemlich lange hierüber hat reden hören. Ein paar Stunden nämlich. Wir sind in unserer Stammkneipe. Draußen ist es eiskalt. Hier in der Kneipe brennt ein Feuer im Kamin, sie ist voller Menschen und du bekommst gutes Bier, ohne erst fünf Stunden gehen zu müssen. Unser fester Kellner, der dafür, dass er seit dreißig Jahren in Norwegen lebt, mit einem imponierend starken französischen Akzent spricht, kommt an unserem Tisch vorbei und fragt: »Noch eins?« Doch eigentlich ist es keine Frage. Wir sind hier, um unseren nächsten Versuch zu planen, mich zur Natur zu bekehren. Wir hatten uns schon gleich nach der Wanderung zum Preikestolen gesagt, dass wir jetzt, da wir einen kleinen Hoffnungsschimmer erlebt hatten, nicht aufgeben konnten. Wir müssen es noch einmal versuchen. Noch eine Tour, und aus den Fehlern bei der ersten lernen.

Doch dann ist die Zeit vergangen. Du kennst das. Es ist immer so viel anderes. Menschen, die getroffen, Pubs, die besucht, Witze, die erzählt werden wollen. Erinnerungen sollen gepflegt werden. Man will Musik hören. Man muss lesen. Da sind Serien, die man sehen muss. Man muss über diese Serien reden, auch über die, die man nicht gesehen hat. Es soll geblödelt werden. Es soll getanzt werden. Es soll getanzblödelt werden. Es gibt Kaffee, der getrunken werden will. Plötzlich eines Tages tief im Herbst ist Biergartenwetter. Dann ist Weihnachten, dann Neujahr. Und Leute kommen zu Besuch. Kurz und gut, irgendwas ist immer. Also ist nichts daraus geworden. Aber jetzt haben wir wieder den Entschluss gefasst. Jetzt machen wir einen Plan. Deshalb sitzen wir hier. Und deshalb habe ich stundenlang über Todesangst und Zukunftsglauben und Oberkörper monologisiert.

»Okay«, sagt also die Dokubeauftragte. »Das einzig Positive, was du über Leute sagen kannst, die in den Bergen wandern, ist, dass sie Angst haben zu sterben.«

Es ist natürlich ein wenig frustrierend, dass meine blendende Analyse so treffend in vier Sekunden zusammengefasst werden kann, aber ...

»Ja, das ist wohl ungefähr das, was ich meine.«

Die Dokubeauftragte nickt.

»Und du?«, fragt sie. »Hast du Angst zu sterben?«

»Ich weiß nicht richtig, ob ich Angst davor habe. Denke nicht so viel daran. Aber natürlich habe ich keine Lust zu sterben.«

»Na sieh mal«, sagt die Dokubeauftragte, die nicht vergessen hat, dass es ihr Job ist, nervig positiv zu sein. »Dann hast du auf jeden Fall das mit den Naturleuten gemein.«

Oder wäre es mir einfach nur lieber, wenn ein paar mehr von den Naturmenschen wirklich sagten: »Ich habe weder Haare noch Humor, und ich habe schreckliche Angst zu sterben«?

Aber das sagen sie eben nicht. Sie verklären ihre Bergtouren und Waldwanderungen zu einer philosophischen Wahl, etwas

Quasireligiösem, etwas Erhabenem, beinahe als handele es sich um einen Dienst an der Gesellschaft: Sie wollen die Zeit anhalten und abschalten, Oasen von Luft und Stille und Zeit finden, Zeit, um etwas zu erleben, das schwer zu erklären ist, etwas, das größer ist als sie selbst, etwas, das Ruhe und einen Überschuss schenkt, um in einer hektischen Gesellschaft weiterzuexistieren und etwas beizutragen.

Und eins muss ich einfach einsehen, wenn ich einen neuen Versuch machen will, mich zur Natur bekehren zu lassen. All dies Quasireligiöse liegt mir nicht. Wahrscheinlich habe ich es nicht in mir. Wahrscheinlich habe ich keinen Bedarf daran, wenn ich es mir überlege.

Etwas, das größer ist als ich selbst? Etwas, das schwer zu erklären ist?

Die Zeit anhalten, das Tempo drosseln, die Welt aussperren? *Ruhe?*

Nein. Nein. Nein. Nein. Und nochmals nein.

Ruhe?

Ich habe genug Ruhe in meinem Leben. Ich arbeite viel allein. Wenn ich Stille möchte, brauche ich nur die Musik abzuschalten oder das Fenster zu schließen. Und in der Regel will ich das nicht. Ich mag Geräusche.

Die Zeit anhalten, das Tempo drosseln?

Nein. Ich will die Zeit nicht anhalten. Ich finde, die Zeit läuft in gerade der richtigen Geschwindigkeit. Man glaubt leicht, dass die Dinge zu schnell gehen. Und es ist üblich zu meinen, es sei nahezu naturgegeben, dass die Dinge sich in eine bestimmte Richtung entwickeln, dass alles die ganze Zeit schneller und schneller geht und immer komplizierter wird.

Aber das stimmt ja nicht.

Vor dreißig, vierzig Jahren konntest du in etwas mehr als drei Stunden von Europa nach Amerika fliegen. Das kannst du heute nicht mehr. Die Flugzeuge, die den Atlantik in drei Stunden überqueren konnten, sind nicht mehr in Gebrauch. Weil sie ein enormes Getöse machten, Fenster bersten ließen und Menschen und Tiere in Angst versetzten, weil die Tickets – und die Flugzeuge – schrecklich viel kosteten, und weil eines dieser Flugzeuge abstürzte. Die Leute wollen gern schnell ankommen, aber nicht, wenn andere darunter leiden müssen, wenn es lächerlich viel kostet und gefährlich ist. Jetzt dauert es mindestens sieben Stunden, von Europa nach Amerika zu fliegen. Oder sechsundfünfzig. Es kommt darauf an, für welche Fluggesellschaft du dich entscheidest.

Außerdem gibt es inzwischen ziemlich viele Menschen, die der Meinung sind, wir sollten aus Rücksicht auf die Umwelt weniger fliegen. Das bedeutet nicht unbedingt, dass wir weniger fliegen, aber wir sind der Ansicht, wir sollten es. Und das kann der Anfang von etwas anderem sein. Mehrere meiner Bekannten, die vor einigen Jahren fanden, sie sollten aufhören zu rauchen, haben es inzwischen getan. Das mit dem Fliegen unterscheidet sich gar nicht so sehr vom Rauchen. Fliegen war auch einmal cool und schick und modern. Jetzt sehen es viel mehr Menschen kritisch.

In einigen Jahren nehmen wir vielleicht ein Segelschiff nach Amerika. Oder fahren gar nicht mehr hin.

Es ist durchaus denkbar!

Wir glaubten auch, dass das Telefonieren sich in eine und *nur* in eine Richtung entwickeln würde. Früher hatten wir das Festnetztelefon, das auf einem Ehrenplatz in der Wohnung stand, durch ein Kabel mit der Wand verbunden, auf einem eigenen Tisch, beinahe wie ein Altar. Dann kamen die ersten Mobiltelefone, wo du eine Schnur und einen großen Akku mit dir herumtragen musstest, so dass es streng genommen kein Mobiltelefon war, sondern ein Gepäckstück. Danach wurden die Telefone immer kleiner und kleiner und leichter und leichter und mobiler und mobiler, und wir glaubten, so ginge es weiter, denn so denkt man nun mal. Doch dann kam das Smartphone. Und die Telefone wurden wieder größer. Und schwerer. Und sie verbrauchten mehr, so dass die Akkulaufzeit kürzer wurde, also mussten wir wieder Kabel mit uns herumtragen,

genau wie bei den ersten Handys. Und manche Smartphones müssen so oft geladen werden, dass es praktisch einen Schritt zurück in Richtung Festnetztelefon bedeutet. Vielleicht haben wir in einigen Jahren große Smartphones, die permanent auf dem Ehrenplatz in der Wohnung liegen, durch ein Kabel mit der Wand verbunden, auf einem eigenen Tisch, beinahe wie ein Altar.

Es ist durchaus denkbar!

Erinnerst du dich noch daran, als die Mikrowelle kam? Weißt du noch, dass wir glaubten, jetzt würde sich alles ändern? Dass wir dachten: Jetzt hat jemand eine Methode erfunden, mit der das Kochen nur eine Minute dauert, und alles hat in einem kleinen Kasten Platz; jetzt werden alle ihre Herde wegwerfen und nie mehr zurückschauen.

Es kam nicht so. Vor allem, weil Mikrowellenessen wie Pappe schmeckt. Oder wie Outdoorlabskaus. In den letzten Jahren ist es hingegen eine Statusfrage geworden, so viel Zeit wie möglich aufs Kochen zu verwenden. Wenn du heute deine Freunde mit einem Essen beeindrucken willst, musst du es selbst gepflanzt, selbst gezüchtet, selbst gegossen, selbst gedüngt – das natürlich biologisch (frag nicht) – es selbst geerntet und selbst zubereitet haben und es auf einem Teller servieren, den du selbst entworfen und gebastelt hast, und den man als Nachtisch essen kann.

Einst war Fastfood die Zukunft. Jetzt wirst du skeptisch, wenn es in einem Lokal zu schnell geht.

Und plötzlich fangen die Leute an, wieder Vinylplatten zu kaufen. Obwohl es völlig unnötig ist.

Oder, wo wir schon einmal dabei sind: Jetzt, wo wir es endlich geschafft haben, modern und fortschrittlich genug zu werden, um von den Launen der Natur unabhängig zu sein, da fangen die Menschen an, in die Natur zu gehen, *freiwillig.*

So etwas geschieht! Ständig!

Die Menschen sind sonderbar, und die Dinge entwickeln sich selten so, wie du glaubst. All dies entgeht dir, wenn du die Zeit anhältst und die Welt aussperrst.

Und ehrlich gesagt erlebe ich die ganze Zeit Dinge, die größer sind als ich selbst. Im alltäglichen Leben. Dinge, die schwer zu erklären sind. Wunder gewissermaßen. Hier ein Beispiel: Stell dir vor, du gehst in deinem Viertel spazieren. Und du siehst ein Loch in der Wand. Wenn du, wie ich, ein bewusster Bürger bist, denkst du: »Da muss etwas dran getan werden«, und dann gehst du weiter.

Und – ta da! – sehr oft wird etwas daran getan. Nicht immer. Und nicht immer sehr schnell. Aber in der Regel wird das Loch früher oder später ausgebessert. Von irgendjemandem. Ich weiß nicht, von wem. Und ich weiß auch nicht, wie der Betreffende davon erfahren hat, denn es sagt ja niemand Bescheid, alle denken nur: »Da muss etwas dran getan werden«, und dann gehen sie weiter.

Dennoch wird es ausgebessert.

Es ist schwer zu verstehen. Es ist größer als du selbst. Es ist ein Wunder!

Okay, es ist vielleicht kein Wunder. Aber denk einmal über Folgendes nach: Alle Gesellschaften, die einigermaßen zusammenhängen – ein Dorf, eine Stadt, ein Land – zelebrieren täglich eine Orgie der Bewältigung. Und das meiste von dem, was wir bewältigen, sind Dinge, die vor hundert Jahren niemand bewältigt hat, auch wenn sie damals bestimmt besser Holz hacken konnten. Wir haben Regeln geschaffen, einige davon schriftlich niedergelegt und dafür gesorgt, dass sie ausgeklügelt umgesetzt werden. Bei vielen Dingen wissen wir einfach, dass es für alle am besten ist, wenn wir es so oder so machen. Wenn sich plötzlich alle nicht mehr an Gesetze und Regeln und Rücksichten hielten und jeder nur noch an sich selbst dächte, würde die Gesellschaft nahezu unmittelbar kollabieren. Selbst die fortschrittlichsten Gesellschaften sind in hohem Maß darauf angewiesen, dass die Menschen sich im Großen und Ganzen vernünftig verhalten. Und das tun sie. Nicht alle. Nicht die ganze Zeit. Aber genug Menschen tun es oft genug, so dass es funktioniert. Wir finden Lösungen und bekommen es hin. *Das* ist größer als du selbst, wenn du mich fragst.

Ein Berg steht einfach nur da.

»Du weißt, dass du dich ein bisschen neureligiös anhörst, wenn du von diesen Dingen sprichst?«, stellt die Dokubeauftragte fest.

»Ja, sorry. Ich krieg mich schon wieder ein.«

»Alltägliche Wunder in der Gesellschaft? Das wird ein bisschen viel.«

»Ja. Vielleicht. Aber ich meine es ernst.«

»Daran besteht kein Zweifel.«

»Ampeln! Hast du mal darüber nachgedacht, wie fantastisch Ampeln sind?«

»Ampeln?«

»Nicht an sich, vielleicht. Aber dass Lautsprecher an allen Fußgängerüberwegen ›bib bip‹ machen, damit Leute, die nicht sehen können, wissen, wann sie die Straße überqueren können? Hast du dir mal bewusst gemacht, was für eine schöne Idee das eigentlich ist?«

»Nein.«

Wir trinken. Wir denken nach. Die Dokubeauftragte kehrt zur Tagesordnung zurück.

»Okay. Diesmal werden wir also nicht nach etwas in der Natur suchen, das größer ist als wir selbst.«

»Nee.«

»Also auch eher keine Machobesteigung von Berggipfeln?«

Nein. Das vielleicht auch nicht. Ich weiß, dass Gipfeltouren gerade der Trend sind. Damit beschäftigen sich die Leute. Aber ich habe ja, wie du weißt, einen niedrigen Konkurrenzinstinkt, und es fällt mir schwer, nicht über machohafte Bewältigung zu kichern. Ich habe es ja versucht, bin einmal auf einen Berg gestiegen, und es hat mir wenig gegeben. Und dass ich die Wanderung bei Regen auf glatten Steinen und ohne etwas zu sehen gemacht habe, hätte wohl das Gefühl von Bewältigung noch verstärken sollen. Aber nein. Nichts.

Wir überlegten eine Weile, in meine alten heimatlichen Gefilde zu fahren und dort einen Gipfel zu *nehmen*. Ich habe mit mehreren von den alten Schulkameraden gesprochen, die jetzt Naturmenschen sind, und spürte einen Anflug von Nostalgie, als ich zum Beispiel an unseren naturbegeisterten Klassenlehrer erinnert wurde, der die Ski sämtlicher Schüler eigenhändig wachste, bevor wir auf Tour gingen. So eine Schulzeit hatte ich. Und die jungen Leute, die in Gjendesheim arbeiten, und mehrere meiner alten Freunde, haben gesagt, dass sie in der Jugend gezwungen wurden, mit auf Tour zu gehen, es eine Zeit lang hassten, als Erwachsene aber anfingen, es zu lieben. So würde es mir vielleicht auch gehen, wenn ich ins Reich der Kindheit zurückkehrte, ein wenig auf der Stabburtreppe säße, über die enormen Weiten blickte und beispielsweise den Slogen nähme, einen der sagenumwobenen Gipfel der Region.

Doch dann las ich ein wenig über den Slogen. Und die Diskussionen über den Slogen im Internet erinnerten in unheilverheißender Weise an die Internetdiskussionen über den Besseggen, nur dass hier nicht wenige Leute sogar tatsächlich zugaben, sie hätten den Weg zum Gipfel als »etwas luftig« empfunden. »Etwas luftig« ist, soweit ich verstehe, Freiluftlebensprache und bedeutet »saugefährlich«. Vor nicht allzu langer Zeit gab es sogar den Ansatz zu einer Debatte, als ein überaus erfahrener Bergwanderer es als unsinnig bezeichnete, dass auf der Turistforeningen-Website stand, diese Tour sei für Kinder geeignet. Er dagegen vertrat die Ansicht, die Wanderung solle als »riskant« und für kleine Kinder ungeeignet eingestuft werden. Wir, die wir gelernt haben, wie die Bergfreunde reden, begreifen, was dies wahrscheinlich bedeutet: Die Chance, diese Tour zu überleben, liegt bei etwa vierzig Prozent.

Also nein.

Und unter uns, warum sollte ich anfangen, etwas zu lieben, wozu ich in meiner Jugend gezwungen wurde? Was ist das überhaupt für ein Gedanke? Es hat bei so vielem anderen, zu dem ich in meiner Jugend gezwungen wurde, ja auch nicht funktioniert. Ich bin bald fünfzig und habe noch immer nicht angefangen, das

Blockflötespielen, die Berechnung des Umfangs eines Kreises oder Bockspringen zu lieben.

»Also. Nichts mit Macho. Nichts Semireligiöses.« Die Dokubeauftragte geht jetzt systematisch vor. »Was bleibt uns denn eigentlich noch?«

»Die Todesangst.«

Wir schweigen eine Weile.

»Du *musst* die Natur ja nicht lieben. Wir können es auch einfach bleiben lassen.«

Aber können wir das? Kürzlich stellte ich mir vor, dass die Menschen in der Zukunft nur noch eins tun. Bei der Arbeit ebenso wie in der Freizeit: Sie laufen in der Natur herum. Und sonst nichts.

Ja, das ist gar nicht so weit hergeholt, wie du glaubst.

Jeder weiß, dass jetzt die Roboter kommen. Vor Kurzem habe ich gelesen, dass in zwanzig Jahren ein Drittel der heutigen Arbeitsplätze von Maschinen übernommen sein wird. Roboter sind noch nicht fähig, ebenso kreativ und originell zu denken wie Menschen, zunächst werden sie also Aufgaben übernehmen, die Routinecharakter haben. Doch nicht nur das. Ich habe auch gelesen, dass es Roboter gibt, die als Lehrer oder Köche arbeiten. Es sind sicher nicht die kreativsten Köche, aber es ist bestimmt angenehmer, mit ihnen zusammenzuarbeiten als beispielsweise mit Gordon Ramsay. Es gibt Roboterjournalisten. Das sind noch nicht einmal besonders avancierte Roboter. Du musst sie nur mit einigen wenigen Sätzen füttern: »Der Parteivorsitzende trägt eine große Verantwortung.« »Dies ist äußerst kritisch zu beurteilen.« »Immer weiter in die Enge getrieben.« Diese Sätze werden dann einfach Jahr um Jahr wiederholt und wiederholt. Es gibt tatsächlich mehrere Roboter, die heute in großen Medienunternehmen als politische Kommentatoren arbeiten.

Natürlich stellt sich dann die Frage: Womit werden wir uns in Zukunft beschäftigen, wenn mehr und mehr Arbeit von Robotern, Apps und anderer Software übernommen wird?

Um das Selbstverständliche als Erstes zu nennen: Nicht wenige von uns werden davon leben, all diese Maschinen herzustellen, weiterzuentwickeln und zu warten, sie auf dem aktuellen Stand zu halten und zu verwalten.

Aber was macht der Rest von uns?

Nun. Hier müssen wir aus der Geschichte lernen. Und alle Erfahrung sagt uns, dass wir in Zukunft von Tätigkeiten leben werden, die wir heute nicht als Arbeit betrachten. Und über die wir heute schmunzeln.

Vor dreißig, vierzig Jahren witzelten die Leute und sagten, dass nicht alle davon leben können, sich gegenseitig die Haare zu schneiden. Aber es zeigte sich, dass ziemlich viele es doch können. Ich bin ein wenig in Norwegen herumgekommen. Und es gibt Ortschaften in Norwegen mit mehr Friseuren als Einwohnern. Ziemlich viele leben heute davon, einander die Haare zu schneiden, die Nägel zu feilen, einander die Haut zu pflegen, die Wimpern zu verlängern und den Baristi den Bart zu trimmen. Was vor vierzig Jahren übrigens auch kein Beruf war. »Ich kann mir meinen Kaffee selbst kochen«, sagten die Leute damals.

Und es gibt einige Berufe, die parallel mit der zunehmenden Automatisierung an Bedeutung gewinnen. Der Beruf des Tierpflegers beispielsweise ist in kräftigem Wachstum begriffen. Vor vierzig Jahren hätten die Leute gesagt: »Ich kann meine Katze selbst streicheln.«

Eine andere Berufsgruppe, die ein starkes Wachstum verzeichnet, sind alle, die mit Sport und Training zu tun haben. Also Menschen, die davon leben, dass sie neben anderen Menschen stehen, die Liegestütze machen, und sagen »Mach Liegestütze«. Dies ist ebenfalls ein Beruf, über den die Menschen vor vierzig Jahren schallend gelacht hätten. Und nicht zuletzt sind dies alles Berufe, die die Freizeit der Menschen betreffen, Körperpflege, Kaffeetrinken, Sport, Fitness, die Katze streicheln.

Und mehr und mehr von dem, was früher mit Arbeit verbunden war, ist heute mit Freizeit verbunden. Die Hütten der Leute

zum Beispiel. Viele davon waren einst Arbeitsplätze. Sie waren die Alm- und Sennhütten der Bauern und die Bootsschuppen der Fischer. Und viele leben von Dienstleistungen für die Hüttenbesitzer. Sie räumen deren Schnee weg und machen Feuer in ihren Kaminen, damit es warm ist, wenn sie ankommen. Andere betreiben Touristenhütten im Gebirge oder verdienen ihren Lebensunterhalt als Tourbegleiter.

Du siehst: Was früher Arbeit war, ist Freizeit. Und mehr und mehr leben von der Freizeit anderer. Freizeit wird Arbeit, Arbeit wird Freizeit. Es ist nicht so unwahrscheinlich, dass in Zukunft alle die ganze Zeit in der Natur verbringen; eine Hälfte von uns ist, weil wir eine App verkauft haben, steinreich geworden und braucht nicht mehr zu arbeiten, die andere Hälfte besteht aus professionellen Outdoorexperten, die sich auskennen, die unser Essen auf den Gipfel tragen oder uns nach der Wanderung massieren. Ich glaube, dass PG, persönlicher Gipfelbegleiter, in wenigen Jahren ein normaler Beruf sein wird.

Und in der Stadt ist niemand mehr. Die Roboter arbeiten und arbeiten, die Pubs sind leer, und unser französischer Kellner steht allein im Türrahmen, blickt auf die menschenleeren Straßen und fragt sich, was eigentlich passiert ist. Und was passiert ist, war, dass die Menschen einfacher leben wollten, weil die Menschen lernen, dass es verantwortlich und notwendig und politisch korrekt ist, und weil sie glauben, dass sie es brauchen und es verdient haben. Und weil haufenweise Bücher uns das erzählen. Wenn du alle Bücher kaufen und besitzen wolltest, die davon handeln, dass du weniger kaufen und besitzen solltest, müsstest du anbauen. Und weil Menschen, denen wir auf Instagram folgen, uns zeigen, dass man einfacher leben kann. Es ist möglich, eine andere Wahl zu treffen. Wenn du in einem der Länder mit dem höchsten Durchschnittseinkommen auf der Welt aufwächst, lebst und einige Jahre lang Karriere machst, kannst du es dir leisten, auf eine der Inseln auf der südlichen Halbkugel zu fliegen, die das niedrigste Preisniveau auf der Welt haben, und dort lange leben, ohne zu arbeiten und dich zu rasieren, und das als einen Protest gegen das Konsumverhalten und das Karrierestreben in der reichen Welt verkaufen.

Die Dinge entwickeln sich nie so, wie du glaubst. Es kann sein, dass wir uns alle bald aufmachen, ab in den Wald, in die Berge oder an den Strand.

Es ist durchaus denkbar.

Die Dokubeauftragte nimmt diese Analyse nicht so furchtbar ernst, sehe ich, deutet sie aber dennoch als Zeichen dafür, dass ich gern einen weiteren Versuch unternehmen möchte, die Natur zu lieben. Aber dann brauchen wir ein bisschen mehr, auf dem wir aufbauen können, als die Todesangst.

»Wir dürfen nicht vergessen«, sagt sie, »dass du trotz allem sehr gern zu Fuß gehst.«

Das stimmt. Heute erst habe ich eine Tour durch meine Stadt gemacht. Sie dauerte ungefähr eine Stunde. Hier einiges von dem, was ich dabei sah und erlebte:

Ein Straßencafé hatte ein Schild ausgehängt, auf dem neben der Zeichnung einer Sonne stand: »Schönen Sommer«. Wir haben Januar, es ist tiefster Winter und es liegt Schnee.

Ich traf einen alten Bekannten, mit dem ich aus scheidungsbedingten Gründen lange nicht gesprochen hatte. Es war sehr nett. Er hat sich inzwischen einen Bart wachsen lassen, aber warum nicht.

Ich sah einen Mann mit zwei vollen Einkaufstüten, der es riskierte, einen steilen Hang hinunterzugehen, wahrscheinlich eine Abkürzung nach Hause. Es ist wie gesagt Januar, tiefster Winter mit Schnee. Und glatt. Er hatte erst zwei Schritte gemacht, da glitt er aus, fiel der Länge nach hin und segelte, umgeben von Milchkartons, Obst, Brot und Katzenfutter den Rest des Hangs hinunter. Dabei hörte er nicht auf, laut zu lachen.

Ich sah einen Kindergarten auf einem Ausflug. Die Kinder wackelten am Flussufer entlang, in Winterkleidung und in einer hübschen Reihe. Direkt hinter ihnen kam eine Schar Enten, die genau so liefen.

Ich sah eine feuchtfröhliche Gang in ein wenig zu leichten Schuhen und ein wenig zu schicker Kleidung, die um Viertel vor zwölf am Vormittag die Tür einer Bäckerei öffnete und hineinrief: »Habt ihr Bier?«

Ich bot einer kleinen Touristenfamilie mit Karte meine Hilfe an. Ich verspüre ein gewisses Bedürfnis, Menschen zu helfen, die sich im Januar zu einem Kurzurlaub in Norwegen entschlossen haben. Besonders wenn es sich um eine Mutter, einen Vater und einen Teenager handelt, der gerade ein bisschen zu alt ist, um mit den Eltern zu verreisen. Sie fragten nach einem veganen Restaurant, von dem sie hatten reden hören. Ich empfahl ihnen stattdessen ein anderes Mittagsrestaurant, das viel gemütlicher ist. Der Teenager lächelte ein wenig.

Ich sah ein junges Paar, das in einem Park auf einer Bank saß und sich stritt, obwohl es streng genommen zu kalt war, um in Parks auf Bänken zu sitzen.

Als ich beinahe wieder zu Hause war, begegnete ich einem älteren Mann, den ich ein wenig kenne, weil wir vor vielen Jahren einmal irgendwo zusammen gearbeitet haben. Er erzählte mir völlig unaufgefordert eine bemerkenswert schlüpfrige Geschichte von einer Ferienreise nach Island.

»Du meinst also, dass du solche Touren lieber magst als Bergtouren?«, sagt die Dokubeauftragte.

»Ja, vielleicht tu ich das.«

»Und da müssen wir ansetzen«, sagt die Dokubeauftragte. »Solche Stadtwanderungen machst du jeden Tag, das ganze Jahr über, bei jedem Wetter.«

»Es gibt kein schlechtes Wetter.«

»Doch. Heute ist tatsächlich ekelhaftes Wetter. Es ist kalt, nass und ungemütlich. Und lebensgefährlich glatt. Trotzdem bist du unterwegs gewesen. An einem Tag, an dem es anderen Leuten davor graut, einkaufen oder zur Arbeit oder auch nur zum Auto zu gehen. Die Frage, die wir uns stellen müssen, lautet also: Was unterscheidet diese Wanderungen von denen, die wir in Jotunheimen gemacht haben? Und zu der Hütte im Wald?«

»Asphalt?«

»Abgesehen vom Offensichtlichsten.«

»Sie sind kürzer?«

»Das ist es nicht. Du hast kein Problem damit, lange zu laufen.«

»Oder schnell.«

»Wir sind verdammt schnell über den Besseggen gegangen.«

»Eine halbe Stunde schneller als die niedrigste Schätzung bei www.ut.no, um genau zu sein.«

»Mit Knieverletzung.«

»Aber eine Bergtour ist ja nicht in erster Linie ein Wettrennen.«

Wir kichern.

»Wir wissen doch beide, was der große Unterschied ist«, sagt sie. »In Jotunheimen haben wir ja fast keine Menschen getroffen. Und die wenigen, denen wir begegnet sind, waren ziemlich nervig. Und logen. Und sagten ständig die gleichen Sätze.«

»Du hast dich über diese Leute genauso geärgert wie ich?«

»Als nervig Positive habe ich da ein wenig versagt.«

»Du hast dich aber wieder prima gefangen.«

»Danke.«

»Aber es geht nicht nur darum, Menschen zu treffen«, sage ich. »Es geht um das Unvorhersehbare. Darf ich dir eine kleine Anekdote erzählen?«

»Wenn es die mit den warmen Schuhen ist, die habe ich schon mal gehört.«

»Die ist es nicht.«

»Wenn es die über Island und die Fußball-EM ist, dann habe ich sie auch gehört. Ich war nämlich dabei.«

»Die ist es auch nicht.«

»Ist es die von dem orangenfarbenen Handschuh?«

Ja. Okay. Die ist es. Aber du, lieber Leser, kennst sie wahrscheinlich nicht. Also deshalb:

Die Anekdote vom orangenfarbenen Handschuh!

Es ist eine Fußballanekdote. Aber ich verspreche, es ist die letzte. Und diese handelt eigentlich auch nicht von Fußball.

Es geschah an einem Samstagnachmittag. Am Tag danach sollte in der Stadt, in der ich wohne, ein großes und wichtiges Fußballspiel stattfinden. Das Pokalfinale, um genau zu sein. Eine der beiden Mannschaften im Finale war Ålesund. Du erinnerst dich natürlich, es ist die Mannschaft, die im Jahr 1983 von Stranda aus dem Pokal geworfen wurde. Später wurde Ålesund sehr viel besser. Sie wurden so gut, dass sie in den Nullerjahren ein paarmal das Pokalfinale erreichten.

Deshalb war die Hauptstadt an diesem Wochenende voller Menschen aus Ålesund. Sie waren orange gekleidet, denn Orange ist die Farbe des Fußballklubs Ålesund. Weil der Fußballklub Ålesund einer der Klubs war, die als letzte die Farbe wählen durften.

Wie auch immer: Die Stadt war voller Menschen aus Ålesund und Umgebung, voller Menschen aus dem gleichen Teil des Landes wie ich. Und sie waren durchweg in sehr guter Stimmung.

An diesem Wochenende, Samstagnachmittag, war ich unterwegs – ich glaube, ich wollte nur etwas einkaufen, oder vielleicht war ich auf meiner täglichen Tour –, da fühlte ich, wie jemand mir eine Hand auf die Schulter legte. Das heißt, ich fühlte es nicht nur, ich sah es. Weil derjenige, der mir eine Hand auf die Schulter legte, einen gigantischen orangenfarbenen Styroporhandschuh anhatte.

Ich drehte mich um und sah einen Mann, den ich noch nie gesehen hatte. Ungefähr fünfzig Jahre alt. Fast zwei Meter groß. Ein wenig übergewichtig. Ein wenig betrunken.

Er trug also an der einen Hand einen gigantischen orangenfarbenen Styroporhandschuh. Auf dem Kopf hatte er einen fünfzig Zentimeter hohen orangenfarbenen Hut. Ansonsten steckte er in einem etwas zu kleinen, leicht verschlissenen orangenfarbenen Overall.

Dieser Mann musterte mich von Kopf bis Fuß, dann sah er mir in die Augen und sagte: »Aber wie läufst du denn rum, du Pimmel?«

Ich bedauere die Wortwahl, aber es war seine.

Ich trug eine ganz normale Jeans und einen ziemlich normalen grauen Pullover. *Er* hatte einen gigantischen orangenfarbenen Styroporhandschuh an der einen Hand, einen fünfzig Zentimeter hohen orangefarbenen Hut auf dem Kopf und steckte in einem etwas zu kleinen, leicht verschlissenen orangenfarbenen Overall.

Und *er* kritisierte *mich* wegen meiner Kleidung. Und beschimpfte *mich* als Geschlechtsorgan.

Herrschaftszeiten. In solchen Augenblicken, wenn ein zwei Meter großer, leicht betrunkener fünfzigjähriger Mann mit Styroporhandschuh und Overall deinen Aufzug kritisiert und dich als Geschlechtsorgan beschimpft, in solchen Augenblicken offenbarst du wirklich, was für ein Mensch du bist.

Denn was antwortest du auf so was?

Selbstverständlich kannst du antworten: »Ich bin kein Pimmel. Ich bin ein Mensch.«

Das kannst du antworten.

Du kannst sauer werden. Das ist auch eine Möglichkeit.

Oder du nimmst die Einladung zum Fest an. Was ich tat. Und es wurde urgemütlich. Das war natürlich genau das, was dieser Mann eigentlich wollte. Er wollte mich eigentlich einladen mitzufeiern. Er tat es auf eine etwas ausgefallene Art und Weise. Darauf können wir uns alle einigen. Aber ich glaube auch, die meisten von uns können sich darauf einigen: Wenn ein ganz normal gekleideter, circa fünfzigjähriger etwas übergewichtiger und zwei Meter großer Mann, den du noch nie zuvor gesehen hast, eines Samstagnachmittags zu dir käme, dir die Hände auf die Schulter legte, dir in die Augen sähe und fragte, ob du mitkämest auf ein Fest, dann würdest du nicht mitgehen.

Und genau das ist das Schöne bei solchen Anlässen, wo viele Menschen versammelt sind und die Stimmung ausgelassen ist. Da geschehen Dinge, die sonst nicht geschehen. Die Leute machen Sachen, die sie sonst nicht machen würden. Man kann darüber sagen, was man will, aber langweilig ist es nicht.

»So etwas passiert nie auf einer Bergtour«, sage ich, nur um die Pointe nicht verpuffen zu lassen.

»Nein«, stimmt mir die Dokubeauftragte zu. »Falls doch, würde ich eine Heidenangst bekommen.«

Die Dokubeauftragte denkt nach. »Wir waren zur falschen Zeit unterwegs. Und im falschen Wetter. Wenn wir unterschiedliche Leute treffen und unerwartete Sachen erleben wollen, müssen wir auf Tour gehen, wenn alle anderen es tun. Und wir müssen dahin gehen, wohin alle anderen gehen.«

Ich kann ein Lächeln nicht unterdrücken.

»Du sagst also, dass wir das genaue Gegenteil von all dem tun müssen, zu dem die Bergwanderer uns raten?«

»Genau. Deshalb hat es ja auf dem Preikestolen funktioniert.«

Das gefällt mir. Ich freue mich schon jetzt darauf, zu der Dame im Büro von Den Norske Turistforeningen zu gehen, mein sagenumwobenes Lächeln aufzusetzen und zu sagen: »Hei! Hast du vielleicht ein paar Tipps für mich, wohin ich in den Bergen gehen muss, um so viele Menschen wie möglich zu treffen? Schlangen! Wir wollen in einer Schlange wandern!«

Sie wird ohnmächtig werden. Oder den Laden dichtmachen.

Es ist klar, dass wir es so machen müssen.

»Wir müssen in die Berge, um Leute zu treffen«, sagt die Dokubeauftragte.

»Und um Quatsch zu erleben. Leute und Quatsch.«

»Leute und Quatsch. Ein bisschen so wie an Silvester.«

Ja, das habe ich dir noch nicht erzählt, Leser. Ich hatte tatsächlich vor Kurzem ein Naturerlebnis. Man kann es vielleicht sogar als ein extremes Naturerlebnis bezeichnen. Kurz, aber extrem. Ich habe an Silvester Geburtstag. Ich erwähne es, damit du beim nächsten Mal vielleicht daran denkst. Dieses Jahr haben wir ihn mit einem Bad gefeiert. Im Meer, meine ich. In Norwegen. Bei Minusgraden. Ich bin mit ein paar Freunden zum Aufwärmen für die Sil-

Der Autor, gerade achtundvierzig geworden, bei Minusgraden an Silvester. Glücklich.

vesterfeier am Abend in eine große Sauna gegangen, die in unserer Stadt liegt. Da gibt es ein Restaurant, eine Menge Leute und eine Superstimmung. Wenn du willst, kannst du eine Runde im Freien drehen und in einen Kaltwasserbottich eintauchen. Wenn du noch kerniger bist, gehst du ein paar Meter weiter und springst ins Meer. Das taten wir. In Nordeuropa. Im Dezember. Bei Minusgraden. Es ist also nicht so, dass ich Angst hätte vor einer Herausforderung oder vor ein wenig Kälte am Körper. Ich kann ein harter Bursche sein. Um es anders zu sagen: Es waren Touristen da, die Fotos von uns gemacht haben.

»Hm. Ein bisschen wie Silvester. Wenn wir es hinkriegen, eine Bergtour à la Silvester zu machen, dann liegen wir nicht so falsch.«

Unser französischer Kellner geht vorbei.

»Habt ihr wieder Bergtouren geplant?«, fragt er und lacht laut. Das hat er schon mal gefragt. Und laut gelacht. Er hat nämlich von unserer vorigen Tour erfahren.

»Tatsächlich«, sage ich. »Wir werden in der nächsten Zeit nicht so oft hier sein. Wir planen eine Skitour.«

»Okay«, nickt er. »Dann bis morgen.«

ZWEITER VERSUCH:
ZUR HARDANGERVIDDA, UM LEUTE ZU TREFFEN

TOURPLAN:

TAG 1: Oslo–Finse
TAG 2: Finse–Krækkja
TAG 3: Krækkja–Heinseter
TAG 4: Heinseter–Geilo
TAG 5: Auswertung

ZIELSETZUNG

- ★ Menschen treffen
- ★ Blödsinn machen
- ★ Es hinkriegen, dass Bergtouren mehr Ähnlichkeit mit Silvester bekommen
- ★ Noch einmal: Mit Menschen, die ich auf Hütten mit seltsamen Namen treffe, reden, sie verstehen und vielleicht sogar mögen

16
PROPPENVOLL UND LEBENSGEFÄHRLICH

Erste Etappe: Oslo–Finse. Mit dem Zug.

Mein altes Ich wäre traurig. Und würde sich schämen.
Wir gehen durch die Stadt, auf dem Weg zum Bahnhof, zum Zug, der uns ins Fjell bringen wird. Wir haben Skikleidung an, wir tragen Ski und Stöcke und große Rucksäcke. Es ist Ende März und der letzte Arbeitstag vor den Osterfeiertagen. Viele sind schon in die Ferien gefahren. Weil sie hierauf gewartet haben. Es war kein angenehmer Winter. Mehr Schnee als sonst, kälter als sonst, glatter als sonst. Und er wollte einfach nicht enden. Bis jetzt. Bis gestern, um genau zu sein. Und heute hat es den Anschein, als lächelte die ganze Stadt. Die Sonne scheint. Der Schnee schmilzt. Fenster werden geöffnet. Die Leute lassen die Jacken zu Hause und spazieren ziellos durch die Straßen. Vor unserer Stammkneipe sind sie dabei, die Draußentische für die Saison aufzustellen. Unser Kellner macht eine Verschnaufpause, steckt sich eine Zigarette an und hält das Gesicht in die Sonne.

Mein altes Ich würde traurig sein. Mein altes Ich würde im Kopf eine Grabrede formulieren:

Liebe Stadt.
Plötzlich und sinnlos wurdest du uns am letzten Arbeitstag vor Ostern entrissen, gerade als du am schönsten warst. Gerade als du beginnen wolltest zu blühen und wärmer zu werden, als du dich allem öffnen wolltest, gerade als das eigentliche Leben beginnen

sollte, mit all dem, was es zu geben hat: Freundschaft, Liebe, Lachen, ständig neue Möglichkeiten. Genau da wurdest du uns entrissen, weil wir beschlossen hatten, einen Zug zu einem weit entfernten Ort zu nehmen, wo wirklich ordentlich Schnee liegt.

Unser Kellner legt den Kopf schief und betrachtet uns, als wir mit unserer Alpinausrüstung vorbeigehen. Mein altes Ich würde sich schämen.

Aber hier gehe ich und lächle.

Hier gehe ich und denke, dass wir uns für diese Ferien einen super Plan zurechtgelegt haben. Wenn ich von dieser Tour kein Natur-Fan werde, dann werde ich es nie.

Schon jetzt, bevor die Tour begonnen hat, bin ich ziemlich sicher, dass wir drei unserer vier Zielsetzungen erreichen werden.

1. Menschen treffen.
2. Blödsinn machen.
3. Es hinkriegen, dass Bergtouren mehr Ähnlichkeit mit Silvester bekommen.
4. Mit Menschen, die ich auf Hütten mit seltsamen Namen treffe, reden, sie verstehen und vielleicht sogar mögen.

Der letzte Punkt ist und bleibt der unsicherste, aber die drei anderen schaffen wir. Locker. Blödsinn zu machen war noch nie ein Problem für uns. Darin sind wir Spitze. Und garantiert werden wir Menschen treffen. Wir werden sogar wahnsinnig viele Menschen treffen. Ich habe mich nämlich schlaugemacht. Ich habe gegoogelt. Ich habe Statistiken gelesen und mich mit Leuten unterhalten, die in diesen Dingen Bescheid wissen. Und dies kam dabei heraus:

Die Hardangervidda ist das Bergrevier in Norwegen, in dem die meisten Menschen auf Skiern von Hütte zu Hütte wandern.

Wir wollen zur Hardangervidda.

Und damit nicht genug.

Die Osterferien sind Hochsaison für das Skiwandern von Hütte zu Hütte.

Wir wollen in den Osterferien auf die Hardangervidda.

Damit noch immer nicht genug.

Wir beginnen die Tour auf der Finsehytta, die im vergangenen Jahr Norwegens meistbesuchte Hütte in Norwegens populärstem Gebirgsrevier war, in der Hochsaison.

Und selbst damit noch nicht genug!

Ostern dieses Jahr wird *der Wahnsinn*. Alles deutet darauf hin. Keine einzige Wetter-App der Welt zeigt für die nächsten Tage auf der Hardangervidda etwas anderes als große, gelbe, strahlende Sonnen. Ostern ist früh in diesem Jahr (ein Satz, den ich früher nie gesagt habe, der aber zu den Sätzen gehört, die Bergwanderer gern gebrauchen), es hat ungewöhnlich viel geschneit in diesem Jahr (siehe vorige Klammer), und die Wintersportverhältnisse sind fantastisch. Dies ist ein Ostern, über das die Leute reden, ein Ostern, das aussieht wie Ostern in Reklamefilmen für Dinge, die unglaublich gesund sind.

So viele Menschen werden also zu Ostern auf der Vidda sein.

Ein Kumpel von mir, den ich vor langer Zeit an die Natur verloren habe und der oft auf der Hardangervidda gewesen ist, schnitt eine Grimasse, als ich ihm von dem Plan für unsere Tour erzählte.

»Bist du *ganz* sicher, dass ihr nicht zum Beispiel ein paar Tage vor dem Ferienanfang loswollt?«, sagte er. »Um dem allerschlimmsten Andrang zu entgehen?«

Und ja, ich bin ganz sicher. Wenn wir einem auf dieser Tour nicht entgehen wollen, dann ist es der allerschlimmste Andrang. Dem sind wir auf unserer letzten Tour mit großem Abstand entgangen. Wir haben nicht vor, diesen Fehler zu wiederholen.

Und wir wissen, wohin wir fahren. Mein Kumpel ist nicht der Einzige, der uns eindringlich darauf hingewiesen hat, wie voll es in den Osterferien in den beliebtesten Gebieten und auf den beliebtesten Hütten ist, besonders bei gutem Wetter und idealen Schneeverhältnissen. Ganze Scharen ziehen auf der Hardangervidda von Hütte zu Hütte, erzählen die Leute. Die Hütten sind proppenvoll. Die Wände beulen sich aus. Die Leute schlafen auf den Gängen und auf den Stühlen im Kaminzimmer. Dies ist mir auch von den Hüttenbetreibern selbst bestätigt worden. Ich hatte nämlich versucht, in einigen der Hütten vorab Plätze zu reservieren, und erhielt zur Antwort, dass ich das vergessen könne. Einfach kommen und das Beste hoffen, ist die Devise. Jeder, der bei einer Hütte ankommt, erhält einen Schlafplatz. In über tausend Metern Höhe bei Temperaturen weit unter null setzt man schließlich niemanden vor die Tür. Aber keiner kann mit Luxus wie Zimmer oder Bett rechnen. Da heißt es einfach, den Schlafsack einpacken und sich auf einen Schlafsaal oder eine Matratze auf dem Fußboden einstellen. Oder noch schlimmer. Die erfahrenen Hütte-zu-Hütte-Wanderer starten im Morgengrauen und stürmen über die Vidda, um als Erste zur nächsten Hütte zu gelangen, damit sie sich rechtzeitig die wenigen vorhandenen Zimmer sichern können, viele Stunden später kommen dann die Amateurtouristen angetrödelt, ausgelaugt und durchgefroren, mit schlechter Ausrüstung und Sonnenbrillenblässe um die Augen, und müssen vor dem Herd oder auf dem Plumpsklo übernachten.

Ich freue mich auf die Tour. Es überrascht mich, aber es ist wirklich so.

Und rate mal, was wir getan haben, damit die Fjelltour ein wenig mehr Ähnlichkeit mit einer Silvesterfeier bekommt? Wir haben die Freunde, mit denen wir üblicherweise Silvester feiern, eingeladen mitzukommen.

Genial, oder?

Die meisten von ihnen konnten natürlich nicht. Sie hatten andere Pläne. Einige von ihnen wollten ihre Ferien zum Beispiel an Orten im Ausland verbringen. Sonderbare Idee.

Aber zwei der Freunde hatten Lust, uns zu begleiten. Es sind Leute, die wir normalerweise im Pub treffen, in Hinterhöfen, auf Festivals, in Biergärten oder auf Balkons und Terrassen an Abenden, die nie zu Ende gehen. Sie sind eine Spur bergerfahrener als ich. Was bedeutet, dass sie Ski besitzen, sie aber selten benutzen.

Er liebt Wein und gutes Essen und scheint mir nicht der Typ zu sein, der sich gern einer Gefahr aussetzt. Sie ist aufgeschlossen, nett und umgänglich, hat aber einen gewissen Hang zu Missgeschicken. Wir sind mit anderen Worten eine kleine Gang. Eine etwas unterdurchschnittlich bergerfahrene und etwas überdurchschnittlich zum Feiern aufgelegte Gang, die dafür sorgen wird, dass es zu Ostern dieses Jahr auf der Vidda noch voller wird. Dies freut mich aus mehreren Gründen.

Einer der Gründe ist, dass ich mir ein bisschen Sorgen um die Dokubeauftragte mache.

Ich habe nämlich vor nicht allzu langer Zeit, als wir eine Probetour auf Skiern machten, eine neue Seite an ihr entdeckt, die mich beunruhigt. Wir hielten das für eine gute Idee, weil wir praktisch noch nie zusammen Ski gelaufen waren. Und ich musste ja meine neuen Skischuhe einlaufen. Gute Schuhe sind, wie du sicher weißt, dies und jenes. Das O unter anderem. Außerdem fand ich es angezeigt herauszufinden, ob ich überhaupt noch Ski laufen *kann*. Mit Ausnahme einer ungefähr hundert Meter langen Tour von einem Parkplatz zu einer Hütte ist dies nämlich das erste Mal seit über dreißig Jahren, dass ich wieder Ski laufe. Als ich es das letzte Mal tat, war Ronald Reagan Präsident der USA, die Sowjetunion existierte noch und Rick Astley war populär. Ronald Reagan und die Sowjetunion sind mittlerweile Geschichte. Rick Astley dagegen mischt noch mit, auch wenn das nicht allen klar ist, und er schlägt sich tapfer. Noch 2016 kletterte er in seiner Heimat Großbritannien in den Albumcharts ganz an die Spitze. Die Frage ist allerdings, ob meine Skitechnik wie die Sowjetunion oder wie Rick Astley ist. Das will ich auf der Probetour in dem Waldgebiet herausfinden, das nur eine kurze Straßenbahnfahrt vom Zentrum Oslos entfernt liegt. Mit dieser Nähe zur Natur geben die Osloer gern an, sowohl gegenüber Ausländern, die nicht ganz verstehen, was daran so toll sein soll, dass man schnell aus der Stadt herauskommt, als auch gegenüber Leuten aus dem Rest Norwegens, die den Clou ebenfalls nicht begreifen, weil sie selbst zumeist einen noch weitaus kürzeren Weg in die Natur haben.

Alles, worin ich stehe und gehe, und worauf ich stehe und gehe, ist neu. Ganz entschieden neu, seit ich zuletzt Ski gelaufen bin, sind die Stöcke. Zum einen wiegen Skistöcke heute ungefähr null Komma zwei Gramm. Außerdem werden Skistöcke heute völlig anders an den Händen befestigt als früher. Damals, zu meiner Zeit als aktiver Skiläufer, war ein Stock ein Stock. Jetzt ist er ein kompliziertes Klettverschlusssystem mit Unterschied zwischen rechts und links und diversen Löchern für Daumen und andere Finger. Das Teuflischste aber ist, dass du, wenn du den richtigen Stock und das richtige Loch gefunden und den einen Stock an der Hand hast, den anderen mithilfe einer Hand anziehen sollst, an der ein Skistock festgeklettet ist.

Positiv, wie ich bin, entscheide ich mich, die halbe Stunde, die ich für die Stöcke brauche, als Aufwärmen zu betrachten. Dann bin ich fertig. Bereit für meine erste Skitour seit dreißig Jahren, mit schmalen neuen Skiern und neuen leichten Stöcken, die ich kaum jemals wieder abbekommen werde.

Jetzt stellt sich die Frage: Sowjetunion oder Rick Astley?

Nach den ersten zehn Metern zeigt sich, es läuft auf Rick Astley hinaus. Ich bin noch nicht ganz im Gleichgewicht, nicht ganz im Rhythmus, ein wenig unkoordiniert. Ein bisschen so wie der Tanzstil von Rick Astley, falls du dich an den erinnerst.

Doch dann spüre ich, dass es zurückkommt. Die Technik ist da, die Technik, die mir damals, vor über dreißig Jahren, mehrere ehrenhafte zweite Plätze und einen winzigen Pokal einbrachte. Ich finde den Rhythmus. Ich lasse die Ski die Arbeit machen, wie irgendein Trainer mir vor langer Zeit einmal geraten hat. Vermutlich sehe ich neben all denen, die die Hänge hinaufskaten, wie ein Relikt aus längst vergangenen Zeiten aus, aber wir wollen nicht auf die Hardangervidda, um zu trainieren oder eine Show abzuziehen, wir wollen eine Wandertour machen. Und das heißt: anständiges Langlaufen. Diagonalgang. Man nennt ihn nicht ohne Grund

»Ich finde es nur ein bisschen ... langweilig.«

klassischen Stil. Und der sitzt bei mir. Und das fühlt sich gut an. Ungefähr eine Viertelstunde lang, dann beginnt es, langweilig zu werden, und ich halte Ausschau nach der Dokubeauftragten, um sie zu fragen, wie lange wir ihrer Meinung nach laufen sollen?

Und da sehe ich es. Sie steht etwas weiter vorn, ein Stück neben der Loipe. Sie betrachtet die Baumwipfel und lächelt. Sie lächelt oft, das ist es nicht, aber nicht so. Es ist ein sanftes, ein friedliches Lächeln. Sie gleitet noch ein paar Meter vorwärts. Dann hält sie wieder an, macht ein Foto von den Baumwipfeln und lächelt noch einmal.

»Ist das nicht schön?«, ruft sie, bevor sie weiterfährt. Mit verbesserungswürdiger Technik, würde ich sagen, aber glücklich.

Ganz eindeutig glücklich.
 Was ist das für ein Lächeln?
 Irgendwie ... verklärt?
 Irgendwie ... bekehrt?

Ja, ich habe Angst, sie an die Natur zu verlieren. Das passiert ja mit Menschen. Und so wie hier habe ich sie noch nie gesehen. Und dies ist also das erste Mal, dass ich mit ihr zusammen Ski laufe. Ist sie möglicherweise so, im Winter, in der Natur? Was weiß ich schon? Wenn sie nach einer Viertelstunde mit Schnee in den Baumwipfeln nicht weit entfernt vom Osloer Zentrum diesen seligen Blick bekommt und dieses fromme Lächeln, was kann dann nach mehreren Tagen Traumwetter und Traumschneeverhältnissen auf der Hardangervidda nicht alles passieren?

Es bereitet mir keine Freude festzustellen, dass meine Technik viel besser ist als ihre. Ich spüre nur Unruhe.

Deshalb bin ich froh darüber, dass wir auf dieser geplanten Tour mehrere sind, mehrere, die aufpassen können, dass sie auf dem Boden bleibt, wenn sie einen glänzenden Blick bekommt und anfangen sollte, wie auf Instagram zu reden. Wenn du viele Kilometer von der nächsten Hütte entfernt mitten auf der Vidda stehst, ist es das Letzte, was du willst, dass deine Reisebegleitung dir tief in die Augen schaut und mit großem Ernst sagt: Das Leben ist draußen am besten.

Zum Glück sind wir jetzt drei bekannte Gesichter, die sie daran erinnern, wer sie ist und wohin sie gehört: in Biergärten, auf Festivals, auf Asphalt.

Ich weiß, ich soll mich mitreißen lassen. Ich habe es nicht vergessen. Doch wenn die Dokubeauftragte religiös und irritierend wird und wenn dazu noch im Kampf um die früheste Ankunft bei den Hütten und die besten Schlafplätze ihr Konkurrenzinstinkt mit ihr durchgeht, dann habe ich keine Chance, mit ihr mitzuhalten. Und auch keine Lust, mit ihr mitzuhalten. Wenn ich das Leben in der Natur lieben soll, dann müssen wir uns irgendwo in der

Mitte treffen, die Natur und ich. Wir müssen einen Kompromiss finden, einen Ort, an dem wir einander ein wenig ähnlich sind, wo wir gemeinsam Spaß haben.

Und ich hoffe, dass unsere Freunde dazu beitragen.

Ich habe es ihnen nicht gesagt, aber ich hoffe schon, dass sie ein bisschen schlechter sind als ich. So dass es diese Mitte gibt, zwischen ihnen und der Dokubeauftragten. Und da will ich sein. Meine Vorstellung ist die, dass ich der Verbindende bin. Ich werde der Leim in der Gruppe sein. Derjenige, der die Schnellsten bittet zu warten, und dafür sorgt, dass die Langsamsten nicht den Mut verlieren. Der mit den Witzen. So kann ich lernen, die Natur zu lieben.

Ich habe jedoch keinen Grund anzunehmen, dass unsere Freunde schlechter sind als ich. Sie sind in den letzten zehn Jahren mehr Ski gelaufen als ich. Aber wer ist das nicht? Und ich verfüge über die Technik. Und bin in brauchbarer Form. Und habe einen Pokal gewonnen. Und bin bekannt für meine gute Laune und mein gewinnendes Lächeln. Und ich bin besser vorbereitet als sie, immerhin habe ich die ganze Tour geplant und organisiert.

Und nicht zuletzt: Ich habe das Neueste vom Neuen, was die Ausrüstung angeht. Das haben sie nicht. Ich habe beispielsweise Schuppenski, also Ski, die du nicht zu wachsen brauchst, schon da lauert für die anderen eine potenzielle Katastrophe. Und ich habe alles andere, was man braucht. Denn selbstverständlich musst du, wie du alles, was du eh schon hattest, für das Bergwandern im Sommerhalbjahr mit der Vorsilbe Wander- neu gekauft hast, diesmal alles, was du eh schon hast, für das Skiwandern in den Bergen im Winterhalbjahr mit der Vorsilbe Ski- kaufen. Skihandschuhe, Skischuhe, Skihose, Skimütze und Skisonnenbrille. Und natürlich Ski. Und Ski ist nicht gleich Ski. Die Ausrüstung unterscheidet sich je nachdem, ob du skaten oder im klassischen Stil laufen, Sport treiben oder wandern, in Tiefschnee oder bergauf gehen, bei mehr als zehn Grad Minus, bei Sonne oder bei Niederschlag Ski laufen willst.

Die Wahl fällt schwer.

Und nicht zuletzt ist es extrem schwer, Skikleidung zu finden, mit der du dich sehen lassen kannst. Es scheint nämlich weithin akzeptiert zu sein, dass Sportkleidung generell, aber ganz besonders Wintersportkleidung, grell und hässlich zu sein hat. Gelb und knallgrün und rosa, am liebsten kombiniert. Das Betrachten der Auswahl in einem Sportgeschäft ähnelt einer Zeitreise zu einem Fest in den Neunzigerjahren, nur dass es nicht lustig ist. Es ist ein bisschen wie früher mit dem Computerzubehör, nur umgekehrt. Das Computerzeitalter hatte schon eine Zeit lang gedauert, bevor jemand auf die Idee kam, dass man vielleicht Computerzubehör herstellen könnte, das nicht plump und beige war. Offenbar ist noch immer niemand ins Büro eines Sportartikelproduzenten spaziert und hat gesagt: »Hallo Leute, was haltet ihr davon, wenn wir mal etwas Schönes herstellten?!« Sportläden gehören zu den wenigen Orten, an denen ich mich gelegentlich bei dem – völlig ernst gemeinten – Gedanken ertappe: »Was ist eigentlich falsch an Beige?«

Und den Typen im Laden kann ich nach so was nicht fragen, denn was weiß der schon von Stil? Er steht hier mit Skimütze und einer krassen Sonnenbrille, drinnen.

Ich bin bereits der stolze Besitzer der grünsten winddichten Jacke Europas, und die werde ich auch auf diese Tour mitnehmen. Wenn ich dazu gelbe Ski, rosa Schuhe, eine badekappenförmige lila Mütze, vierfarbige Handschuhe und eine orange Sonnenbrille, die aussieht, als wäre sie mir aufs Gesicht gespuckt worden, kombiniere, dann werde ich gemobbt. Oder abgeführt.

Ich schaffe es schließlich, ein Paar Ski zu finden, die schwarz und rot sind. Das ist schon mal nicht schlecht. Und ein paar ziemlich neutrale Skischuhe. Die nur eine Farbe haben: Grau.

Und ich habe mir gute Sachen angeschafft. Das Beste, was es gibt, denn genau die Art von Tour wollen wir machen. Das weiß ich, denn ich habe es von einem Typen gehört, der im Haus eine Sonnenbrille trägt. Und genau da bin ich unseren beiden Freunden

weit voraus. Die haben nur das an Ausrüstung zusammengesucht, was sie eh schon hatten und sicher lange nicht benutzt haben. Sie sind nicht vorbereitet auf das hier. Nicht wirklich.

Ich hoffe, dass sie Miniprobleme und ein bisschen Durcheinander verursachen, damit es keine Alternative ist, völlig abzuheben und Wettbewerbe gewinnen zu wollen. Wir werden gezwungen sein, Ordnung in unsere Sachen zu bringen, über uns selbst zu lachen und in mittlerem Tempo loszuziehen, während wir schlechte Witze erzählen.

Natürlich freue ich mich, als wir die zwei am Bahnhof treffen und ich sehe, dass er schwarze Röhrenjeans, einen Stadtpulli, Stadtjacke und eine Ray-Ban- Sonnenbrille trägt, deren Design die Sonnenbrillenblässe um die Augen verhindert, wenn man draußen ein Bier trinkt. Sie trägt auch eine Stadtbrille, die nicht aufgespuckt ist. Aber sonst sieht sie aus wie eine echte Bergwanderin. Von 1983. Sie trägt einen klassischen roten Anorak, der schon früher Ski gefahren ist. Und sie erzählt, wie lange sie die Ski und die Stöcke schon besitzt. Ihre Skiausrüstung ist praktisch ein Familienerbe. Die Stöcke stammen von ihrer Mutter. Im Kopf taufe ich sie schon mal die Schlechte-Ausrüstungs-Beauftragte. Nehmen wir der Einfachheit halber die Abkürzung SAB.

»Klar für die Tour?«, frage ich, ein bisschen zu enthusiastisch.
Sie nickt ebenso enthusiastisch.
»Ich habe die ganze Nacht von Lawinen geträumt«, sagt er.
Damit hat die Tour ihren Besorgnisbeauftragten.

Und er hat vielleicht Grund, besorgt zu sein. Hier sind einige ausgewählte Überschriften aus den Online-Zeitungen der letzten Tage vor unserer Abreise.
»Unglücksostern befürchtet.«
»Lawinengefahr Ostern im Fjell auf Rekordhoch.«
»Champagnerschnee macht Ostern gefährlich.«
»Ostersonne in diesem Jahr besonders gefährlich.«

Es ist natürlich möglich, dass dies ganz gewöhnliche Überschriften sind, die man jedes Jahr um Ostern findet, nur dass ich bisher nicht darauf geachtet habe, weil ich Ostern normalerweise nicht in der Natur verbringe. Ich bin mir ziemlich sicher, dass das mit der gefährlichen Ostersonne ein jährlicher Wiedergänger ist. Die Ostersonne ist tückisch. Das wurde mir von dem Verkäufer erzählt, der auch im Laden die Sonnenbrille trug. Die Ostersonne kann sich unter deine Sonnenbrille schleichen, oder von oben oder von der Seite eindringen. Deshalb soll man Sonnenbrillen tragen, die aufs Gesicht gespuckt sind. Du kannst sogar mit dem Rücken zur Sonne gehen, mit verdecktem Gesicht, in dichtem Schneetreiben, die Sonne findet immer einen Weg. Ostern im Fjell ist sie lebensgefährlich, und sie hat es auf dich abgesehen. Wenn sie es nicht schafft, dein Gesicht zu verbrennen, dann bringt sie dich auf jeden Fall um dein Augenlicht.

Und so gefährlich ist die Ostersonne *für gewöhnlich*. In diesem Jahr ist sie also »besonders gefährlich«.

Klar, wenn du dazu neigst, dir Sorgen zu machen, ist es nicht unbedingt das, was du vor den Ferien lesen solltest.

Und den Zeitungen im Netz zufolge befindet sich die Lawinengefahr auf einem »Rekordhoch«. Das kann unmöglich jedes Jahr da stehen. Und es hat also, wie wir Bergfreunde zu sagen pflegen, dieses Jahr viel Schnee gegeben. Und Ostern liegt früh.

Was Champagnerschnee ist, weiß ich nicht, aber wenn die Meteorologen auch nur eine Spur von Sinn für Symbolik haben, dann ist es irgendetwas, das verlockend wirkt, doch wenn du zu viel davon hast, fängst du an zu schwanken, und dann fällst du und tust dir weh.

Außerdem: An den letzten Tagen vor unserer Abreise waren die Nachrichten voll von ständig neuen Meldungen über einen Virusausbruch auf der Hardangervidda. Dies sagt eine ganze Menge darüber, wie wenig in Norwegen an Ostern passiert, aber gut: In Touristenhütten auf der Hardangervidda haben Leute sich angesteckt, haben Durchfall bekommen und sind abgeholt worden. Es hat eine

Evakuierung gegeben. Es war die Rede davon, dass die Hütten aufgrund der Ansteckungsgefahr vielleicht schließen müssen.

Und genau dahin wollen wir. Bei Sonne. Und wir wollen von Hütte zu Hütte wandern.

Das ist vielleicht Grund zur Besorgnis. Anderseits: Ich habe den Eindruck, dass die Bergfreunde es so mögen. Als ich vor der Tour mit Leuten geredet habe, fiel mir auf, dass diejenigen, die am meisten davon schwärmen, wie fantastisch es zu Ostern im Fjell ist, auch sagen, und oft im gleichen Satz, dass es lebensgefährlich ist. Es ist Natur. Mit der Natur ist nicht zu spaßen. Man soll Respekt vor der Natur haben. Bergfreunde lieben es, so etwas zu sagen. Dann fühlen sie sich wettergegerbt und klug und kernig, selbst wenn sie einen Bürojob und Fußbodenheizung haben. Du musst auf alles Mögliche vorbereitet sein, sagen sie. Du weißt nie, was in der Natur passieren kann. Du glaubst, du bist sicher, aber plötzlich wirst du von einem Zyklon überrascht oder von einem Elch verprügelt. Unsere Wanderung beginnt in Finse. Da haben sie Szenen für »Star Wars« gedreht. Es kann uns also passieren, dass wir Wesen aus anderen Galaxien begegnen. Mit krassen Sonnenbrillen. In der Natur kann alles passieren.

Es hat den Anschein, als hätten Menschen wie wir, die in hochmodernen und technologisierten Gesellschaften leben, mit Regeln für alles und Ordnung in den meisten Bereichen, ein spezielles Bedürfnis, uns selbst und andere davon zu überzeugen, dass es immer noch Dinge gibt, die wir nicht ganz unter Kontrolle haben, die wir aber trotzdem allein meistern können, ohne Hilfe der Gesellschaft.

Die Natur.

Das Wetter.

Das muss der Grund dafür sein, dass Menschen stolz darauf sind, wenn ihre Stadt einen neuen Kälterekord verzeichnet oder wenn es mehr Wochen am Stück regnet als je zuvor in der Geschichte. Macht nichts, sagen die Menschen, die dort leben. Wir wissen, wie man damit umgeht. Wir sind vorbereitet. Wir kennen die Natur. Das meistern wir mit kernigem Humor, von dem andere keine Ahnung haben.

Es gibt ein legendäres Radiointerview mit einem Mann, der während einer Livesendung angerufen wurde, weil er an einem Ort wohnte, der den Nachrichten zufolge an diesem Tag einen Kälterekord hielt.

»Können Sie uns sagen, welche Temperatur gerade bei Ihnen herrscht?«, fragte der Moderator.

»Tja«, antwortete der Mann mit bäuerlicher Bedächtigkeit. »Es sind wohl so drei, vier Grad.«

Im Studio wurde es still.

»Nur drei, vier Grad minus?«

»Nein plus.«

»Aber ... wir haben von minus vierzig Grad reden hören.«

Der Mann am anderen Ende holte Luft, bevor er antwortete.

»A ja. Das muss wohl draußen sein.«

Es sieht im Übrigen nicht so aus, als hätten die Nachrichten über Viren und Durchfall, lebensgefährliche Sonne und Lawinengefahr die Menschen veranlasst, ihre Ferienpläne zu überdenken, denn der Zug ist rappelvoll. Der ganze Zug also, nicht nur die Sitze.

Es muss ein vollkommen bizarres Erlebnis sein, als ausländischer Tourist unvorbereitet an einem Arbeitstag in der Osterwoche nach Norwegen zu kommen und in einen ganz gewöhnlichen Zug zwischen den zwei größten Städten des Landes einzusteigen und festzustellen, dass alle im Zug Sportzeug anhaben. Man kann sagen: Nicht ich falle hier auf mit meiner funkelnagelneuen Skiausrüstung. Vielmehr erntet der Besorgnisbeauftragte seltsame Blicke, wie er in seiner schwarzen Jeans und mit Ray-Ban-Sonnenbrille dasteht und versucht, ein Paar Ski an einem Skihalter zu befestigen.

Uns wird schnell klar, dass wir, wenn wir noch einen Tisch im Speisewagen ergattern wollen, sofort dorthin gehen und die ganze Reise dort sitzen müssen. Natürlich liegt das Zugrestaurant am

anderen Ende des Zugs, der, weil Osterferien sind, besonders lang ist, Ostern ist alles besonders lang. Wir kämpfen uns durch die Wagen, steigen über Rucksäcke im Mittelgang, entgehen nur mit Mühe und Not der Gefahr, von überall hervorstehenden Skistöcken und Skiern aufgespießt zu werden, und gelangen unversehrt bis zur Zugmitte, wo sich das Kriegsgebiet namens Familienwaggon befindet.

Der Zug ist erst seit einer Viertelstunde unterwegs, aber der Familienwaggon ist bereits kurz vor dem kollektiven Kollaps. Eltern mit starrem Blick haben schon aufgegeben. Ich tue, was ich immer tue, sperre die Ohren auf und bekomme Bruchstücke von dem mit, was gesagt wird.

»... wir werden viereinhalb Stunden in diesem Zug sitzen, also ...«
»Nein, hab ich gesagt.«
»... auf der Stelle zurück ...«
»Nein!«
»... ja, aber es ist nicht deins ...«
»Ja, es dauert noch lange.«
»NEIN!«

Als wir im Speisewagen ankommen, denke ich, dass wir jetzt wahrscheinlich den strapaziösesten Teil der Tour hinter uns haben. Das Betreten des Speisewagens ist wie nach Hause zu kommen. Ein paar Männer mit vielen Taschen sitzen da und checken den Wetterbericht auf ihren Telefonen. Ein Freundinnenpaar in normaler Kleidung hat die Fensterplätze am besten Tisch besetzt, und sie sitzen da und trinken Rotwein und unterhalten sich, und alles an ihnen lässt darauf schließen, dass sie vorhaben, die ganze Zeit da zu sitzen und Rotwein zu trinken und sich zu unterhalten, bis der Zug an seinem Ziel angekommen ist und sie gebeten werden auszusteigen. Die Freundinnen und der Besorgnisbeauftragte nicken sich sogar zu. Sie finden wohl, dass sie etwas gemeinsam haben, weil sie die einzigen normal gekleideten Menschen im Zug sind. Wir okkupieren den letzten freien Vierertisch und setzen uns gerade rechtzeitig, bevor alle anderen im Zug auf die Idee kommen, mal im Speisewagen vorbeizuschauen. Sie kommen zu spät. Hier ist besetzt. Wir haben einen Vierertisch und gedenken, hier sitzen zu bleiben bis Finse. Wir bestellen Bier und das Tagesgericht, außer dem Besorgnisbeauftragten, der Wein und das Tagesgericht bestellt.

Es fängt so gut an, wie es anfangen soll. Wir blödeln rum, wie wir es immer tun, wenn wir zusammen sind, aber wir blödeln über fjellrelevante Themen. Die beiden Welten nähern sich einander an.

»Wenn ich kriminell wäre«, sagt die Dokubeauftragte, »dann würde ich nicht in die Häuser der Leute einbrechen, wenn sie in den Osterferien sind. Ich würde ins Fjell gehen. Da ist es viel einfacher, Sachen zu klauen. Teure Sachen. Die Touristenhütten sind nicht verschlossen. Es stehen sauteure Ski und Stöcke vor den Hütten, und genauso sauteure Skikleidung hängt überall zum Trocknen herum. Man braucht sich nur einen Schneescooter zu mieten, zischt über die Vidda und lässt enorme Werte mitgehen.«

Wir einigen uns darauf, dass wir, falls alles andere in unserem Leben schiefläuft, eine kriminelle Schneescooterbande bilden. Schnelles Geld und frische Luft. *What's not to like?*

»Wir werden Kriminelle im Fjelle«, sagt die SAB und nimmt einen Schluck vom Bier.

»Wir werden Krimifjelle«, sage ich.

Diese Art von Humor ist durchaus erlaubt, wenn man frei hat, die Schultern entspannt hängen lässt und mit guten Freunden zusammen ist.

Ich spüre, dass ich zu wünschen beginne, diese Zugfahrt würde den ganzen Abend und die ganze Nacht dauern und wir würden morgen mit warmen Schuhen aufwachen.

Doch so ist es ja nicht. Der Ernst des Lebens holt einen immer wieder ein. In eineinhalb Stunden erreichen wir Finse, wo wir aus-

steigen müssen, und dann sind wir allein mit den Bergen. Die Gespräche nehmen eine neue Wendung.

»Wenn ihr von einer Lawine erfasst werdet«, sagt der Besorgnisbeauftragte, während er die Weinkarte studiert, »dann müsst ihr spucken und sehen, in welche Richtung eure Spucke läuft, sonst besteht die Gefahr, in die falsche Richtung zu graben, wenn ihr versucht, euch auszugraben. Denkt daran.«

Der Besorgnisbeauftragte ist ein lustiger Mann mit Selbsteinsicht und Selbstironie, und natürlich übertreibt er seine Angst schamlos, um des komischen Effekts willen. Aber ein bisschen ernst ist ihm damit schon. Jetzt glaubt er zum Beispiel zu spüren, dass ihm von der starken Ostersonne in den Bergen die Augen brennen.

»Du weißt, dass wir noch nicht in den Bergen *sind*?«, bemerke ich.

»Aber trotzdem ...«

»Wir sind in einem Zug.«

»Ja, schon.«

»Und du hast eine Sonnenbrille auf.«

»Ich glaube, ich habe auch schon einen Sonnenbrand.«

Die Dokubeauftragte lacht über ihn. Auf die gute Art. Sie prostet uns zu.

»Also ich freue mich. Ich glaube wir kriegen viel Spaß«, sagt sie. In ihrem Blick funkelt es gefahrverheißend neureligiös. Die SAB lächelt und prostet mit.

»Das glaube ich auch«, sage ich. »Ehrlich gesagt, was kann denn schon schiefgehen?«

Der Besorgnisbeauftragte denkt darüber nach.

»Wir können von der Sonne erblinden, also sehen wir die Lawine nicht, die auf uns zukommt, und wenn wir vom Schnee begraben sind, stellen wir fest, dass wir mit dem Kopf nach unten liegen und dass wir uns mit dem Durchfallvirus angesteckt haben.«

17

DIE KUNST, EINEN JAPANER ZU VERGESSEN

**Zweite Etappe: Finse Bahnhof–Finsehytta.
200 Meter. Auf Skiern.**

Touristen fällt es häufig schwer, damit umzugehen, dass Reiseziele mehr als eine Eigenschaft haben. Es reicht schon, dass es an einem Ort, der für Strände und Sonne bekannt ist, regnet. Dann stehen die Touristen in Badeshorts und Flipflops da und sehen gekränkt aus. Touristen, die nach Kenia fahren, wollen häufig auf Safari. Doch sie haben beim Packen nicht bedacht, dass sie sich zunächst eine Weile in einer internationalen Millionenstadt aufhalten. Also sitzen sie in einem vollklimatisierten Luxusrestaurant in Nairobi in Khaki und Tropenhelm, als wären sie darauf vorbereitet, jeden Moment von wilden Tieren angefallen zu werden.

Touristen, die in Norwegen Ferien machen, kommen oft wegen der Natur und sind darauf eingestellt, dass es hier im Norden raues Wetter und viel Wind gibt. Dagegen sind sie nicht darauf vorbereitet, dass Norwegen nicht *nur* Natur ist. Deshalb kannst du in Norwegen ausländische Touristen in Bergstiefeln, Wollsocken und winddichten Jacken mitten im Zentrum der größten Städte des Landes sehen, im Hochsommer, bei siebenundzwanzig Grad und völliger Windstille.

Der allerverlorenste und deplatzierteste Tourist, den ich je gesehen habe, war dagegen für entspanntes sommerliches Sightseeing und gute Restaurants in urbanen Gefilden gekleidet, stand

aber plötzlich allein zwölfhundert Meter über dem Meeresspiegel im Schnee.

Finse ist der höchste Punkt auf der Zugstrecke zwischen Oslo und Bergen. Der Bahnhof liegt 1222,2 Meter über dem Meeresspiegel. Ich habe den Verdacht, dass der Bahnhof genau an dieser Stelle gebaut wurde, damit das Schild mit der Höhenangabe schick aussehen soll. Hier, in der Mitte zwischen Norwegens zwei größten Städten, bist du richtig im Gebirge, und es kann sein, dass mitten im Sommer Schnee liegt. So etwas lieben alle Touristen, hat sich sicher jemand gedacht. Deshalb steht der Zug ein paar Minuten auf dem Bahnhof von Finse, damit die Passagiere aussteigen und Fotos von der wilden Bergwelt machen können, und von dem Schild, auf dem »1222,2« steht. Eventuell auch, um eine zu rauchen an einer der wenigen Stellen in Europa, wo es immer zu kalt ist, um draußen zu stehen und zu rauchen.

Früher bin ich viel mit diesem Zug gefahren, weil mein Freundeskreis mehrere Jahre lang genau zweigeteilt war. Die eine Hälfte wohnte in Bergen, die andere in Oslo. Und wir fuhren regelmäßig zueinander auf Besuch, um in der Heimatstadt der jeweils anderen laut und selbstbewusst aufzutreten.

Auf einer dieser Reisen teilte ich das Abteil mit einer Gruppe japanischer Freunde auf Tour. Sie waren in guter Stimmung. In Finse stiegen sie selbstverständlich aus, um Fotos zu machen wie gute Touristen.

Als der Zug sich in Bewegung setzte, schaute ich aus dem Fenster und sah den Rücken eines Mannes. Er drehte sich langsam um und stand allein auf dem Bahnhof Finse, sommerlich gekleidet, die Kamera in der Hand, im Schnee, 1222,2 Meter über dem Meeresspiegel, und sah den Zug weiterrollen nach Bergen.

Die restliche Gruppe kam gerade rechtzeitig zurück an ihre Plätze, um noch einen kurzen Blick auf ihren Freund am Bahnhof zu werfen. Sie diskutierten untereinander, ob es möglich war, dass sie sahen, was sie gerade sahen. Ich glaube jedenfalls, dass sie darüber diskutierten, denn nach einer Weile sahen sie sich alle an, registrierten, dass einer fehlte, und fingen an zu lachen. Sie lachten und lachten, laut und unkontrolliert. Nach einer Weile nahmen sie sich zusammen, suchten einen Schaffner und erklärten ihm, was passiert war. Nach vielem Telefonieren und Überlegen kamen alle gemeinsam zu dem Schluss, dass es das Vernünftigste sei, wenn ihr Freund ganz einfach in Finse auf den nächsten Zug wartet, der in dreieinhalb Stunden dort durchfährt. Es gibt ein Hotel in Finse, man kann also ein paar Stunden dort verbringen, ohne zu verhungern oder festzufrieren. Ein bisschen langweilig ist es vielleicht, es sei denn, man beschließt, einen Spaziergang zu machen, doch dafür war unser Mann nicht gekleidet.

Ich kam natürlich mit den anderen Japanern ins Gespräch, und sie erzählten mir von den Plänen für ihre restliche Tour. Sie hatten für den gleichen Nachmittag einen Tisch in einem Fischrestaurant in Bergen reserviert, dann wollten sie weiter, mit dem Bus oder dem Schiff, das weiß ich nicht mehr. Auf jeden Fall hatten sie eine ganze Vestlandtour geplant, mit einem ziemlich dichten Programm, und sie amüsierten sich köstlich bei der Vorstellung, wie die weitere Reise jetzt ablaufen würde; ihr Freund würde immer ein wenig hinterherhinken, stets gerade so viel zu spät, um den Zug oder den Bus oder das Schiff oder das Restaurant zu verpassen. Sie konnten sich nicht halten vor Lachen.

Und für all jene, die jetzt denken, es wäre bösartig von den Freunden, über ihren Kumpel zu lachen: Sie meinten es ja nicht so. Ich traf die ganze Gruppe glücklich wiedervereint am gleichen Abend in Bergen. Und sie hatten die nächste Etappe verschoben, um auf den zurückgelassenen Kumpel zu warten. Und sie lachten immer noch.

Es macht mich wirklich froh, dass wir unsere große Skitour an dem gleichen Ort beginnen, an dem dieser Mann vor einer ganzen Reihe von Jahren stand, an dem Ort, der den Namen Platz des vergessenen Japaners tragen sollte, der jedoch Finse stasjon heißt. Es erfüllt mich mit Erwartung, dass es möglich ist, ein Naturerleb-

nis mit einigen Stunden Blödelei und leichter Besorgnis in einem lauten Speisewagen zu beginnen, bevor du an einem öden Ort, wo man Japaner vergisst, aus einem brechend vollen Zug steigst.

Hier beginnt unser Wildnisabenteuer.

Und es beginnt mit Panik. Denn wenn du deine Oberbekleidung übergestreift und den enormen Rucksack aus der Hutablage bugsiert hast, ohne allzu große Personenschäden zu verursachen, und nur noch deine Ski und die Stöcke auf dem Weg aus dem Zug aus dem Gepäckaufbewahrungsabteil herausgreifen willst, siehst du ein, dass es mit dem Beim-Aussteigen-einfach-so-Herausgreifen nicht funktioniert. Denn selbstverständlich wimmelt es hier von Skiern und Stöcken. Und viele haben die gleichen Ski. Und nichts steht mehr da, wo wir es vor vier Stunden hingestellt haben. Denn die Leute haben die Dinge hin und her geschoben, um Platz zu schaffen, und sicher auch, damit ihre eigenen Ski leicht greifbar sind, wenn sie aussteigen wollen. Idioten.

Meine Ski sind trotz allem ziemlich einfach auszumachen in dem Chaos, weil ich einer von den äußerst wenigen im Zug bin, dessen Ski nicht gelb oder rosa sind. Außerdem sind meine Ski so neu, dass sie glänzen. Aber als der Zug jetzt hält, wird mir klar, dass ich keine Ahnung habe, wie meine Stöcke aussehen. Sind sie gelb? Sind sie grün? Haben sie ein Punktmuster? Sind sie mit kleinen Zwergen verziert? Ich weiß es nicht. Ich habe sie mir bis jetzt kaum angeschaut.

Die anderen in der Gruppe rackern sich ab, um ihre Ski und Stöcke zu finden, und noch mehr damit, sie loszukriegen, wenn sie sie gefunden haben, denn die Ski sind mit Stroppen befestigt und außerdem ineinander verhakt.

Ich schwitze. Ich weiß ja, dass der Zug eine Weile hier steht, bevor er weiterfährt. Aber ich weiß nicht genau, wie lange, nur dass es ungefähr so lange dauert, wie ein Japaner braucht, um ins Träumen zu geraten.

»Jetzt müssen wir aber raus«, sagt jemand. Ich reiße ein Paar Stöcke an mich, die neu aussehen, und stürze direkt hinter den anderen aus dem Zug, gerade rechtzeitig, um eine umgekehrte Japanersituation abzuwenden.

Denn da rollt der Zug an, und hier stehen wir, in einem Kuddelmuddel von Skiausrüstung. Und wir alle sind ein bisschen unsicher, was wir eigentlich mitgenommen haben aus dem Zug.

Ich wiederhole mich, das ist mir klar, aber es muss gesagt werden: Dafür, dass Freiluftleben Seelenruhe schenken soll, ist überraschend viel Logistik, Tohuwabohu und Panik damit verbunden.

Wir beruhigen uns, zählen einmal durch, sehen, dass alles und alle da sind, und kommen zu dem Schluss, dass das ein gutes Zeichen ist und wir uns ein Bier verdient haben.

Wir brauchen nicht so weit zu gehen. In dieser Hinsicht ist Finse unschlagbar. Wenn du auf dem Bahnsteig von Finse stehst, befindest du dich nämlich praktisch schon in der Rezeption des Hotels. Das Hotel, das selbstverständlich den Namen »Finse 1222« trägt, ist kein ganz gewöhnliches Hotel. Du kannst zum Beispiel nicht mit dem Auto hierherkommen. Hierher kommst du mit dem Zug. Ansonsten musst du Ski fahren, zu Fuß gehen oder das Rad nehmen. Folglich ist im Rezeptionsbereich dieses Hotels auch niemand, der normale Kleidung trägt. Abgesehen vom Besorgnisbeauftragten, der immer noch so aussieht, als sei er mit dem Hubschrauber im Zentrum von Oslo abgeholt und im Gebirge wieder abgesetzt worden. Sonst tragen alle Skikleidung. Und alle haben krebsrote Gesichter und wilde Haare. Wir sind anscheinend ins Hotel spaziert, gerade nachdem alle Gäste von ihrer Tagestour zurückgekehrt sind.

Zu unserer grenzenlosen Begeisterung sehen wir, dass hier auch im Freien Getränke serviert werden. Die Dokubeauftragte und der Besorgnisbeauftragte sind nicht nur gut in Dokumentation und Besorgnis, sie sind auch besonders begabt darin, Plätze an Stellen zu finden, die eigentlich voll sind. Deshalb schicken wir sie sofort los, und selbstverständlich schaffen sie es, den schönsten Ecktisch auf der überfüllten Terrasse aufzutreiben, mit Aussicht

auf einen See, der wahrscheinlich unter all dem Eis dort liegt, einen Gletscher, der bestimmt unter dem ganzen Schnee liegt, und auf Menschen, die, das Gesicht der Sonne zugewandt, langsam auf Skiern vorbeigehen. Wir trinken allen Ernstes Bier im Freien mit Aussicht auf nichts Geringeres als das österliche Fjell.

Und ja, es ist schön.

Wir sitzen am Tisch mit einem jovialen Paar aus Bergen. Jeder, der Menschen aus Bergen begegnet ist, wird wissen, dass joviale Bergenser nichts völlig Ungewöhnliches sind. Diese beiden sind außerdem bis zum Rand gefüllt mit der Geschichte von Finse und der Hardangervidda, denn sie verbringen seit Generationen ihre Osterferien in dieser Gegend. Ihre Eltern haben sie mit hergebracht, und sie selbst bringen die nächste Generation mit her. Er erzählt Geschichten aus seiner Jugend, wie sie auf einem Fest waren, in der Nacht den Zug zurück nach Finse nahmen und in Lackschuhen bei österlichen Wegverhältnissen zur Hütte laufen mussten. Good times!

Wir prosten uns zu und einigen uns darauf, dass die Aussicht schön ist, dass Ostern fantastisch zu werden verspricht, dass Ostern dieses Jahr früh ist und viel Schnee liegt. Die Bergenser können bestätigen, dass viele Jahre zwischen zwei Ostern vergehen, die so aussehen wie dieses.

»Von so einem Ostern träumt man.«

Sie erzählen, dass sie vorhaben, morgen eine Tour um den Gjøken zu machen. Wir nicken, als wäre das, was sie gerade gesagt haben, ein Satz, der irgendeinen Sinn ergäbe. Nach einer Weile stellt sich heraus, dass Gjøken der Spitzname für den Hardangerjøkul ist, den Gletscher, der bestimmt direkt vor uns unter dem ganzen Schnee liegt.

Wir schmunzeln ein wenig darüber, dass sie einen Spitznamen für einen Gletscher haben. Aber ich muss doch sagen, ich verstehe das Bedürfnis für Abkürzungen in der norwegischen Natur. Nicht nur die Hütten haben hier seltsame Namen. Norwegische Berge, Täler, Gipfel, Hochebenen, Moore und Seen haben gern Namen wie Rokkarfalketingsnuten oder Brækkjævelstevlaksen. Oder sie heißen irgendetwas mit Troll. Oder einem anderen Wesen, das in der Wirklichkeit nicht existiert. Oft in Kombination mit einem Körperteil oder einem Wohnplatz. Trollheimen. Jotunheimen. Djevelporten. Trollvegen. Trolltunga. Trollpikken – diesen »Trollpenis« gibt es tatsächlich und er ist sogar eine Touristenattraktion. 2017 wurde er durch Vandalismus beschädigt, dieser Skandal war ein großes Thema in den Nachrichten, was dazu führte, dass du einige Tage lang in Norwegen Nachrichtensprecher erleben konntest, die mit ernstem Gesicht direkt in die Kamera schauten und über die Geschlechtsorgane übernatürlicher Wesen redeten.

Aber genug davon.

Wo wir schon mit so netten Leuten mit so guten Ortskenntnissen am Tisch zusammensitzen, erzählen wir ihnen von der Route, die wir geplant haben. Nach diesem Bier wollen wir zur Finsehytta gehen. Die Bergenser lachen laut und zeigen auf die Finsehytta, das sind die Gebäude dort drüben, ein paar hundert Meter entfernt. Morgen wollen wir nach Krækkja gehen. Eine gut bekannte und klassische Tour zu einer Hütte mit einem albernen Namen. Sie haben diese Wanderung oft gemacht. Es sind etwas mehr als fünfundzwanzig Kilometer. Der Mann ruft sich in Erinnerung, dass sein Vater die Kinder mitnahm und die Tour Finse–Krækkja und zurück an einem Tag machte. Ich sorge mich ein bisschen, dass das Gespräch sich in Richtung Angeberei entwickeln könnte und dass seine Frau noch einen draufsetzt und erzählt, früher hätten ihre Eltern die Kinder gezwungen, vor dem Frühstück auf den Händen über die Hardangervidda zu laufen. Aber der Mann lacht nur und schüttelt den Kopf bei der Erinnerung an den Vater, der den Wert von Ruhe und Gemütlichkeit auf einer Wanderung nicht begriffen hatte.

Das sind unsere Leute. Ich mag die Bergenser. Wir prosten uns zu. Dafür dass wir Wildnisferien machen wollen, haben wir heute schon ziemlich viel geprostet.

Was glauben sie, wie lange wir bis Krækkja brauchen werden? Der Mann blickt zum Himmel, auf den Schnee, sieht uns an und

sagt sechs Stunden. Das ist etwas mehr, als ich erwartet hatte, muss ich zugeben, aber ich glaube, er schlägt ein wenig Zeit drauf, weil er uns für unerfahrene Weicheier aus der Stadt hält. Nicht ohne Grund. Wir haben uns im Gespräch ja praktisch auch so dargestellt. Ich habe mich darüber ausgelassen, dass ich seit dreißig Jahren nicht auf Skiern gestanden habe und dass ich aufgrund meiner nagelneuen Ausrüstung bestimmt Blasen an Körperteilen bekomme würde, von denen ich nicht einmal wusste, dass ich sie habe. Die SAB hat lebhaft davon erzählt, wie überholt ihre geerbte Ausrüstung ist. Der Besorgnisbeauftragte hat seine urbane Dämlichkeit humoristisch übertrieben und gesagt, schon auf der Zugfahrt habe er sich einen Sonnenbrand geholt und einen Hauch von Schneeblindheit zugezogen. Die Dokubeauftragte sagt, sie friere schon jetzt an den Fingern, und die Bergenser haben Gelegenheit, aus dem reichen Schatz ihrer Erfahrung zu schöpfen und uns darauf hinzuweisen, dass wir viel zu dünne Handschuhe haben.

Hierin sind wir gut. Das ist schön. Was wir hier betreiben, ist Brückenbauen. Wir lassen die Bergfreunde ein bisschen über uns lachen. Die Bergfreunde tauen auf und lassen uns ein bisschen über sie lachen. Das ist nicht schlimm. Wir sind alle Menschen. Im Inneren sind wir gleich. So kommen Menschen einander näher. Genau so soll diese Tour sein. Ein bisschen mehr Fest. Dafür weniger Offenbarungen und Dinge, die größer sind als man selbst. Niemand soll sich übernehmen, niemand soll bekehrt werden, dafür sollen alle ein bisschen mehr Freude haben an der Natur und an den Bergen, aber auch an der Stadt, und aneinander, ohne dass einer von uns aus diesem Grund den Humor verliert. Wir wollen kurz gesagt den Dritten Weg finden! Das Beste aus allen Welten! Stadt und Land, Hand in Hand! Gemeinsam wollen wir leben, jede Schwester und jeder Bruder. *Hand in hand we stand, all across the land. A more perfect union!*

Verflucht, das Pils wirkt schnell in der dünnen Luft.

Kalt ist es auch. Besonders weil wir ziemlich dünne Handschuhe haben. Deshalb beschließen wir, dass es Zeit ist weiterzukommen. Zur Hütte, in der wir unsere erste Nacht verbringen werden und wo es jetzt höchstwahrscheinlich noch voller geworden ist, nachdem wir eine Stunde bei einem Bier in der Sonne vergeudet haben. Es ist später Nachmittag geworden. Die routinierten Wanderer haben sicher längst eingecheckt. Viele sind wohl direkt vom Zug zur Hütte gegangen. Die Zimmer sind garantiert alle vergeben und die Schlafsäle voll. Mittlerweile rollen die Leute ihre Schlafsäcke bestimmt schon im Windfang und in der Brotdose aus.

Die Dokubeauftragte geht in die Hotelrezeption und kauft sich dickere Handschuhe. Sie hört tatsächlich auf den Rat erfahrener Bergwanderer.

In der Zwischenzeit komme ich mit einem Paar aus Rogaland ins Gespräch. Der erste Eindruck von diesem Teil der norwegischen Bergwelt ist der, dass ziemlich viele joviale Westnorweger hier sind. Ich bin selbst ein jovialer Westnorweger, deshalb kann man sich fragen, ob dies nicht meine Bergwelt ist. Die Rogaländer und ich sind uns darin einig, dass es fantastische Osterferien sind. Ein Traum, echt. Bleibt nur zu hoffen, dass wir diesem Durchfallvirus entgehen, ha ha.

Es zeigt sich, dass die beiden die Gegend hier ebenfalls gut kennen. Bevor sie uns und unsere Geschichte näher kennenlernen, frage ich sie, wie viel Zeit wir ihrer Ansicht nach bis Krækkja brauchen. Sie sehen uns an und tippen auf vier Stunden. Ich bin ein bisschen zu zufrieden damit.

Dann hört es sich an, als käme eine Armee auf uns zumarschiert. Es stellt sich heraus, dass es sich um eine Gruppe ziemlich gleich aussehender Männer mit laut klappernden Schuhen handelt. Es sind bestimmt Snowkiter. Die Dokubeauftragte ist sich sicher. Sie kennt sich damit aus.

Was in aller Welt eine Gang von Snowkitern heute gemacht hat, ist nicht ganz klar, denn es ist vollkommen windstill. Doch daran, dass sie draußen gewesen sind, besteht kein Zweifel. Sie sind circa zweiundsechzig Jahre alt, die Gesichter gebräunt im umge-

kehrten Pandamuster, ausgeklügelt unrasiert und voller Angst davor, zu sterben. Sie riechen nach komfortablem Wohlstand, sehen aus wie Dressman-Models im Urlaub und werden sich im Verlauf der gegenwärtigen Saison aller Voraussicht nach Herzflimmern antrainieren.

Die Stimmung im Raum ändert sich. Das sind nicht unsere Leute. Hier gehören wir nicht hin. Wir wollen zu den Wanderern. Zu den Von-Hütte-zu-Hütte-Leuten. Zu denen, die im klassischen Stil laufen.

»Mama, Mama, die Snowkiter kommen!«, sage ich, nachdem die Dokubeauftragte uns darüber informiert hat, dass es sich um solche handelt. Alle vier müssen wir kichern.

Ich muss sagen, dass mir diese Tour bisher viel besser gefällt als die vorige.

Der erste Sturz der Tour ist spektakulär und ereignet sich unmittelbar vor dem Hotel, auf ebener Erde, bevor wir losgegangen sind. Fast bevor wir die Ski an den Füßen haben. Aus Personenschutzgründen unterlasse ich es, Namen zu nennen.

Dann machen wir unsere ersten Schritte auf unserer ersten Etappe zur Vidda: die zweihundert Meter vom Platz des vergessenen Japaners zur Finsehytta, wo es inzwischen sicher so gerammelt voll ist, dass die Gäste aus dem Schornstein quellen.

Nach ungefähr zwölf Metern stellt die SAB fest, dass einer ihrer Stöcke beschädigt ist. Nicht der ganze Stock, aber der Verschluss am Riemen ist kaputt. Der Riemen ist unbrauchbar. Und der Stock ist ein bisschen verbogen. Das kann beim Fallen passiert sein.

Die Achtzigerjahre haben uns vieles von bleibendem Wert gegeben. Rick Astley wurde bereits genannt. Der tragbare Mac stammt aus den Achtzigern. Und das erste Soloalbum von Stan Ridgway von Wall of Voodoo aus dem Jahr 1986 hält sich auch erstaunlich gut. Aber die Skistöcke aus jener Zeit halten offensichtlich nur wenig über dreißig Jahre.

Wir haben Promille intus. Der Besorgnisbeauftragte hat einen Sonnenbrand und ist teilweise schneeblind. Die SAB hat angefangen, ihrem Namen Ehre zu machen, und bereits einen Skistock kaputt gekriegt.

Wir haben ungefähr dreißig Meter zurückgelegt. Wir sind auf dem Weg zu unserem ersten Übernachtungsplatz. Ungefähr fünfundsiebzig Kilometer von unserer geplanten Tour haben wir noch vor uns.

18

WOHIN ALTES ESSEN GEHT, UM ZU STERBEN

Unser Zimmer sieht ein klein wenig aus wie eine Gefängniszelle, außer dass alles aus Holz gemacht ist.

Leider sind wir völlig belegt. Es sind keine Betten mehr frei.«
»Ja. Damit hatten wir beinahe gerechnet.«
»Es ist schließlich Ostern. Viele wollen Ostern in die Berge.«
»Ja. Ich sehe ein, dass es hier Ostern hektisch zugeht.«
»Vor allem, wenn wir so schönes Wetter haben wie dieses Jahr.«
»Ja, bei so einem Wetter ist es fantastisch im Fjell.«
»Von so einem Ostern träumt man.«
»Nicht wahr?«
»Und Ostern ist früh dies Jahr, weißt du.«
»Ich weiß. Und dann der viele Schnee.«
»Es ist herrlich jetzt draußen.«
»Ja. Es ist wunderschön draußen.«
»Wir wollen nur hoffen, dass wir von dem Durchfallvirus verschont bleiben. Ha ha.«
»Ha ha.«
»Ja also. Wir werden schon noch irgendeinen Platz für euch finden. Wir schicken niemanden weg. Wie viele seid ihr?«
»Vier.«
»Au ha. Mal sehen ... Nein, der Gang ist auch voll.«
»Aha.«
»Und alle Möbel und der Fußboden im Kaminzimmer auch.«
»Auweia.«

»Und im Lager ist es auch voll.«
»Im Lager?«
»Und im Schornstein.«
»Jesses.«
»Was haltet ihr davon, im Stehen zu schlafen?«

Aber nein. In Wahrheit wurde folgendes Gespräch geführt, als wir in die Rezeption der Finsehytta kamen:
»Hei. Wir sind zu viert.«
»Ja, da könnt ihr Zimmer achtzehn bekommen. Das ist ein Vierbettzimmer.«
»Okay.«

Ich kann nur sagen, dass dies enttäuschend ist. Dies soll das proppenvolle Osterfjell sein? Und dies soll also die beliebteste Hütte im Land sein? Und dann bekommen wir ein Vierbettzimmer, so ganz ohne Kampf, obwohl wir leicht beschwipst mit kaputten Stöcken so gegen halb sechs, sechs hereingeschneit kommen, was, wenn du dich an die vorige Tour erinnerst, ungefähr Schlafenszeit ist.

Kann man sich denn auf nichts verlassen, was über Hütten und Berge gesagt wird? Stimmt es noch nicht einmal, dass zu Ostern eine Menge Menschen in den Bergen sind? Nicht einmal hier, auf einer der beliebtesten norwegischen Touristenhütten der Welt in der populärsten Gebirgsgegend der Welt am fantastischsten Ostern der Welt? Ich habe ja gelernt, dass in der Natur viel gelogen und übertrieben wird, aber meine wichtigste Informationsquelle über das Osterfjell ist ein Freund von mir. Zwar einer von denen, die ich an die Natur verloren habe, aber trotzdem: Ich hatte wirklich geglaubt, ich könnte mich auf ihn verlassen. Oder zumindest darauf, dass er clever genug wäre zu begreifen, dass es herauskommen würde, wenn er löge. Dieser Freund hat auch gesagt, dass es vier Stunden dauert, von Finse nach Krækkja zu laufen. Kann ich mich darauf auch nicht verlassen? Die jovia-

len Bergenser auf der Hotelterrasse haben sechs Stunden gesagt. Ich frage einen Typ, der gerade dort in der Rezeption steht und eine Karte studiert.

»Sieben Stunden. Vielleicht ein bisschen mehr. Kommt drauf an.«

Genau.

Die Rezeption ist befraut mit einer jungen Dame, die den Eindruck erweckt, als sei es ihr höchstes Ziel im Leben, ausschließlich Ein-Wort-Sätze von sich zu geben. Sie hebt den Blick nicht von ihren Unterlagen, und das Gespräch zwischen uns nimmt ein wenig den Charakter eines Verhörs an.

»Mitglied?«

»Ja.« (Ich gehe davon aus, dass sie wissen will, ob ich Mitglied in Den Norske Turistforening bin, nicht beispielsweise im Ornithologenverband.)

»Vier?«

»Ja.« (Ich glaube auf die Frage zu antworten, wie viele wir sind, doch sicher bin ich mir nicht.)

»Abendessen?«

»Ja, danke.«

»Halb sieben.«

»...« (Dies ist keine Frage, also antworte ich nicht.)

»Frühstück?«

»Ja, danke.«

»Lunchpaket?«

»Häh?« (Dies ist die falsche Antwort, ist mir klar.)

»Lunchpaket?«

»Äh ... jetzt?«

»Nein, morgen.« (Hier macht sie eine Ausnahme und benutzt zwei Wörter und verdreht der Verdeutlichung halber die Augen. Ich weiß das zu schätzen.)

»Äh ... ja, gern.«

»Wie viele Scheiben?« (Jetzt wird sie geradezu redselig.)

»Äh ...« (Dies bedeutet: »Müssen wir uns *jetzt* entscheiden, wie viele Scheiben wir morgen früh mitnehmen wollen?«)

»Hm?« (Ja, das bedeutet es wohl.)

»Äh ... vier? Pro Person?«

»Thermoskanne?«

»Äh ...« (Thermoskanne?!?! Ich sehe, dass sie in der Rezeption, die auch als Bar und Laden dient, Thermoskannen verkaufen. Aber was meint sie? Hat sie vor, alle Gegenstände durchzugehen, die sie hier auf der Hütte haben, und zu fragen, ob ich interessiert bin? Thermoskanne? Wollunterwäsche? Souvenirpulli? Sonnenbrille? Sonnencreme? Schneescooter? Hund?)

Ein älterer Mann in Unterzeug erbarmt sich meiner und erklärt, dass sie uns fragen will, ob wir unsere Thermoskannen auffüllen wollen, bevor wir auf Tour gehen. Ah! Natürlich meint sie das. Was sonst? Wenn eine Person in einer Rezeption an einem anderen Ort mich fragte »Kaffee?«, dann würde ich ja auch nicht auf die Idee kommen, dass es sich um ein freundliches Angebot handelte, auf das ich mit »Ja, danke« oder »Nein, danke« antworten könnte. Ich würde selbstverständlich davon ausgehen, dass sie fragen will, ob ich mich in dreizehn Stunden mit Kaffee versorgen will.

»Ja. Zwei Thermoskannen.«

Ich glaube, alle Fragen richtig beantwortet zu haben, und wir gehen zu Zimmer achtzehn. Einen Schlüssel bekommen wir nicht, denn mit so etwas gibt man sich auf diesen Hütten nicht ab. Wenn jemand Lust hat, im Laufe der Nacht in unser Zimmer zu kommen und uns zu piesacken, dann wird das wohl seine Richtigkeit haben. Wir sind schließlich freie Menschen in der freien Natur.

Unser Zimmer sieht ein klein wenig aus wie eine Gefängniszelle, außer dass alles aus Holz gemacht ist. Es sind Etagenbetten, und die Diskussion, ob oben oder unten, beginnt unmittelbar. Wir sind wieder im Schullandheim, und alle finden es lustig. Ein Kichern überkommt die Gruppe. Es hilft, im Schullandheim ein paar Promille intus zu haben. Denkt daran, Kinder.

Wir plaudern locker übers Schnarchen, während wir uns für das Abendessen umziehen. Der Besorgnisbeauftragte behält seine enge Jeans an und zieht jetzt ein zerknittertes Hemd über sein T-Shirt. Auf einer Touristenhütte ist dies ungefähr so, als ginge man in Gala. Wir anderen entscheiden uns für Wohlfühlhosen.

Vor dem Speisesaal steht eine Schlange. Eine niederländische Familie betrachtet diese. »Da sind wir in eins der reichsten Länder der Erde in Ferien gefahren«, denken sie bestimmt. »Und was bekommen wir zu sehen? Menschen in alter Unterwäsche, die Schlange stehen, um Essen zu bekommen.«

Warum stehen die Leute eigentlich in einer Schlange? Wir haben doch alle eine Tischreservierung. Ist nicht für alle Platz? Ist nicht genug Essen für alle da? Heißt es hier: Wer zuerst kommt, mahlt zuerst? Muss jemand auf dem Fußboden essen? Oder *vom* Fußboden? Ich weiß es nicht.

Ich weiß es noch immer nicht, denn als wir hereinkommen, sind alle Tische mit Zimmernummern versehen. Allen wird gesagt, wo sie sitzen sollen. Es gab keinen Grund, Schlange zu stehen. Hier herrscht Ordnung. Wir sitzen an drei langen Holztischen. Eine Suppe steht schon auf dem Tisch, als wir uns setzen. Ich will mich gerade daranmachen, reinzuhauen, oder was man nun mit Suppen macht.

Aber zuerst wird eine Rede gehalten!

Die Wirtsleute leiten das Abendessen ein. Eine sympathische Frau, die aussieht, als sei sie im Freien geboren und aufgewachsen, erzählt etwas über die Speisefolge. Wir bekommen Lasagne. Dann erzählt sie ein bisschen von dem Virus, der wütet, nicht auf dieser Hütte, zum Glück, ha ha, aber in anderen Hütten auf der Hardangervidda. Sie erklärt, wie wichtig es ist, dass alle sich oft und gründlich die Hände waschen. Darüber redet sie lange, während die Suppe kalt wird, und sie sagt es nur auf Norwegisch. Unten am Tisch sitzt die niederländische Familie, lächelt unsicher und fragt sich wohl, wann die Menschen in diesem Land anfangen zu essen. Und natürlich haben sie keinen Deut von dem verstanden, was die Wirtin gesagt hat, deshalb werden sie sicher die ganze Vidda mit dem Virus infizieren.

Die Dame links von mir lehnt sich zu mir herüber und sagt: »Das ist ja wie im Schullandheim.«

Wasdunichtsagst! Wir haben eine Gleichgesinnte am Tisch!

Bald können wir anfangen zu essen, doch vorher müssen zwei Mädchen noch über das Kinderprogramm heute Abend und morgen informieren. Als sie fertig sind, sehen sie uns streng an und sagen: »Erwachsene haben keinen Zutritt!« Möglicherweise haben wir mehr gekichert, als uns bewusst war.

Dann können wir essen!

Vorher muss allerdings noch Ordnung ins Schlangestehen gebracht werden. Dafür, dass sie so wenig begeistert davon sind, im Fjell in einer Schlange zu laufen, sind die Bergfreunde außergewöhnlich davon angetan, drinnen Schlange zu stehen. Tisch eins soll zuerst gehen und sich bedienen. Dann ist Tisch zwei dran. Die meisten von uns können sich den Rest denken, doch sicherheitshalber wird darauf aufmerksam gemacht, dass danach Tisch drei an der Reihe ist.

Während wir den Rest der eiskalten Suppe schlürfen, machen wir mit der Dame neben uns noch ein paar Witze über das Schullandheim. Sie ist Norwegerin, lebt aber in Australien. Und sie erzählt uns, dass sie hergekommen ist, um ihren vierzigsten Geburtstag zu feiern.

Und alles deutet darauf hin, dass sie allein hier ist.

Klar hat man Lust zu fragen: Du bist um den halben Erdball gereist, um deinen vierzigsten Geburtstag zu feiern, allein mit fremden Menschen in einer Hütte auf der Hardangervidda?!

Ist doch klar, dass man Lust hat, das zu fragen.

Und klar ist auch, dass man ein wenig Angst bekommt und ganz gern den Tisch wechseln möchte.

Doch das ist nicht erlaubt!

Es ist genauso klar, dass man ein wenig Lust bekommt, sich zu entschuldigen, abzuhauen und sich in seinem Zimmer einzuschließen.

Aber das ist nicht möglich!

Glücklicherweise stellt sich heraus, dass sie auf ein paar Freundinnen wartet, die morgen ankommen. Sie ist also nicht völlig krank. Nur ein bisschen.

Sie lebt in Perth, ganz im Westen von Australien. Ich will ja nicht angeben, aber ich war schon mal in Perth. Und Perth ist ganz einfach das Gegenteil von Finse. Perth ist eine relativ moderne Stadt mit zwei Millionen Einwohnern und einer jährlichen Durchschnittstemperatur von zwanzig Grad. Wenn du ein Stück aus der Stadt herausfährst, bist du in der Wüste. Vielleicht muss man nach Perth ziehen, um sich nach Finse zu sehnen?

Der Besorgnisbeauftragte macht sich natürlich Sorgen, ob wir zum Essen nichts zu trinken bekommen. Ein superschlauer Mann in Unterzeug erklärt uns, dass man vor dem Essen zur Bar gehen und sich ein Getränk holen muss, wenn man etwas anderes trinken will als Wasser.

Eine Informationsrede von einer halben Stunde, aber *die* Information war nicht dabei.

Wir trinken Wasser und lachen weiter über Schullandheime. Die SAB gibt die Geschichte von ihrem Skistock zum Besten, der nach den ersten zwölf Metern der Tour kaputt ging. Wir bieten uns selbst an. Darin sind wir gut.

Als wir uns endlich unser Essen holen wollen, gibt es Schimpfe. Vielleicht keine richtige Schimpfe. Eine leichte Zurechtweisung. Wir stellen uns in die Schlange, wie es sich gehört, und eine erwachsene Dame in altem Unterzeug sagt zu uns, auf eine Art und Weise, die ganz klar macht, dass sie es nicht so meint: »Bitte sehr, nach euch.«

Wir begreifen nicht ganz, warum, und protestieren. Solche Leute sind wir. »Nein, nein, nein. Wir gehen selbstverständlich nicht vor.«

»Doch, ihr seid ja dran. Wir wussten nur nicht, wann ihr kommen würdet, um euch zu bedienen ...«

Wir haben also zu lange gewartet. Wir an Tisch zwei haben ein bisschen zu lange über Perth und Wein geplaudert, während sie an Tisch drei warteten, dass sie an die Reihe kämen, und sauer wurden. Schließlich gab Tisch drei auf und ging, um sich Essen zu holen, wie gesetzlose Rebellen. Und genau in dem Moment gingen auch wir von Tisch zwei los.

Chaos im Schullandheim!

Wir sehen ein, dass die Dame darauf bestehen wird, uns den Vortritt zu lassen, obwohl wir es nicht verdient haben. Also zeigen wir unser berühmtes Lächeln und entschuldigen uns.

Und dann kommt das nächste große Erlebnis des Abends.

Ich habe schon vorher relativ stark die Pointe bemüht, dass in Norwegen eine Reise in die Natur der Reise in ein Norwegen gleichkommt, das es nicht mehr gibt, nämlich eine monokulturelle harmonische Gesellschaft, wo man in größter Selbstverständlichkeit im Einklang mit der Natur lebt. Ich habe auch erwähnt, dass dir in den Hütten in der Natur im allgemeinen traditionelles nordisches Essen, und das heißt Fleisch, serviert wird. So gesehen ist es schockierend exotisch, dass hier Lasagne auf den Tisch kommt.

Dabei gibt es aber einen Haken: Die Lasagne wird ... mit Kartoffeln serviert!

Wahrlich eine Zeitreise. Mir ist das Phänomen nur vom Hörensagen bekannt. Historisch gesehen ist es nicht besonders lange her, dass Norwegen so war, wie man es in den Bergen immer noch vorzuspiegeln versucht. Man braucht nicht weiter als in die Sechzigerjahre zurückzugehen, um ein von exotischem Essen nahezu freies Norwegen vorzufinden. Als die Pasta hierzulande ihren großen Durchbruch erlebte, waren die Menschen noch so wenig an andere Esskulturen gewöhnt, dass viele glaubten, eine Mahlzeit könnte nur als Mahlzeit gelten, wenn Kartoffeln dazugehörten. Deshalb wurde Pasta in jener ersten Zeit, um den

Übergang in die neue Zeit glatt und reibungslos zu gestalten, häufig mit gekochten Kartoffeln serviert.

Ich habe davon gehört. Es aber nie erlebt, bis heute.

Und damit nicht genug. Es gibt auch ein Kuchenbuffet. Kuchenbuffet! Ich komme mir vor, als wäre ich bei einer Kindstaufe oder einem achtzigsten Geburtstag in einer traditionsgebundenen Familie auf dem Lande. Die Leute essen Kuchen und konversieren gezwungen an langen Tischen, während alle sich fragen, ob es nicht irgendwo Alkohol gibt.

Und auf dem Kuchenbuffet – ta ta ta taaa! – ein *kabaret*. Für eventuelle Leser unter hundertfünfzig kann ich erläutern, dass ein *kabaret* ein wackelnder, durchsichtiger Klumpen Aspik mit Stücken von beispielsweise Gemüse und Krabben ist. *Kabaret* war ein Festessen und für viele Jahrzehnte der Sieger beim kalten Buffet, bevor das Gericht in den Achtzigerjahren zu einer Konfirmation eingeladen wurde und nie von dort zurückkehrte.

Aber hier steht es also und bibbert.

Das versetzt uns in eine super Stimmung.

»Jesses«, sagt die Dokubeauftragte zur SAB. »Diese Hütte ist voll von Gerichten aus der Zeit, als deine Skistöcke hergestellt wurden.«

Das Schönste an dem Ganzen ist, dass mehrere der Gäste hier zu jung sind, um irgendein Verhältnis zu Phänomenen wie Pasta mit Kartoffeln oder Krabben in Aspik zu haben. Für sie muss dies ja tatsächlich exotisch sein.

Aber wenn du über den Speisesaal blickst, der ein Saal ist, auch wenn er Stube genannt wird, dann ist das Bemerkenswerteste, dass niemand das, was hier vor sich geht, sonderbar oder exotisch zu finden scheint. Alles, was hier abläuft, ist das Selbstverständlichste auf der Welt.

An einem spartanisch dekorierten langen Tisch sitzen und Essen aus einer anderen Zeit verzehren? Ganz natürlich.

Über vierzig Jahre alt sein und angemotzt werden, weil du dich bei Tisch zu lange unterhältst? So soll es sein.

Mit Fremden zu Abend essen, ohne sich anzuziehen? Was soll daran sonderbar sein?

An einem der Tische sitzt tatsächlich gerade jetzt ein junger Mann und isst Pasta mit Kartoffeln. Am Oberkörper trägt er ein Netzunterhemd und sonst nichts. Mit diesem Aufzug kannst du nur in zwei Typen von Lokalen durchkommen: Touristenhütten oder Schwulenklubs.

Während der Mahlzeit zieht sich der Besorgnisbeauftragte übrigens eine Verletzung zu. Bei einem mäßig galanten Versuch, unserer Freundin aus Perth etwas anzureichen (Wasser wahrscheinlich), schafft er es, sich an der Kerze – sie ist die einzige Tischdekoration – zu verbrennen.

»Die Gruppe hat ihre erste Verletzung«, sage ich. Aber der Besorgnisbeauftragte erinnert daran, dass es nicht die erste Blessur ist, er ist bereits schneeblind und hat einen Sonnenbrand. Außerdem hat er immer noch mit einer Kneipenverletzung zu kämpfen, die er sich zwei Tage vor unserer Abreise zuzog.

»Und mein Stock ist beschädigt«, gibt die SAB zu Protokoll.

Die Gruppe funktioniert gut.

Nach dem unfreiwillig alkoholfreien Abendessen in dem relativ warmen Speisesaal gelüstet es uns nach einem kühlen Bier. Auch allen anderen auf der Hütte geht es so, also ist wieder Schlangestehen angesagt. Ich glaube, die Gäste auf Touristenhütten versuchen, wenn sie sich in Innenräumen aufhalten, in kürzest möglicher Zeit so viel wie möglich Schlange zu stehen, um den Kontrast zum Freiheitsgefühl in der Natur zu maximieren.

Wenn du zu denen gehörst, die üblicherweise im Winterhalbjahr auf Hütten herumhängen, kennst du vermutlich das Problem nicht, doch wir, die wir nur kurz einmal hereinschauen, merken sehr schnell, dass es schwierig sein kann, den Gesprächen zu folgen. Das ungekünstelte Fjellleben hier hat viel gemeinsam mit

dem hoch Gekünstelten, das man in Fachsprachen findet. Akademiker können sich zu einer Veranstaltung versammeln, die »Fließende Geschlechtsidentität und pankulturelle Autonomie in regressivem Tanz – Fakten oder Plenum?« heißt, ohne zu begreifen, dass andere über sie lachen.

Die Fjellsprache kann genauso exklusiv sein. Du musst dich beispielsweise konzentrieren, um dem Ein-Wort-Verhör beim Einchecken folgen zu können, sonst läufst du Gefahr, am Ende mit einer leeren Thermoskanne und einem neuen Hund dazustehen.

Wenn du Karten lesen gelernt hast, musst du es noch einmal lernen, bevor du von Hütte zu Hütte gehen kannst. Ich erhielt eine kurze Einweisung in den Symbolgebrauch von einem Mann mit vielen Taschen, als ich die Karte der Hardangervidda für diese Wanderung kaufte.

»Bewirtschaftete Hütten sind mit einem roten Quadrat markiert. Dann gibt es unbewirtschaftete Hütten: rotes leeres Quadrat. Hütten mit Selbstbedienung: halbes rotes Quadrat. Unbewirtschaftete Hütten, die man im Voraus buchen muss: rotes Quadrat mit Schrägstrich. Dann hast du verschiedene private Hütten. Markiert mit roten oder blauen Kreisen mit Schrägstrich oder mit Farbe ausgefüllt. Fragen so weit?«

»Werden Hausaufgaben abgefragt?«

»Nein. Unbewirtschaftete Hütten mit Essen: rosa Dreieck. Unbewirtschaftete Hütten ohne Essen: lila Rhombus mit Rahmen. Hütten, wo du den Gemeinschaftsschlüssel nicht benutzen kannst: Parallelogramm mit Stern. Hütten, die du selbst ausgraben und in die du einbrechen musst: Brechstange.«

Der schwedische Sänger Lars Winnerbäck erklärt in einem seiner Lieder, warum er nie zu den Inseln vor der Stadt hinausfährt:

Ich glaube, man muss etwas wissen,
um dort hinaus zu können,
etwas, das ich nicht weiß.

So ist es in der Natur. Eine der wichtigsten Aufgaben der Natur ist es, dafür zu sorgen, dass du dir zu jeder Zeit ein wenig dumm vorkommst. Auf Jungferntour in den Bergen zu sein, bedeutet auch, das konstante Gefühl zu haben, etwas wissen zu sollen, was alle anderen wissen. Jetzt zum Beispiel bin ich an der Bar endlich an der Reihe. Ich stelle fest, dass die einzige Biersorte, die sie hier servieren, Finse heißt. Da ich ein umgänglicher und interessierter Typ bin, frage ich, ob das Bier hier gebraut wird.

»Ja«, sagt die Frau an der Bar. »Edvard braut es.«

Alle anderen hier wissen bestimmt, wer Edvard ist.

Beschämt ziehe ich von dannen.

Die Strecke von der Bar zu unserem Tisch beträgt dreizehn Meter. Auf dem Weg dahin wird das Bier warm. Im Kaminzimmer ist es nämlich sechzig Grad warm.

Es ist voll hier, aber als ich aus dem Speisesaal kam, fiel mir sogleich die Stille auf. Ich dachte nicht weiter darüber nach. Aber jetzt verstehe ich, warum es so still ist. Die Leute sind ganz einfach nicht in der Lage zu sprechen. Kleinfamilien starren apathisch auf Brettspiele. Sie schaffen es mit Mühe und Not, die Spielsteine zu heben. Und hier müssen wir ein paar Dinge bedenken: Die Anwesenden haben vielleicht nicht viel an, doch das, was sie anhaben, ist wahrscheinlich aus Wolle. Und die meisten hier sind stundenlang draußen in der Sonne gewesen. Sie waren durchgekocht, bevor sie hereinkamen. Und hier wird geheizt auf Deubel komm raus.

Es kann den Anschein haben, als wünschten die Inhaber, die Gäste so früh wie möglich ins Bett zu bekommen. Zuerst sollen die Leute sich auf Skiern sieben, acht Stunden völlig verausgaben, dann fütterst du sie mit schwerem Essen aus den Achtzigern und drehst die Heizung voll auf.

Das halten die Leute nicht lange durch.

Auch wir haben zu kämpfen. Und wir sind nicht einmal gewandert heute, deshalb ist es uns ein bisschen peinlich, dass wir es nicht schaffen, wenigstens etwas Leben in diesen Raum zu

bringen. Die SAB hat immerhin etwas zu tun und bleibt aktiv. Sie besorgt aus der Rezeption/dem Laden/der Bar eine Schnur, und wir versuchen uns als Bastler und reparieren provisorisch ihren Skistock. Danach sind wir völlig fertig. Eigentlich hatten wir vor, Rotwein zu trinken, denn das soll man auf einer Hütte, doch an etwas so Schweres wagen wir uns nicht. Außerdem ist es so weit zur Bar. Wir beschließen, Yatzy zu spielen, können uns aber nur zu Zwangsyatzy aufraffen, freies verlangt uns zu viel ab. Ich weiß nicht mehr, wer gewonnen hat. Oder ob wir überhaupt zu Ende gespielt haben.

Der Abend gleicht immer mehr einem Wettbewerb darin, wer es am längsten in einer Sauna aushält. Unter schweren Augenlidern beäugen sich die Leute. Eine Männerclique in einer Ecke schleicht zu einer Tür und öffnet sie einen Spalt. Ich glaube, es ist das erste Mal, dass diese Tür geöffnet wird, seit das *kabaret* modern war. Wir kriegen mit, was geschieht, und wechseln zu einem Tisch in der Nähe der offenen Tür. Das hilft. Ein wenig.

Mehr und mehr Leute geben auf. Kinne landen auf Brustkörben. Hier und da schlägt sich plötzlich jemand auf die Schenkel und sagt: »Nein! Jetzt ...« An Tisch um Tisch werden die Brettspiele zusammengepackt. Um halb zehn ist die Kaminstube nur noch ein Viertel voll. Die Jungs, die die Tür geöffnet haben, streichen ebenfalls die Segel. Auch unsere norwegisch-australische Freundin, die ich im Verdacht habe, hinter ihrem Buch schon lange geschlafen zu haben. Um kurz nach zehn sitzen beinahe nur noch wir da. Die Ein-Wort-Mädchen haben angefangen aufzuräumen.

Sie sind kurz davor zu gewinnen.

Wir können uns nicht kleinkriegen lassen! Wir doch nicht! Leute wie wir sind die ganze Nacht auf. Und wir sind hier, um das Leben in den Bergen mehr wie Silvester aussehen zu lassen. Wir können die Ferien nicht damit beginnen, dass wir ein paar Stunden Zug fahren und dann um halb elf ins Bett gehen.

»Wir brauchen ein Zigarillo!«, sagt die Dokubeauftragte.

Der Besorgnisbeauftragte sieht ängstlich aus.

»Ich habe keine Zigarillos mitgebracht«, sagt er beschämt.

Das verlangt nach einer Erklärung, ich sehe es ein. Natürlich befassen wir uns normalerweise nicht mit etwas so Unvernünftigem wie Rauchen, aber bei großen und festlichen Gelegenheiten kommt es vor, dass wir ein Zigarillo rauchen. Und für gewöhnlich ist es der Besorgnisbeauftragte, der so etwas dabeihat. Zusätzlich zu seinem Besorgnistalent besitzt er nämlich auch eine besondere Gabe zum Feiern.

»Wir haben welche«, sage ich. »Wir sind schließlich die Reiseleiter.«

Es ist, als ob seine Besorgnisse endlich von ihm abfielen. »Ist das wahr?«

Die Dokubeauftragte zeigt ihm das Päckchen.

»Jesses«, sagt der Besorgnisbeauftragte. »Ich habe nicht gedacht, dass dies ... so eine Tour wäre.«

Es ist so eine Tour.

Vor der Hütte gibt es einen Aschenbecher. Dies ist also früher schon vorgekommen, aber man fühlt sich wunderlich kriminell, wenn man bei diversen Kältegraden nach der normalen Zubettgehzeit mit einem Zigarillo vor einer Hütte auf der Vidda steht.

Es fühlt sich wirklich gut an, draußen zu sein. Verrammeln sie vielleicht deshalb dort drinnen alle Luken und werfen eine Tonne Holz aufs Feuer? Damit wir die Kälte mehr schätzen lernen?

Es ist still. Die Dokubeauftragte schaut träumerisch zum Himmel hinauf, und ich mache mir erneut ein wenig Sorgen, was passieren kann, wenn wir morgen unsere Wanderung beginnen.

Die Sorge wird durch eine Tür gestört, die sich öffnet. Instinktiv verstecken wir alle vier das Zigarillo hinter unseren Rücken. Ein Mann steckt den Kopf heraus.

»Seht ihr Nordlicht?«, fragt er.

Selbstverständlich ist das der einzige Grund, der es rechtfertigt, mitten in der Nacht draußen zu stehen.

In der Hütte ist es leer und die Bar ist geschlossen. Es ist eine Minute vor elf. Bleibt uns nur, unser Zimmer zu finden und zu hoffen, dass nicht schon jemand darin liegt.

Wir sind uns alle einig, dass es schön wird, morgen zu wandern. An die Luft zu kommen wird schön sein. Minusgrade werden schön sein. Der Stock der SAB ist repariert. Wir werden genug Schlaf bekommen und vor Energie bersten.

Wir danken einander für den gemeinsam verbrachten Tag.
»Gute Nacht«, sage ich.
»Gute Nacht«, sagt die Dokubeauftragte.
»Gute Nacht«, sagt die SAB.
»Denkt daran, dass es lebensgefährlich ist, Handys in der Nacht aufzuladen«, sagt der Besorgnisbeauftragte.

Der nächste Tag, unser erster Tag auf Tour, beginnt mit Schlangen. Beim Frühstück gibt es eine Schlange für warmes Essen, eine für Brot und eine für Kaffee. Glaube ich. Sicher bin ich mir nicht, denn ich stehe jedes Mal in der falschen Schlange. Ich glaube nicht, dass ich seit einer Matheprüfung in der achten Klasse so viele Fehler in so kurzer Zeit gemacht habe.

Und vielleicht habe ich schon Fehler gemacht, bevor ich zum Frühstück kam. Gut möglich.

Der Tag begann in aller Frische damit, dass die Dokubeauftragte der Gruppe »Der frohe Wandersmann« vorspielte, um uns in die richtige Stimmung zu bringen.

Die SAB ist aufgeräumt und bereit. Der Besorgnisbeauftragte hat schlecht geschlafen, ist jedoch guten Mutes. Er erinnert uns daran, dass wir uns mit Sonnencreme einreiben müssen. Und dann kommt der Teil, wo es möglich ist, Fehler zu machen: Was zieht man an? Oder wie viel soll man anziehen? Denn es ist kalt. Wir reden von fünfzehn Grad minus, mindestens. Die Dokubeauftragte lanciert die Idee, eine doppelte Lage Unterwäsche zu tragen, ein Gedanke, der mich nicht einmal gestreift hat. Ist das nötig? Zusätzlich zu Skihose und Fleecejacke und winddichter Jacke? Und vielleicht zwei Mützen? Und dies ist eine Entscheidung, die du nicht rückgängig machen kannst. Du fängst nicht bei minus fünfzehn Grad mitten auf der Hardangervidda an, das Unterzeug zu wechseln.

Es werden zwei Lagen. Und eine Extraschicht Sonnencreme im Gesicht. Wenn man raus will, um die Natur zu genießen, muss man tun, was man kann, um die Natur fernzuhalten.

Und dann waschen wir uns die Hände.

Beim Frühstück sitzt eine Frau bei uns am Tisch, sie hat eine Karte und sieht tourerfahren aus. Sie ist aus Bergen und wartet auf ein paar Freundinnen, die mit dem Zug kommen, und danach wollen sie nach Krækkja laufen. Selbst wenn das heißt, das Schicksal herauszufordern, denn da ist bestimmt der Virus gewesen. Ha ha! Wir einigen uns darauf, dass es ein fantastisches Ostern ist und dass Ostern in diesem Jahr früh ist und dass viel Schnee liegt. Und sie veranschlagt für die Tour nach Krækkja fünf bis sechs Stunden. Sie glaubt, sie wird mit Blau wachsen, aber vielleicht auch mit Grün. Die Wachsfrage wird am Tisch lebhaft diskutiert. Die beiden Männer uns gegenüber sind sich nicht sicher, ob es Blau oder Grün wird. Ich kann mich da heraushalten. Ich glaube, die anderen sehen ein wenig auf mich hinab, weil ich mich nicht mit dem Wachsen der Ski befasse. Wachsfreie Schuppenski sind die Antwort der Skitour aufs Playback.

Während die anderen ihre Ski wachsen, unterhalte ich mich mit Skifahrern in der Rezeption darüber, wie lang die Tour nach Krækkja dauert. Einige sagen fünf Stunden, andere sieben. Ich sehe im Internet nach. Auf einer Seite über organisierte Wanderungen auf der Hardangervidda steht, dass die Tour von Finse nach Krækkja zwischen acht und neun Stunden dauert.

Es gibt nur eins.
Gehen.
Aber erst wasche ich mir die Hände.

19

SCHNAPS UND ZIGARILLOS

Und dann stehen wir da, mit einem Lichtschutzfaktor von insgesamt dreihundert im Gesicht, lassen den Flachmann herumgehen und rauchen Zigarillos.

Dritte Etappe: Finse–Krækkja. Sechsundzwanzig Kilometer. Auf Skiern. Veranschlagte Zeit: Zwischen vier und neun Stunden, es kommt sehr darauf an, wen du fragst. Fragen, auf die wir im Verlauf der Tour Antwort zu bekommen erwarten: Wird die Dokubeauftragte religiös werden? Haben wir genug an? Haben wir zu viel an? Wird der Besorgnisbeauftragte die Wanderung überleben? Wird der provisorisch reparierte Skistock der SAB die Tour überleben? Und last but not least: Wie lange dauert es eigentlich, nach Krækkja zu kommen?

Nach zehn Minuten geht der Stock der SAB kaputt. Der andere Stock. Und es ist genau dasselbe passiert wie beim ersten Stock. Der Riemenverschluss, der gut drei Jahrzehnte seinen Zweck erfüllt hat, bricht. Man kann viel über die Stockproduktion in den Achtzigerjahren sagen, aber es sieht zumindest danach aus, als sei die Qualität von Stock zu Stock gleichbleibend.

Nach fünfzehn Minuten ist der Stock repariert. Die Dokubeauftragte hat den Job als MacGyver der Gruppe übernommen. Die SAB war außerdem extrem vorausschauend und hat sich vor dem Abmarsch von der Hütte mehrere Schnüre besorgt. Die Riemen werden getestet und wirken tatsächlich solide.

Es bleiben noch fünfundzwanzig Kilometer von der Tagesetappe.

Nach fünfundzwanzig Minuten, davon die letzten zehn unter Schweigen verbracht, zeigt sich ein Schimmer von Ungeduld im Blick der Dokubeauftragten, als sie fragt, ob wir mit dem Tempo zufrieden sind. Okay, ich bin ein bisschen besorgt, dass ihr Konkurrenzinstinkt jetzt erwacht. Aber sie lässt zumindest kein Zeichen von Neureligiosität erkennen, wie auf der Probetour. Vielleicht weil es, entgegen den anderslautenden Wettermeldungen, bedeckt ist.

Nach dreißig Minuten verkündet der Besorgnisbeauftragte, dass er sich eine Blase gelaufen hat. Natürlich ist das für ihn keine Überraschung.

Nach fünfunddreißig Minuten liegt die SAB ein wenig zurück. Ich erkläre es mir damit, dass ihre Stöcke, selbst wenn sie solide repariert wurden, ziemlich kurz sind. Sie hat die Stöcke ja von ihrer Mutter übernommen. Ihre Mutter ist vielleicht einfach kleiner als sie. Möglicherweise werden Skistöcke aber auch, wie so vieles andere im Leben, mit den Jahren größer. Denn ich meine mich von meiner Zeit als aktiver Langläufer daran zu erinnern, dass Skistöcke dir bis zu den Achselhöhlen reichen sollten. Die Stöcke, die ich jetzt habe, sind viel länger. Und so sollen Skistöcke jetzt sein. Das sagte auf jeden Fall der Typ in dem Sportgeschäft, der im Laden eine Sonnenbrille trug. Und ich merke ja, dass es mit diesen Stöcken schneller vorwärtsgeht. Wenn du dich hinabbeugen musst, um dich abzustoßen, dauert alles länger.

Nach drei Viertelstunden machen wir eine Kaffee- und Schokoladenpause. Wir ziehen ein Zwischenfazit. Der Besorgnisbeauftragte spürt Anzeichen für eine Blase Nummer zwei, aber das war zu erwarten. Die SAB atmet ein wenig schneller als wir anderen, erklärt aber strahlend, sie sei guten Mutes trotz der Stöcke. Aber

klar: Zwischen guten Mutes und tapfer sein gibt es nur eine haarfeine Grenzlinie, genau wie zwischen Tapferkeit und Hysterie, besonders, wenn du doppelt so viele Stockbewegungen machst wie die anderen und trotzdem langsamer bist. Die Dokubeauftragte wirkt vielleicht ein bisschen ungeduldig, hat aber sonst – wie ich auch – keine Mängel oder Defekte zu beklagen, weder an Körper und Geist noch an der Ausrüstung. Wir sind eben doch erfahrene Bergwanderer.

Und darin sind wir gut: Stehen, Kaffee trinken und Stuss reden. Wieder gelingt es uns, Unsinn über die Berge von uns zu geben. Wir diskutieren, wie wir die verschiedenen Bergformationen nennen würden, wenn wir die Chance bekämen, sie zu taufen. Dabei halten wir uns streng an die Regel, dass wenn eine Bergformation berühmt und beliebt werden soll, ihr Name eine Kombination eines nicht existierenden Wesens und eines Körperteils oder Wohnplatzes sein muss.

»Trollmilz.«
»Einhornknöchel.«
»Weihnachtsmannschenkel.«
»Wassermanns Zwerchfell.«
»Nixenvagina.«
»Koboldkinn.«
»Wichtelschniedelwutz.«
»Herrgotts Gallenblase.«
»Werwolfbude.«
»Teufels Souterrain.«

Weiter kommen wir nicht, denn es ist kalt. Und bedeckt. Wenn du länger als fünf Minuten still stehst, frierst du so richtig.

Aber ich bin zufrieden, dass wir es geschafft haben, ein bisschen herumzublödeln. Wenn wir nämlich blödeln wollen, müssen wir es draußen tun. In den Hütten am Abend steht so viel anderes auf dem Programm. Es muss über Stunden und Minuten und Kilometer und Schneeverhältnisse und Routen geredet werden. Und dann muss man darüber schnacken, wie früh dieses Jahr Ostern ist und wie fantastisch es ist, wenn es so ist wie jetzt. Und dann soll man fragen, ob es irgendeinen Ort auf der Welt gibt, wo es einem gerade jetzt besser ginge als hier. Und dann darfst du nicht antworten: die Seychellen. Hier spreche ich aus Erfahrung. Und du musst über Wachsen und Schuppenski diskutieren. Nicht zu vergessen, dass du maskuline Witze über Lawinengefahr und Virusexplosion reißen musst. All dies muss man abarbeiten, bevor man sich spätestens um halb elf ins Bett legt. Da versteht es sich ja von selbst, dass für zweckfreies Rumgequatsche nicht viel Zeit übrig bleibt.

Und außerdem: Wenn wir draußen auf Tour zum Reden kommen wollen, muss es in den Pausen sein, wenn wir still stehen. Denn, und ich kann mich nicht erinnern, dass irgendjemand dies in all den Lobeshymnen auf die große, meditative Stille und die guten Gespräche in den Bergen erwähnt hat: Skilaufen ist fürchterlich geräuschintensiv. Ski auf Schnee machen Lärm. Stöcke im Schnee machen Lärm. Winddichte Kleidung macht einen wahnsinnigen Lärm. Außerdem gibt es häufig nur eine Spur, so dass wir nicht nebeneinander laufen, sondern hintereinander, und wir haben die Mützen tief über die Ohren gezogen, einige von uns haben sogar zwei Mützen tief über die Ohren gezogen, und einen Schal vor dem Mund gegen die Kälte. Da ist es doch klar, dass wir während des Skilaufens nicht besonders viele Weltprobleme gelöst bekommen.

Und dabei habe ich die größten Lärmmacher von allen nicht einmal erwähnt: Kapuzen. Wenn du eine Kapuze aufhast, kannst du Gespräche ganz einfach vergessen. Da kannst du froh sein, wenn du ohne Gehörschaden am Ziel ankommst. Eine Kapuze, die du ja gewöhnlich bei Wind und Kälte aufsetzt, hat die Eigenschaft, alle Geräusche hinter deinem Kopf zu sammeln und sie noch einmal an deinen Ohren vorbei zurückzuwerfen. Es ist, als ginge man in einem Windkanal. Nein, man *ist* ein Windkanal.

Wenn wir einander beim Skilaufen hören wollen, müssen wir rufen. Und das erlaubt uns der Besorgnisbeauftragte nicht, denn laute Geräusche können Lawinen auslösen.

Nach einer Stunde beginne ich mich zu fragen, wo die anderen Leute sind. Wir sind den ganzen Weg allein gegangen. Wir folgen strikt der markierten Loipe. Wir respektieren die Natur. Denn hier ist ja eine Loipe. Nicht exakt so präpariert, wie Loipen bei den Olympischen Winterspielen aussehen, aber hier sind Spuren. Hier sind vor uns Leute gelaufen. Aber wo sind sie? Vielleicht sind sie schon in Krækkja angekommen? Vielleicht ist eine Hundertschaft bei einem Gemeinschaftsstart um sieben Uhr losgelaufen? Wir sind nicht vor halb elf losgekommen. Ich denke, das wird hier im Fjell als Nachmittag betrachtet. Vielleicht sind wir einfach die Letzten? Nein. Die Frau, die wir beim Frühstück getroffen haben, wollte auch nach Krækkja, und sie wollte auf Freundinnen warten, die mit dem Zug kommen sollten. Sie müssen hinter uns sein. Aber wir sehen sie nirgendwo. Wir sehen auch vor uns nicht viele, und wir können weit sehen. Es sind ein paar verstreute Punkte da vorne zu erblicken, aber zwischen ihnen ist viel Raum. Scharen, die von Hütte zu Hütte gehen, *my ass*.

Nach einer Stunde und zehn Minuten beschließe ich, mich auf die Technik zu konzentrieren. Die Ski die Arbeit machen zu lassen. Ich komme rein, fühle, dass ich den Rhythmus finde, dass ich über die Hardangervidda sause. Ich fühle, dass der Körper funktioniert. Nach fünf Minuten fühle ich außerdem, dass mich dies nicht länger interessiert.

Nach eineinviertel Stunden versuche ich, mich an »Do-Re-Mi« zu erinnern. Mit ein wenig Anstrengung schaffe ich den ganzen Refrain. Gehirn und Körper funktionieren also.

Nach eineinhalb Stunden bricht die Sonne durch. Wir machen eine kleine Pause, genießen die Sonne und ziehen ein Zwischenfazit. Der Bersorgnisbeauftragte hat wie erwartet eine weitere Blase bekommen, an der Achillesferse. Die SAB ist in guter Form. In sehr guter Form sogar. Ihre Atemzüge sind immer noch ein wenig hektischer als bei uns anderen, und ihre Stöcke sind seit dem letzten Mal nicht gewachsen, aber die Riemen, die die Dokubeauftragte in MacGyver-Manier repariert hat, halten super. Und die SAB hat dieses zufriedene, verklärte Lächeln, wie sie dasteht und in die Sonne blinzelt. Vielleicht ist sie diejenige, die religiös wird? Aber noch einmal: Die Grenzlinie zwischen religiös und hysterisch ist nur haarfein.

Nach einer Stunde und fünfunddreißig Minuten fangen wir an zu frieren und müssen weiter.

Nach einer Stunde und fünfundvierzig Minuten sind wir immer noch nicht losgelaufen. Die SAB bekommt ihre Ski nicht an. Skiausrüstung ist nämlich in erstaunlich geringem Maß dafür konzipiert, bei Kälte und Schnee zu funktionieren. Wenn ein klein wenig Eis oder Schnee in die Bindung oder unter den Schuh gerät, hast du ein Problem. Und wenn deine Ausrüstung dazu noch älter ist als Kygo, bleibst du schnell mal eine Viertelstunde stehen, bevor du die Ski anbekommst und weiterfahren kannst.

Wenn du eine Viertelstunde stehen bleibst, spürst du das. Und das tun wir jetzt alle. Die SAB spürt, nicht ohne Grund, dass sie die ganze Gruppe aufhält, und ihre Versuche, die Ski anzubekommen, verlieren mit jeder Sekunde an Konstruktivität. Ihr Lächeln ist im Begriff, die Grenzlinien zu überschreiten. Ich friere infernalisch an den Händen, doch ich weiß aus Erfahrung, dass das vorübergeht, sobald ich wieder in Bewegung bin. Es ist unglaublich, wie schnell man in den Bergen Erfahrungen sammelt. Die beiden, die keine neue Ausrüstung haben, merken auch, dass sie an den Fingern frieren. Außerdem beschlagen die Brillengläser, und die Mützen halten die Kälte ganz und gar nicht ab.

Die Dokubeauftragte ist diejenige von uns, die jetzt am klarsten denkt. Sie ist an dem Punkt, an dem alles geschehen kann. Wir, die sie gut kennen, und die wir nicht fieberhaft damit beschäftigt sind, ein Paar Ski anzulegen oder aufgrund beschlagener Brillengläser nichts sehen, wir (also ich, falls dir das entgangen ist), wir sehen, dass sich hinter der Stirn und den zwei Mützen gerade ein

knallharter innerer Kampf abspielt zwischen der ungeduldigen Dokubeauftragten mit Konkurrenzinstinkt und der verantwortungsvollen und sozialen Dokubeauftragten, die sich ihrer Freunde annimmt und die Gruppe zusammenhält. Die ungeduldige blickt zu den Punkten weit voraus in der Loipe, die vielleicht ein wenig näher sind als vor einer Weile. Sie schaut diskret auf die Uhr. Sie atmet mit dem Bauch. Sie ist wohl ein kleines bisschen versucht vorzuschlagen, dass die Gruppe sich teilt, damit diejenigen, die über die Ausrüstung und Kondition dazu verfügen, weiterlaufen und rechtzeitig nach Krækkja gelangen, um ein Bier an der Hüttenwand trinken und die Spätankömmlinge belächeln zu können.

Sie betrachtet die Gruppe: Ein Mann mit Raureif im Bart, allzu dünner Mütze und einer Großstadtbrille, durch die er nichts sehen kann, eine Frau mit einem zunehmend hysterischen Lächeln, die auf einem Paar Ski aus der Yuppiezeit unterwegs ist, und ein Typ in einer grünen Jacke, der nur dasteht wie ein Idiot und auf ihre Stirn starrt.

Sie sieht ein, was alle einsehen würden: Diese Leute brauchen Hilfe.

Der Konkurrenzinstinkt hat verloren. Auf die Neureligiöse können wir noch lange warten. Die Dokubeauftragte übernimmt Verantwortung. Und damit wird sie auch weitermachen, solange einer aus der Gruppe Schwierigkeiten hat. Und in mir wächst die Gewissheit, dass zu jeder Zeit irgendeiner aus der Gruppe Schwierigkeiten haben wird.

Da die Dokubeauftragte und ich extrem gut vorbereitet sind (oder von dem Verkäufer mit der Sonnenbrille im Laden von vorn bis hinten an der Nase herumgeführt wurden, das ist auch möglich), haben wir beinahe alles zweifach mit. Die Dokubeauftragte kommandiert, versuchsweise freundlich. Mützen und Handschuhe werden neu verteilt, alle sind ein wenig besser ausgestattet als vor der Pause, und wir sind so gut wie aufbruchbereit.

Und da hat die SAB auch ihre Ski angelegt.

Nach zwei Stunden und fünf Minuten kann ich meine Finger wieder fühlen. Und jetzt wird es flach, nachdem wir seit der Hütte ständig leicht aufwärts gelaufen sind. Und die Sonne wärmt. Die Vidda ist endlos. Die Dokubeauftragte lächelt. Die SAB lächelt. Der Besorgnisbeauftragte lächelt. Und es ist schön. Natürlich ist es schön.

Und …?

Und dies ist es, was ich meinen Freunden, die ich an die Natur verloren habe, so schwer erklären kann. Wenn sie mir von einer Tour erzählen, von der sie glauben, sie könnte mich überzeugen, und das wollen sie, Missionare, die sie schließlich sind, dann sagen sie oft Dinge wie »Die Tour schaffst du«, »Das kriegst du hin«, »Es ist nicht schwer«.

Aber das ist ja nicht der Punkt. Natürlich schaffe ich es, wenn ich muss.

Ich finde es nur ein bisschen … langweilig.

Ich finde, es ist ganz okay. Und »okay« ist ein Wort, das im Vokabular der gestandenen Bergwanderer nur in seiner ironischen Version existiert. Wenn gestandene Bergwanderer in einem sozialen Medium posten, dass es jetzt auf der Hardangervidda ganz okay sei, dann geschieht das immer mit einer überdeutlichen Ironie, weil alle, die Herz und Hirn haben und das Bild von einer Skispur in der Sonne sehen, das du gepostet hast, begreifen, dass es jetzt ganz verdammt fantastisch ist auf der Vidda, und alle sind selbstredend neidisch auf dich, der du dort bist und nicht in einem Büro oder einem Straßencafé voller Menschentrubel. Wenn ich sage, dass es jetzt ganz okay ist auf der Hardangervidda, dann meine ich genau das: dass es ganz okay ist.

Ich weiß, ich sollte mich dann minderwertig fühlen oder begreifen, dass ich es nur nicht ernsthaft genug versuche, dass ich ein Sklave unserer hektischen Zeit bin. Und dass es nur darum geht, fünf Minuten länger zu gehen, und dann noch eine halbe Stunde länger, und noch eine Stunde länger, und dann nimmst du endlich wahr, dass es gerade auf das Eintönige ankommt, es geht darum,

die gleichen Bewegungen zu wiederholen, durch eine Landschaft, die sich auch wiederholt, die Wiederholung als solche ist es, die dich mit Ruhe erfüllt. Das ist das Meditative beim Skilaufen, wovon sie alle reden.

Oder liegt es nur an meinem New Age-Ich?

Oder ist es vielleicht nur die Geschichte von der besten Fischsuppe der Welt in einer anderen Variante? Wenn du deine Ferien damit verbracht hast, tagelang in mittlerem Tempo durch eine einförmige Landschaft geradeaus zu laufen, ist es nicht einfach zuzugeben, dass es schlicht langweilig war. Du musst der Sache einen anderen Namen geben. Zum Beispiel Meditation, was zumindest außer langweilig noch komisch ist.

Es fällt uns ganz allgemein schwer zuzugeben, dass das, was wir erleben, nur okay und ganz gewöhnlich ist. Das muss der Grund dafür sein, dass wir so viel Wert darauf legen, auch etwas Echtes zu finden, wenn wir auf Reisen sind, Orte zu finden, die andere Touristen nicht finden. Oder nein, das wollen wir auch nicht. Denn Orte ohne Touristen zu finden, ist ja sehr einfach, wo immer in der Welt du dich befindest. Du brauchst nur in ein Industriegebiet zu fahren. Wir träumen selbstverständlich vom Touristenklischee, nur ohne Touristen. Wir wollen in einer französischen Stadt um eine Ecke biegen und einen Platz entdecken, den noch kein anderer gesehen hat, wo alle Frauen aussehen wie Amélie und alle Männer mit einem Baguette herumlaufen und keiner vorhat, Englisch zu reden, solange er lebt, und wo alle Gerichte nach Rezepten übergewichtiger Großmütter mit Bart essen und es keine anderen Touristen gibt. Das ist der Touristentraum. Deshalb ist das Internet voll von Touristen, die anderen Touristen Tipps geben über Orte, an denen sie keinen Touristen begegnen.

Nach etwas über zwei Stunden machen wir eine Pause. Es ist wichtig, Pausen zu machen. Und wir wollen ja sowieso nichts erreichen. Nicht einmal die Dokubeauftragte will das jetzt.

Ich spreche an, was ich gerade gedacht habe. Dass es schlicht und einfach langweilig ist, nur auf diese Art Stunde um Stunde zu laufen, wie schön es auch sein mag. Die SAB ist nicht einverstanden, sie findet es fantastisch. Zurück in die Spur also. Oder kurz davor, zu überdrehen und hysterisch zu werden. Der Besorgnisbeauftragte kommt gar nicht so weit, sich zu langweilen, so viel wie er zu bedenken hat.

»Danach müssen wir die Leute fragen«, sagt die Dokubeauftragte. Ihre verantwortungsbewusste Seite hat ja gewonnen, und jetzt übernimmt sie sogar die Verantwortung für meine Recherche-Arbeit.

»Falls wir Leute treffen«, sage ich.

»Das tun wir. Wenn nicht vorher, dann heute Abend auf der Hütte. Es muss doch mehr Menschen geben, die das langweilig finden, auch wenn alle ständig darüber reden, wie fantastisch es ist.«

Dann übernimmt sie die Verantwortung für den Rest der Tour und legt einen Plan vor, der uns allen einen Ansporn gibt, weiterzumachen, trotz Unlust, obwohl wir nie jemanden überholen werden, trotz Blasen und alten Skistöcken, trotz allem. Wir kommen überein, Mittagspause zu machen, wenn wir zweieinhalb Stunden gelaufen sind. Dann werden wir uns an einen Felsen lehnen und unser Lunchpaket essen und die Sonne im Gesicht spüren und aussehen wie auf Instagram. Und nach dreieinhalb Stunden werden wir uns – ta da! – einen Schnaps und Zigarillos gönnen!

Die Dokubeauftragte hat selbstverständlich einen Flachmann dabei. Es fehlt nicht viel, und sie wird den Namen ändern und von jetzt an die Verantwortliche sein.

Ich weiß nicht, ob es an der Aussicht auf Schnaps und Zigarillos liegt oder an der Sonne, doch von nun an geht es prima. Ich lächle vor mich hin. Es hilft natürlich sehr, dass wir jetzt hier und da Leuten begegnen. Die Scharen, von denen wir gehört haben, sehen wir noch immer nicht, doch dann und wann kommen ein Paar oder eine kleine Familie oder eine Frau mit schicker Brille vorbei und sagen »Hei«. Denn so macht man es im Fjell. Dieser Gruß trägt

dazu bei, uns als die Art von Leuten zu definieren, die wir gern sein möchten. Wir tun uns nicht schwer damit, es als oberflächlich zu bezeichnen, wenn Amerikaner mit allen und über alles Smalltalk betreiben, oder wenn Briten wegen allem Möglichen »*Thank you*« und »*Sorry*« sagen, aber wenn sich Norweger in der Natur Fremden gegenüber drei Buchstaben abringen, so weit von der Zivilisation entfernt, dass es wahrscheinlich eine Stunde dauert, bis man das nächste Mal mit jemandem sprechen kann, dann ist es echt. Deshalb ist es als Verrat an der Gemeinschaft zu betrachten, wenn du nicht »Hei« sagst und wenn du nicht stoppst und ein Schwätzchen hältst, falls dich jemand dazu einlädt. Ich merke, dass es mir eine gewisse Freude bereitet, Leute anzuhalten, die offenbar keine Lust haben anzuhalten, weil es ihren Rhythmus stört. Und das Meditieren. Ach, habt euch nicht so, irgendwas muss ich mir doch ausdenken, um die Tour ein bisschen spaßiger zu machen.

Und ehrlich gesagt halte ich es für eine der sympathischeren Seiten des Lebens in der Natur, dass Fremde anhalten und miteinander reden. So etwas sollte im Alltag viel häufiger vorkommen. Also reden wir mit den meisten, denen wir begegnen. Alle sind sich einig, dass es geradezu fantastisch ist, wenn Ostern so ist und dass dies das Leben ist und dass Ostern früh ist, dass viel Schnee liegt und dass wir mit Grün oder Blau gewachst haben oder mit Schuppenski laufen und dass es prima klappt, auch wenn du vielleicht bei diesen Schneeverhältnissen nicht groß ins Gleiten kommst. Und wir fragen, ob sie wissen, wie weit es noch bis Krækkja ist. Alle antworten in Kilometern, was uns nicht so wahnsinnig viel weiterhilft, weil wir keinen Speedometer haben und deshalb nicht wissen, wie viele Kilometer wir in der Stunde vorankommen. Aber ganz allgemein gesprochen muss man sagen, dass Krækkja weiter ist als wir glauben. Jedes Mal.

Nach fast zweieinhalb Stunden haben wir anscheinend die Stelle erreicht, wo die Leute ihre Lunchpause machen. Oder die Uhrzeit, zu der sie Lunchpause machen. Auf jeden Fall sehen wir Gruppen von Skiläufern, die ringsumher Pause machen. Weil es so aussieht, als hätten sie die besten Plätze besetzt, gehen wir noch ein Stück weiter, um unseren Platz zu finden.

Nach zwei Stunden und fünfunddreißig Minuten haben wir uns von Skiern, Stöcken und Rucksäcken befreit, die Lunchpakete und Thermoskannen hervorgeholt und eingesehen, dass wir wahrscheinlich die kälteste Stelle auf der ganzen Hardangervidda für unsere Lunchpause ausgesucht haben. Wir müssen das Essen herunterschlingen und schauen, dass wir weiterkommen, solange wir noch Finger haben, mit denen wir essen können.

Zuerst muss die SAB nur noch ihre Ski anlegen. Nach zwei Stunden und fünfzig Minuten sind wir wieder unterwegs.

Nach zwei Stunden und fünfundfünfzig Minuten begegnen wir einer Frau in flotter Fahrt, die einen schweren Schlitten hinter sich herzieht. Sie erzählt uns, dass sie für eine Durchquerung Grönlands auf Skiern trainiert. Aha. Sie läuft mehrere Stunden jeden Tag, mit Schlitten. Dafür benutzt sie ihre Osterferien. Die Dokubeauftragte folgt unserem Plan und fragt, ob sie nicht ab und zu finde, dass es ein wenig langweilig sei, nur so mit dem Schlitten zu laufen. Das findet die Frau nicht. Sie findet es fantastisch. Und was für tolle Ostern. Wenn es so ist wie jetzt, gibt es nichts Besseres. Grün. Aber Blau wäre vielleicht besser gewesen. Noch mehr als zehn Kilometer. Und dann läuft sie weiter. Sie kann nämlich nicht zu lange Pausen einlegen.

Sie sieht ganz normal aus. Sie kann Lehrerin sein oder Versicherungsmaklerin. Sie kann in einem Kindergarten arbeiten oder in einem Kommunikationsbüro, in einem Kiosk stehen oder Geige spielen. Sie hat sicher ein Zuhause und ein soziales Leben und geht an ihrem Wohnort umher wie ein normaler Mensch. Du kannst es ihr nicht ansehen. Aber in ihrer Freizeit durchquert sie die größte Insel der Welt auf Skiern.

Ich denke manchmal, in Norwegen zu leben, ist ein bisschen so, wie in der alten DDR zu leben, nur dass die Natur die Rolle der

Stasi einnimmt. Die ganze Zeit wird auf dich aufgepasst, immer ist jemand da, der dich beobachtet. Die Leute der Natur sind überall. Und du weißt nie, wer sie sind, deshalb bist du nie ganz sicher. Es können Freunde sein, Nachbarn. Unmöglich zu wissen.

Vor einigen Jahren lernte ich einen Musiker mit hoher Sensibilität und gefühlvollen Fingern kennen. Interessiert an Theater, Musik, Kunst. Kurz, ein Mann mit allen Eigenschaften, die Menschen kennzeichnen, die sich in ihrer Jugend mit allem anderen befasst haben als mit Körperertüchtigung, die früh Interessen verfolgten, die sie ans Hausinnere banden, was einen von anderen abgrenzt, einen fleißig und blass werden lässt und dazu führt, dass man nicht so viele Freunde findet, bevor man ab etwa zwanzig im Rahmen der einen oder anderen höheren Ausbildung für Nerds auf Gleichgesinnte trifft. Ich kannte ihn schon ziemlich lange, als er plötzlich eines Tages, während er Notenblätter sortierte, beiläufig erwähnte, er sei kürzlich auf einer Männertour in den Alpen gewesen und Ski gelaufen.

Du weißt nie, wer sie sind!

Du kannst glauben, dass es sicher ist, dich über Freiluftmenschen lustig zu machen, aber nein! Naturstasi kann jeder sein.

Wenn ich das mit der Schweigepflicht richtig verstanden habe, darf ich etwas über meinen Hausarzt erzählen. Umgekehrt wäre es nicht in Ordnung. Auf jeden Fall: Irgendjemand meinte vor einiger Zeit, der Arzt, zu dem ich viele Jahre gegangen war, sei in seiner Jugend ein sehr guter Schlittschuhläufer gewesen. »Das kann ich mir nicht vorstellen«, lachte ich, weil ich es mir einfach nicht vorstellen konnte. Mein Arzt sieht nämlich nicht wie ein Schlittschuhläufer aus. Oder sonst irgendein Sportler. Deshalb mag ich ihn. Er ist jovial und gesprächig und ziemlich klein und hat immer einen Hemdknopf zu viel aufgeknöpft. Er sieht aus wie ein Typ, der in eine Straßenbar auf den Kanarischen Inseln gehört, mit einem zufriedenen Lächeln und einem etwas uncoolen Drink in der Hand. Ein Mann mit sprechender Nasenfarbe. Aber ich wurde neugierig und googelte ihn. So fand ich heraus, dass mein Arzt tatsächlich eine Vergangenheit als Schlittschuhläufer hat. Er war sogar ziemlich gut. Außerdem steht er im Guinness-Buch der Rekorde, weil er ohne Schlaf 2000 Kilometer mit dem Rad zurückgelegt hat. Er ist auch mit dem Fahrrad in achtzig Tagen um die Welt gefahren und auf Skiern durch Grönland und zum Südpol gelaufen, mit hundert Jahre alter Ausrüstung. Dies hat mein Verhältnis zu dem Mann natürlich verändert. Ich gehe jetzt nicht mehr zu ihm und klage darüber, dass ich mich ein bisschen mies fühle.

Du weißt nie, wer sie sind. Die Natur hat ihre Leute überall. Es kann der angetrunkene Dicke ganz hinten in der Bar sein. Es kann die verdrießliche Bibliothekarin sein, die aussieht, als wäre sie seit den Neunzigerjahren nicht in der Sonne gewesen. Es kann der bleichgeschminkte Typ im Ledermantel mit dem Totenkopfsymbol auf dem Rücken sein.

Es kann jeder sein. Und sie beobachten dich.

Nach etwas über drei Stunden geht es ernstlich bergab. Das Terrain, meine ich. Nach einer Weile wird es sogar richtig abschüssig. Wir einigen uns, am Fuß dieses steilen Hangs die Schnaps- und Zigarillopause einzulegen. Dann sausen wir hinunter. Es geht ziemlich schnell. Am Fuß des Hangs ist ein großes Loch, wo schon vorher Leute gefallen sind. Dort fällt der Besorgnisbeauftragte. Wir anderen können einem Sturz entgehen, gerade noch so. Keine Personen oder Stöcke kommen zu Schaden.

Diesmal haben wir genau den richtigen Pausenplatz gefunden. Hier wärmt die Sonne. Und wir haben Aussicht auf Leute, die am Hang fallen, oder Leute, die das große Los gezogen haben und in die andere Richtung gehen, so dass sie jetzt diesen Hang hinauf müssen.

Wir cremen uns mit Sonnenschutz ein. Das haben wir in allen Pausen getan.

Und dann stehen wir da, mit einem Lichtschutzfaktor von insgesamt dreihundert im Gesicht, lassen den Flachmann herumgehen und rauchen Zigarillos. Dies ist gar nicht so übel. Der

Fantastisch, so ein Ostern im Schnee!

Besorgnisbeauftragte grinst und beginnt davon zu reden, was wir alles tun werden, wenn wir ankommen. Bier an der Hüttenwand trinken, selbstredend, und nach dem Abendessen werden wir lesen und Rotwein trinken und Yatzy spielen. Wir werden das Hüttenleben genießen.

Es ist *lebensgefährlich,* über das Ankommen zu reden.

Eine Frau geht vorbei, sieht uns ein bisschen zu lange an und sagt in einem vorwurfsvollen Ton »Hei«, bevor sie sich an den Aufstieg macht. Bestimmt Stasi.

Um Zeit zu sparen und zu verhindern, dass mir die Finger abfrieren, habe ich aufgehört, die Ski abzunehmen, wenn wir Pause machen. Ein Mann, der sich im Tiefschnee ein Stück weit von der Loipe entfernt, um zu pinkeln, mit Skiern und ohne Stöcke, sieht nicht elegant aus, trägt aber zur guten Stimmung in der Gruppe bei. Ich lade dazu ein.

Nach ungefähr vier Stunden macht sich bei uns die Überzeugung breit, dass wir bald am Ziel sind. Warum wir das glauben, ist unklar. Vielleicht weil jemand gesagt hat, die Wanderung dauere vier Stunden. Aber ein anderer hat auch neun gesagt. Es mag auch daran liegen, dass die gute Stimmung in der Schnaps- und Zigarillopause uns gegen die Realität immun gemacht hat. Doch ich glaube, der eigentliche Grund ist der, dass eine Frau, die wir vor nicht allzu langer Zeit getroffen haben, erzählte, es komme ein ziemlich steiler Hang und dann seien es noch fünf Kilometer bis Krækkja. Und kurz vor der Pause sind wir einen recht steilen Hang hinuntergefahren.

Wir überqueren einen eisbedeckten See und sind sicher, dass die Hütte an seinem anderen Ende liegt.

Nach vier Stunden und fünfzehn Minuten erkennen wir, dass die Hütte keineswegs am Ende des Sees liegt. Dort liegt stattdessen ein steiler Hang. Wir einigen uns darauf, dass wir die Hütte bestimmt sehen werden, wenn wir am oberen Ende des Hangs angekommen sind. Aber zunächst müssen wir also dort hinauf. Und es geht richtig nach oben. Ich merke, dass mein tanzgeschädigtes Knie es überhaupt nicht mag, im Grätenschritt aufzusteigen. Also gehe ich seitlich im Treppenschritt. Alle wählen ihre Technik, und alle verlieren mit jedem Schritt ein wenig von ihrer guten Laune.

Und hier vereint die Dokubeauftragte ihr Verantwortungsgefühl mit ihrem Konkurrenzinstinkt und beschließt, die Bergweltbeste darin zu werden, den Mut der Gruppe hochzuhalten. Sie führt uns nach oben, immer zehn Schritte am Stück. Eins! Zwei! Drei! Ruft sie. Es wäre fürchterlich nervig gewesen, wenn ich nicht ein bisschen zu kaputt gewesen wäre, mir etwas daraus zu machen. In der Mitte des Hangs begegnen uns Leute mit Schlitten auf dem Weg nach unten. Der Besorgnisbeauftragte fragt sie, ob oben eine Hütte ist. Sie antworten Nein.

Nach viereinhalb Stunden sind wir oben angelangt. Es sieht hier genauso aus wie überall auf der Vidda. Und eine Hütte ist nicht in Sicht.

Nach vier Stunden und fünfundvierzig Minuten macht einer von uns eine Andeutung, der Hang, von dem die Frau gesprochen hat, könnte der gewesen sein, den wir gerade *hinauf*gestiegen sind, nicht der, den wir vor der Zigarillopause *hinunter*gefahren sind. Und dann wären es jetzt noch fünf Kilometer. Wir einigen uns auf ein Nein; das kann nicht stimmen. Die Gruppe befindet sich im Zustand der Verneinung.

Nach fünf Stunden verschlechtert sich die Stimmung. Die Blasen werden nicht weniger, und es ist nicht mehr nur der Besorgnisbeauftragte, der Entsprechendes zu vermelden hat. Sowohl die Dokubeauftragte als auch die SAB merken eine Tendenz. Und die Brillengläser beschlagen. Die Hochebene sieht immer noch aus wie eine Hochebene. Und es hat sich wieder zugezogen.

Nach fünf Stunden und zwanzig Minuten wird geflucht. Wir glaubten mehrfach, die Hütte gesehen zu haben, aber jedes Mal hat es sich als ein Stein herausgestellt, oder nur mehr Hochebene. Wir haben schon lange keine Leute getroffen oder gesehen. Weiß der Kuckuck, wo die angeblichen Scharen auf der Hardangervidda sind, wenn du sie brauchst. Ist es noch eine Viertelstunde? Sind es noch drei Stunden? Keiner weiß es. Wir versuchen, die Hütte mit dem GPS des Telefons zu finden. Das Telefon informiert uns, dass es die Hütte nicht gibt. *The computer says no.*

Vielleicht gibt es die Hütte ja wirklich nicht, sage ich. Keiner findet das witzig.

Nach fünfeinhalb Stunden kommen wir an den kritischen Punkt, wo man genötigt ist, eine harte Entscheidung zu treffen. Und das tun wir. Wir beschließen, uns dem Ernst der Lage zu stellen, und eine zusätzliche Schnaps- und Zigarillopause einzulegen. Hier kann man zumindest ein Freiluftzigarillo rauchen, ohne schief angesehen zu werden.

Aber natürlich, als wir da mitten in der Loipe stehen und rauchen und trinken, *da* kommt jemand, zum ersten Mal seit einer Ewigkeit. Und selbstverständlich sieht er aus wie ein Mann, der in einem Reklamefilm für das Freiluftleben geboren, aufgewachsen und konfirmiert worden ist. Und selbstverständlich müssen wir mit ihm reden.

Er sieht hauptsächlich verwirrt aus, als er registriert, was wir da tun. Aber er kann uns wenigstens berichten, dass es nicht mehr weit ist. Maximal eine halbe Stunde, sagt er. Von der Oberkante des Hangs am Ende des Sees sollen es ungefähr sechs Kilometer bis zu Hütte sein. Es *war* mit anderen Worten der Hang, den die Frau gemeint hat.

Dann steigt der Mann aus der markierten Loipe, direkt in den Tiefschnee und verschwindet. Er begibt sich sicher auf kürzestem Weg zum Stasi-Hauptquartier und macht dort Meldung, dass das Gerücht stimmt: Vier Menschen mittleren Alters, zwei mit schlechten Brillen, einer mit extrem kurzen Stöcken, laufen auf der Hardangervidda herum und rauchen Zigarillos.

Nach beinahe sechs Stunden haben wir die Hütte immer noch nicht zu Gesicht bekommen. Plötzlich fährt ein Mann an uns vorbei, der von drei Hunden gezogen wird, was wohl als Jux zu betrachten ist. Er stoppt und schnackt ein wenig. Ostern ist fantastisch, wenn es so ist wie jetzt, falls du dich gefragt haben solltest. Die Seychellen? Pah! Die Seychellen können einpacken, und all die anderen Pazifikinseln gleich mit. Nur zu hoffen, dass wir vom Virus verschont bleiben. Ha ha! Blau, jaja. Gleich um die Ecke.

»Bist du weit gelaufen heute?«, fragen wir.

»Nein«, sagt er. »Nur von Finse.«

Aber er behauptete jedenfalls, die Hütte liege gleich um die Ecke.

Also umrunden wir die Ecke.

Und da, am Ende eines kleinen Hangs, liegt die Hütte.

Nach sechs Stunden, einem eiskalten Lunch, zwei Zigarillopausen, einem inneren Kampf der Dokubeauftragten, vier, fünf sicher großen Blasen, zwei kaputten Skistöcken und gewissen ski- und sonnenbrillentechnischen Problemen sind wir am Ziel. Wir haben genauso viel Zeit gebraucht, wie der joviale Bergenser auf der Außenterrasse gesagt hat. Man soll immer auf joviale Bergenser auf Außenterrassen hören.

Krækkja existiert.

20

EINGEBILDETE WILDNIS

**Diese Hütten ähneln sich in vielem.
Man sitzt an langen Holztischen mit Fremden zusammen,
die krebsrote Gesichter haben.**

Selbstverständlich habe ich mich vorbereitet und etwas über Krækkja gelesen. Eine Erklärung des komischen Namens habe ich nicht gefunden, wohl aber die Information, dass Krækkja aus verschiedenen Gründen historischer Boden ist. Es war die erste Touristenhütte auf der Hardangervidda. Das älteste Gebäude stammt aus dem Jahr 1878. Reste von Siedlungsplätzen in der Nähe der Hütte zeigen, dass schon vor einigen Tausend Jahren Menschen hier gelebt haben. Und wenn du eintrittst und den Mann an der Rezeption siehst, dann kannst du leicht auf den Gedanken kommen, dass auch er schon seit mehreren Tausend Jahren in dieser Rezeption steht. Seine ganze Erscheinung dünstet merkwürdige Lebensweisheit und alte Anekdoten förmlich aus, wie er da steht mit zottigen Haaren, bauernschlauem Lächeln, gekrümmtem Rücken und unergründlichem Bartwuchs. Er sieht aus wie ein Mann, der die Dinge in seinem eigenen Tempo und auf seine eigene Weise angeht und der jeden Augenblick unbegreifliche Weisheiten über die Natur von sich geben kann. Denn wir glauben ja, dass Menschen, die viel in der Natur sind, eine eigene Weisheit haben. Deshalb erzählen wir es gern weiter, wenn wir im Fernsehen Geschichten über in Harmonie lebende und ziemlich nackte Naturvölker gesehen haben, die achtundsechzig verschiedene Wörter für fließendes Wasser, aber keins für Krieg haben.

Die Krækkja-Hütte ist vollständig im Schnee versunken.

Was wird dieser Mann beim Einchecken zu uns sagen?
»Der Baum wächst nicht auf Stein, wenn die Schneeschmelze die Eule ertränkt«?
»Ein Nager im Moor macht keinen Frühling«?
»Der Klumpen hält nicht inne, wenn die Hoffnung in Unnot gerät«?

»Na, habt ihr es endlich geschafft?«, sagt er als Erstes. Und ich liebe das. Ich habe eine Schwäche für alle, die sich ein bisschen mehr anstrengen, als »Hei« oder »Willkommen« zu sagen, obwohl – oder vielleicht besonders weil – sie es spöttisch meinen. Er mag uns. Und er mag bestimmt nicht jeden. Ich glaube, es liegt daran, dass wir es nicht eilig haben. Wir sind so froh, endlich angekommen zu sein, dass wir jetzt die Ruhe weghaben. Wir lachen und plaudern mit ihm. Wir zeigen Begeisterung für die lokale Biersorte in seinem Kühlschrank. Und währenddessen wird die Schlange hinter uns immer länger.

Der Mann reißt einen Witz über das lokale Bier und erzählt uns eine Geschichte aus den Sechzigerjahren über einen Mann, der es zu eilig hatte. Er stürmte atemlos in die Hütte und konnte gerade noch sprechen. Er hatte zweieinhalb Stunden von Finse gebraucht. »Was ist der Rekord?«, hechelte er. »Was ist der Rekord?!« Dann bestellte er ein Malzbier, das er hinunterstürzte, bevor er sich erbrach, vierundzwanzig Stunden schlief und nach Hause zurückgeschickt wurde.

Ich spüre, dass wir es ganz richtig gemacht haben mit unseren sechs Stunden. Möglicherweise hätten wir mehr brauchen sollen.

Auf dem Boden steht eine Holzskulptur, die dem Mann in der Rezeption gleicht. Ich würde gern noch so vieles fragen, doch inzwischen ist die Schlange einfach zu lang, es muss warten. Außerdem gibt es gleich Abendessen.

Wir bekommen auch diesmal ein Vierbettzimmer, allerdings werden wir in eine Nebenhütte verbannt, die sicher älter und spartanischer ist. Ich tippe, es ist die aus dem Jahr 1878. Aber es könnte auch die von vor ein paar Tausend Jahren sein. Das ist schwer zu erkennen, weil du die Hütte kaum siehst. Sie ist vollständig im Schnee versunken. Eine biertrinkende Gruppe sitzt auf etwas, das ich bis eben für den Erdboden gehalten habe. Jetzt sehe ich, dass sie auf dem Hüttendach sitzen. Ich erkenne ein paar von ihnen aus der Kaminstubensauna in Finse von gestern. Sie sehen jetzt wacher aus. Sie prosten sich zu. Die Glückspilze. Sie haben bestimmt einen Platz beim zweiten Essensdurchgang. Wir schaffen es nicht mehr, auf dem Hüttendach zu sitzen und Bier zu trinken. Wir haben Plätze beim ersten Durchgang bekommen, in einer Viertelstunde. Und wenn du zu spät kommst, musst du bestimmt ohne Abendessen ins Bett.

Es ist einfach nur ein Gang zur Hüttentür in den Schnee gegraben worden. Wie exotisch. Wir werden praktisch in einer Schneehöhle übernachten. Die von einem tausend Jahre alten Mann bewirtschaftet wird, der gute Geschichten erzählt und sich selbst in Holz geschnitzt auf dem Boden stehen hat. Unser Wildnisabenteuer beginnt erst hier so richtig.

Und in unserer Hütte gibt es auch keine Toilette. *Living the dream.*

Wir stoßen mit dem heimischen Bier an, das wir von der Rezeption mitgebracht haben, und ziehen ein knappes Fazit, während wir die Wohlfühlhosen aus den Rucksäcken fischen. Wir sind uns einig darin, dass sechsundzwanzig Kilometer zu weit sind, dass Blasen wehtun, dass diese Brillen, die wie aufs Gesicht gespuckt sind, tatsächlich einen Sinn haben, dass es durchaus möglich ist, sich auf einer Skitour zu langweilen, und dass der Besorgnisbeauftragte Rotwein zum Essen trinken will.

Diese Hütten ähneln sich in vielem. Beim Einchecken wird nach der Thermoskanne gefragt. Die Leute stehen ganz unnötigerweise Schlange, um in den Speisesaal zu kommen. Man sitzt an langen Holztischen mit Fremden zusammen, die krebsrote Gesichter haben. Vieles gleicht sich, und umso mehr weiß man die Unterschiede zu schätzen. Wie zum Beispiel die Akustik im Speisesaal in Krækkja, die mit nichts zu vergleichen ist. Wenn der Saal voll ist, ist es extrem schwer zu verstehen, was am anderen Tischende gesagt wird. Außerdem haben sie eine entgegenkommende und freundliche Kellnerin eingestellt, die abgesehen davon, dass sie am anderen Ende des Tisches steht und deshalb schwer verstehen kann, was gesagt wird, wohl die einzige schwedische Kellnerin der Welt ist, die nicht ein einziges Wort Norwegisch versteht. Die Gäste versuchen und versuchen. Die Gäste rufen. Und mit einer Frau aus dem Nachbarland Englisch zu reden wäre selbstverständlich eine Niederlage für die nordische Zusammenarbeit. Ein Zwölfjähriger ist kurz davor aufzugeben und eine Flasche Wein anzunehmen, nachdem er fünf Minuten lang auf verschiedene Arten versucht hat, Limonade zu bestellen.

Wir teilen den Tisch mit einer klitzekleinen bergerprobten Familie. Unser Nebenmann ist seit Generationen auf der Hardangervidda von Hütte zu Hütte gewandert. Und jetzt hat er seine Tochter mit, einen Teenager. Wenn er in seiner Jugend auf der Hardangervidda von Hütte zu Hütte geschleppt wurde, soll die nächste Generation verdammt noch mal nicht billiger davonkommen.

Die Dokubeauftragte fährt die Krallen aus. Nach einleitenden freundlichen Sätzen über die Wanderung des Tages fragt sie ohne Umschweife, ob sie es nicht ein bisschen langweilig fänden, stundenlang Ski zu laufen. Das finden sie nicht. Er jedenfalls nicht. Die Tochter zuckt nur mit den Schultern, aber wenn dein Vater bei der Stasi ist, kannst du wohl nicht ganz frei reden.

Das Thema Blasen kommt auf, wie es beim Abendessen ja gern geschieht. Doch, natürlich kriege er Blasen, aber darüber klagt man nicht. Das gehört eben dazu. Etwas später erzählt er eine hübsche Geschichte über Bonding in den Bergen. Er erzählt, dass er und seine Tochter sich abwechselnd gegenseitig motivieren, wenn sie unterwegs sind.

»Aber wenn ihr euch gegenseitig motivieren müsst«, sagt die Dokubeauftragte, die in Topform ist, »wenn ihr euch gegenseitig motivieren müsst, dann müsst ihr doch auch finden, dass es ab und zu ein wenig langweilig ist? Oder anstrengend? Wenn alles ausschließlich super wäre, bräuchtet ihr ja keine Motivation?«

Dies ist so einleuchtend, dass es still wird am Tisch. Auf jeden Fall an unserem Ende. Es mag sein, dass sie am anderen Ende brüllen, bei dieser Akustik lässt sich das unmöglich sagen.

Unser Nebenmann räumt ein, darüber noch nicht nachgedacht zu haben.

Wirklich? Du gehst seit Generationen in den Bergen von Hütte zu Hütte und hast noch kein einziges Mal gedacht: »Im Moment ist es ganz schön langweilig«? Oder: »Die Blase nervt wirk-

lich«? Oder: »Auf diesen ganzen Schnee, der mir ins Gesicht treibt, könnte ich gut verzichten«?

Ein anderes Paar am Tisch nimmt den leicht konfrontativen Tonfall in unserem Gespräch wahr. Nennen wir die beiden Per und Kari, denn sie sehen aus wie Leute, die so heißen.

»Trotzdem sitzen wir hier ja alle zusammen!«, sagt Per und prostet uns lächelnd zu. Ich bin etwas unsicher, ob er es spöttisch meint oder versucht zu besänftigen. Oder ob er ganz einfach mit den Menschen anstoßen will, die am selben Tisch sitzen. Was mich angeht, bin ich Anhänger aller drei Möglichkeiten.

Der Besorgnisbeauftragte versucht ein Ablenkungsmanöver, indem er mehr Wein bestellt. Die schwedische Kellnerin nickt, lächelt und kommt mit einer Gurke zurück.

Die Stimmung erholt sich selbstverständlich schnell. In den Bergen hält man sich mit unangenehmen Fragen nicht lange auf. Und ich glaube tatsächlich, dass unser Nebenmann es recht interessant fand, darüber nachdenken zu müssen, warum er eigentlich ständig hier auf der Vidda unterwegs ist und warum er noch nie darüber nachgedacht hat. Ich glaube, er nähert sich einer existenziellen Krise.

Nächstes Jahr Ostern fliegen sie wohl auf die Seychellen.

Nach einer Weile wird der Besorgnisbeauftragte unruhig. Er meint, wir – oder zumindest einer von uns – müssten jetzt gehen, wenn wir uns für nachher im Kaminzimmer einen guten Tisch sichern wollen. Naturvölker haben vielleicht sechstausend Wörter für Schneematsch und können an einem Baumstamm erkennen, was für Wetter in zwei Wochen sein wird, aber wir haben einen Mann mit glockenreiner Intuition für den exakten Augenblick, in dem man gehen muss, um sich einen guten Tisch zu sichern.

Das ist das Gute daran, Menschen zu kennen, die auch noch andere Interessen haben, als sich in der Natur herumzutreiben. Sie haben häufig mehrere Eigenschaften. Der Besorgnisbeauftragte zum Beispiel hat Angst vor Lawinen und ein Faible für Rotwein.

Zusätzlich zu dieser Intuition, die uns zum besten Tisch im Kaminzimmer verhilft. In der Mitte des Raums. Wie eine Art Kraftzentrum. Die Dokubeauftragte dagegen will (wie du wohl weißt, Leser, du kennst sie ja inzwischen) gern gewinnen, ist aber auch fähig, Verantwortung zu übernehmen, zudem kann sie sowohl nervig positiv als auch sehr ungeduldig sein. Darüber hinaus ist sie streitlustig genug, um Fragen zu stellen, die der leicht konfliktscheue Autor beim Abendessen in Krækkja selbst lieber nicht stellen mochte.

Und die SAB! Nicht genug damit, dass sie sich als besonders gut darin erweist, über sechs Stunden mit kurzen und kaputten Skistöcken bei guter Laune zu bleiben. Sie ist dazu noch eine gute Zeichnerin und imstande, plötzlich eine Idee wie diese aufs Tapet zu bringen: Wir legen eine Zeichnung mit unseren Blessuren an.

Die SAB setzt sich an unseren Kraftzentrumstisch und zeichnet alle vier Mitglieder der Gruppe. Einfach, aber gut zu erkennen. Dann zeichnet sie die Blessuren ein, die wir uns bisher auf der Tour zugezogen haben, mit verschiedenen Farben, je nachdem, wann der Schaden entstanden ist. Alle Schäden müssen aufgenommen werden. Sonnenschäden. Schäden an der Ausrüstung. Blasen.

Ich komme am billigsten davon. Sie fügt eine Markierung an meinem rechten Knie ein, um zu zeigen, dass meine alte Tanzverletzung sich wieder gemeldet hat, als ich heute im Grätenschritt gegangen bin. Und dann markiert sie einen Sonnenbrand auf der Nase. Was bei Lichtschutzfaktor tausend eine Leistung ist.

Die Dokubeauftragte hat ein paar Blasen an einem Fuß, ansonsten ist sie gesund und munter. Die SAB zieht sich körperlich ganz passabel aus der Affäre, trotz der obligatorischen Blasen. Dafür werden diverse Stellen an der Sonnenbrille und den Skistöcken markiert.

Die Zeichnung vom Besorgnisbeauftragten sieht absolut verheerend aus.

Andere am Tisch gucken zu. Unser Nachbar vom Abendessen hat sich an unseren Tisch gesetzt. Er mag uns wohl doch. Und dort

drüben am Fenster sitzen auch Per und Kari. Und hinter uns sitzt die Frau, die wir beim Frühstück in Finse getroffen haben, jetzt mit ihren Freundinnen vereint. Es ist wie eine Familie.

Ich muss die Stimmung ein wenig verderben und den anderen eröffnen, dass wir der geplanten Route zufolge morgen mindestens so weit laufen müssen wie heute. Der Besorgnisbeauftragte fasst sich an seine Blasen und erinnert daran, dass wir vor nicht allzu langer Zeit einig waren, zwanzig Kilometer wären vielleicht eine Art Grenze für uns. Es gibt eine andere Hütte, die näher ist, aber dennoch an unserem Weg liegt. Ich habe diese Hütte die ganze Zeit als eine Art Plan B im Kopf gehabt, ohne allzu laut darüber zu sprechen. Diese Hütte heißt Tuva, und das hört sich ja gemütlich an. Gemeinsam kommen wir zu dem Schluss, dass wir nicht in der Lage sind, der Karte zu entnehmen, wie weit es bis dahin ist. Wir müssen also den Rezeptionisten fragen. Er betreibt hier immerhin seit dem neunzehnten Jahrhundert ein Übernachtungsetablissement und sollte es also wissen.

Als hätte er ein Stichwort bekommen, taucht er im Kaminzimmer auf. Er lässt den Blick durch den Raum gleiten und kommt an unseren Tisch. Er weiß, wer seine Leute sind. Bevor wir ihn irgendetwas fragen können, erzählt er ganz unaufgefordert eine ganze Reihe von Geschichten über den Philosophen Arne Næss, der eine Hütte am Hallingskarvet hatte, den wir durchs Fenster sehen können, und der ein Berg ist, selbst wenn sich sein Name wie der eines Vogels anhört. Ansonsten kann er erzählen, dass es zwanzig Kilometer nach Tuva sind, und dass der Weg leichter und weniger hügelig ist als der von Finse nach Krækkja. Unser Nebenmann meint, es wären weniger als zwanzig Kilometer. Sechzehn eher. Vielleicht achtzehn.

Here we go again. Können sie sich nie entscheiden?

Und jetzt gibt es bestimmt jemanden da draußen, der sich bemüßigt fühlt, darauf hinzuweisen, dass man in der winterlichen Natur nie genau festlegen kann, wie weit es von einem Punkt zu einem anderen ist, denn die Loipen folgen nicht immer demselben

Auch das gehört dazu.

Verlauf. Es kommt auf die Schneebeschaffenheit, die Schneetiefe, die Lawinengefahr, die Jahreszeit und sicher auf noch vieles andere an. Kurz gesagt: Es kommt auf die Natur an. Außerdem haben die Inuit sechstausend Wörter für Schnee und keins für nervende Besserwisser.

Die Entscheidung, morgen nach Tuva zu laufen, fällt uns leicht. Danach steigt die Stimmung weiter. Wir trinken Wein und prosten unseren neuen Freunden am Nachbartisch zu. An unserem Tisch arrangieren wir ein Quiz für alle und schneiden erstaunlich gut dabei ab. Und genau als dieser Abend sich anschickt, zu dem Abend zu werden, der zeigt, dass das Freiluftleben Silvester ähneln kann, genau in dem Moment, als ich anfange, mich darauf zu freu-

en, morgen aufzuwachen und in warme Schuhe zu schlüpfen, da geschehen zwei Dinge.

Als Erstes betritt ein Neuankömmling die Hütte. Alle fragen sich natürlich, woher um alles in der Welt diese Frau kommt. Es ist spät und es ist dunkel, und das schon seit Langem. Sie setzt sich natürlich an unseren Tisch, wer hätte das nicht getan? Und sie verkündet, dass sie mit einem Nachmittagszug nach Finse gekommen und dann von da nach Krækkja gelaufen ist. Allein. Im Dunkeln. Sie hat dreieinhalb Stunden gebraucht.

Sonst sieht sie ganz normal aus.

Du weißt nie, wer sie sind.

Als Nächstes macht die Hütte dicht, was auch sonst. Und auf Krækkja schließen sie richtig. Genau um elf Uhr wird der Strom abgeschaltet.

Und dann kannst du nicht viel anderes tun, als ins Bett zu gehen. Und du kannst nicht schlafen, weil du ja gar nicht vorhattest, ins Bett zu gehen. Und es ist eiskalt, denn draußen sind zwanzig Grad minus, und wir wohnen in einer Hütte, die mehr Schnee als Hütte ist, und die Heizung ist abgestellt.

Du liegst da und denkst. Und du denkst, dass so etwas kein Grund ist, sich aufzuregen. Es soll kalt sein. Das gehört zur Tour. Es ist kalt, du bekommst Blasen, es tut weh, plötzlich schlägt das Wetter um. Du weißt nie, was dich erwartet. Du musst auf alles vorbereitet sein. Die Natur ist launisch.

Und vielleicht musst du im Laufe der Nacht zur Toilette. Dann musst du nach draußen. Da sind zwanzig Grad minus. Und es ist dunkel. Und vielleicht steht da ein Kerl mit merkwürdigem Bartwuchs und haut mit einer Axt ein Bild von sich selbst in Holz. Macht nichts. Mit so was kommen wir klar. Wir sind darauf vorbereitet, dass in der Natur alles geschehen kann, jederzeit.

Zugleich ist das Leben auf den Hütten in hohem Maß von Routine geprägt. Du bist in Sicherheit verpackt. Es gibt absolut keine

Überraschungen. Du weißt, was du bei der Ankunft an der Rezeption gefragt wirst. Alle gehen gleich gekleidet. Die Mahlzeiten werden zu festen Zeiten serviert. Und du weißt in etwa, was du zu essen bekommst. Jeden Abend gehst du zur gleichen Zeit schlafen. Was das Interieur angeht, ist das Alter des Holzes die einzige Variation. Alle reden über die gleichen Dinge. Ein Nichts genügt, um das Naturvolk völlig aus dem Gleichgewicht zu bringen. Schlipszwang zum Abendessen würde zum Beispiel ausreichen. Aber was sage ich: Kleidungspflicht ganz allgemein. Es braucht nicht mehr als die unschuldige Frage, ob es langweilig sein kann, auf Wandertour zu gehen, und Furcht verbreitet sich in der Hütte. Klar, ein waschechtes Original an der Rezeption wirkt belebend, ansonsten ist Abwechslung Mangelware. Hier drinnen bewegen sich gleiche Menschen, die über das Gleiche reden, in einem sicheren Rahmen.

Aber da draußen! Auf der anderen Seite der Wand! Da ist die Natur. Und die kann lebensgefährlich sein. Und darin kommen wir allein zurecht, *thank you very much*.

Dies ist eine weitere Ähnlichkeit von Religion und Freiluftleben. Wenn du im Internet gern einen Shitstorm ernten willst, brauchst du bekanntlich nur etwas über Religion zu sagen. Etwas über das Freiluftleben zu sagen, hat in etwa den gleichen Effekt, auf jeden Fall in Norwegen, und auf jeden Fall, wenn du ganz zaghaft vorschlägst, die Natur sicherer und zugänglicher und für Wanderer weniger gefährlich zu machen. *Just don't.*

Du brauchst nur »Sicherung« + das eine oder andere bekannte Tourenziel in den Bergen googeln und darauf warten, dass die Galle überläuft. In den Bergen soll man allein zurechtkommen. Etwas anderes steht im Widerstreit zur eigentlichen Idee. Während meiner Vorbereitung auf die Wanderung verirrte ich mich in eine Netzdiskussion, bei der jemand vorsichtig gefragt hatte »Bin ich der Einzige, der es seltsam findet, dass es keine Sicherung am … (bekanntes Wanderziel im norwegischen Fjell) gibt?«

Hier einige der Antworten, die der Fragesteller erhielt:
»Man kann nicht die Natur der ganzen Welt sichern.«

»Wer mit der Natur nicht klarkommt, kann im Park bleiben.«
»Wenn die Menschen nicht begreifen, dass es gefährlich ist und man aufpassen muss, dann weiß ich auch nicht ...«
»In die Natur gehst du auf eigene Verantwortung.«
»Das wäre ein unnötiger Eingriff in die Natur.«
»Wenn du Höhen nicht magst, gehst du eben nicht hin.«
»Wenn die Leute so dumm sind, nicht zu begreifen, dass sie sich da oben in Acht nehmen müssen, sind sie selbst schuld.«

Genau das verstehen ja anscheinend nicht alle. Du brauchst nicht viel in sozialen Medien unterwegs zu sein, um zu wissen, dass es Menschen gibt, die sich filmen lassen, während sie an einer Hand über einem Abgrund hängen. Aber dies sind dann wahrscheinlich diejenigen, die sich in der Kategorie »Dumme Leute, die selbst schuld sind« wiederfinden. Oder sagen wir es, wie es ist: ausländische Touristen. Die das hier nicht auf die gleiche Weise wie wir verinnerlicht haben. Wir haben einen angeborenen Respekt vor der unberührten Natur, einen Respekt, der dir abgeht, wenn du an unauthentischen Plätzen wie dem Ausland aufwächst.

Und hier sind noch ein paar Zitate aus der gleichen Diskussion:

»Das kennzeichnet Norwegen ja gerade, dass wir so viel unberührte, wilde Natur haben, der man mit Respekt begegnen soll.«
»Wir sollten an Grenzübergängen und Flugplätzen die Bergwanderregeln in allen Sprachen verteilen.«

Genau. Wir müssen anderen Völkern beibringen, wie es geht. Denn wir sind diejenigen, die sich damit auskennen, wie man in wilder, unberührter Natur zurechtkommt. Wir, die wir unser gesamtes Leben in der sozialdemokratischsten, durchorganisiertesten und sichersten Gesellschaft der Welt gelebt haben, aber am Wochenende gern Bilder von uns selbst an Orten ohne Geländer machen wollen.

Eine der wenigen Gelegenheiten, bei denen die norwegische Königin von den Naturenthusiasten Kritik einstecken musste, war, als sie unvorsichtigerweise andeutete, es wäre schön, wenn die Natur auch für behinderte Menschen zugänglicher wäre. Die Königin wird nicht oft kritisiert, sie ist immerhin Königin, aber besonders selten wird sie von den Naturenthusiasten kritisiert. Denn sie ist eine von ihnen. Sie geht oft und gern zu Fuß in die Natur und ist selbstverständlich Ehrenmitglied von Den Norske Turistforening. Von diesem Verein erhielt sie zu ihrem achtzigsten Geburtstag eine Statue als Geschenk, eine Statue, die sie in einer etwas sonderbaren Haltung und in Wanderschuhen auf einem großen Stein sitzend zeigt, mit einem alten Rucksack neben sich. Eine derartige Statue würde in den meisten anderen Monarchien als Majestätsbeleidigung angesehen, aber in Norwegen hat sie einen Ehrenplatz nicht weit vom Schloss gefunden, weil diese Statue zeigt, dass die Königin eine von uns ist, selbst wenn sie sich für moderne Kunst interessiert.

Doch im Mai 2017 ging die Königin zu weit. Bei der Eröffnung einer neuen Seilbahn, wurde sie mit den Worten zitiert, dass wir »viel mehr« dieser Bahnen im Lande bräuchten, damit auch Gehbehinderte die schöne Natur erleben können. Man sollte meinen, dass es sich hierbei nicht nur um eine unkontroverse, sondern auch wohlmeinende und politisch korrekte Aussage handelte.

Weit gefehlt.

Ein Sprecher des Norwegischen Naturschutzbundes erklärte, dies höre sich erschreckend an, und fuhr fort: »Die Freude an der einfachen Freiluftkultur in Norwegen liegt darin, sich zu Fuß zu bewegen.« Ein klein wenig respektlos gegenüber jenen, die sich nicht zu Fuß bewegen *können* und von denen die Königin wohl eigentlich sprach. Aber sei's drum. Den Norske Turistforening kommentierte den Anstoß der Königin sinngemäß ähnlich: »Norwegen hat eine sehr starke Freilufttradition, auf die wir stolz sein können. Es geht darum, die Natur aus eigener Kraft zu erleben.«

Okay. Wir haben es jetzt verstanden. Wenn du nicht selbst hingehen kannst, dann geht es eben nicht. Keine Arme, keine Schokolade. Und wenn du nicht von selbst begreifst, dass Natur gefährlich

sein kann, auch wenn sie eine Touristenattraktion ist, dann bist du selbst schuld, wenn du sechshundert Meter in die Tiefe fällst und stirbst.

Denn wir sind Naturmenschen, hier im Norden.

Natürlich nicht die ganze Zeit. Nicht im Alltag. Nicht bei der Arbeit oder in der Schule oder im Kindergarten oder auf den Straßen. Da wollen wir, da erwarten wir, dass die Gesellschaft auf uns aufpasst und dafür sorgt, dass alles sicher ist. Und das nicht nur, wenn wir zu Hause sind. Wenn wir weit von zu Hause entfernt sind, auf der anderen Seite des Erdballs, wohin wir gereist sind, um uns selbst zu finden und frei zu sein von den Forderungen der Gesellschaft, und uns dort in Schwierigkeiten gebracht haben und festhängen, rechnen wir damit, dass die Gesellschaft kommt und uns rausholt.

Aber gerade in der Natur wollen wir die Illusion von totaler Freiheit aufrechterhalten. Da wollen wir, dass die Gesellschaft und die Zivilisation sich heraushalten. Allzu weit aber auch wieder nicht. Wir wollen, dass sie auch dort sein sollen, für den Fall, dass es schiefläuft, aber am liebsten nicht so, dass man sie sieht. Und auf jeden Fall nicht so, dass es auf Bildern zu sehen ist.

Und falls die Zivilisation uns Hilfe anbietet, möchten wir gern die Möglichkeit haben, uns den Schweiß von der Stirn zu wischen und am Bart zu zupfen und zu sagen: Nein danke, ich komme allein zurecht.

Und da sind wir wieder zurück bei dem Gedanken, dass wir nur in der Natur frei und wir selbst sind. Dass wir nur dort so sind, wie wir eigentlich sind, unser bestes Ich.

Deshalb kannst du in Diskussionen, die sich um die Natur drehen, unwidersprochen Dinge sagen, die man dir in anderen Zusammenhängen nicht durchgehen lassen würde. Auf jeden Fall nicht, ohne dass du als unverantwortlich oder als Trottel oder als Kombination von beidem dastehen würdest.

In der Wintersaison 2017 gab es die Andeutung einer Diskussion über Helmpflicht in den norwegischen Bergen. In einem

Radioprogramm über das Thema wurden Menschen an einem Abfahrtshang interviewt. Einer der vielen, die persönlich die Helmpflicht für eine gute Idee hielten, meinte jedoch, es würde wohl nicht funktionieren: »Manche wollen nicht mit Helm fahren. So ist es einfach.«

Ein solches Argument könntest du in anderen Diskussionen über Sicherheit nicht anführen.

»Manche fahren eben gern mit 180 an Kindergärten vorbei, so ist es einfach.«

»Manche kippen eben gern eine Flasche Schnaps runter, bevor sie sich ins Cockpit eines Passagierflugzeugs setzen, so ist es einfach.«

Apropos Trunkenheit: In Norwegen ist es streng verboten, in zivilisierten Regionen betrunken Auto zu fahren. Aber in der Natur ist man großzügiger. Wenn du ein Boot hast, darfst du ein bisschen blau sein, denn da bist du frei und in den Schären. Und da soll die Gesellschaft die Klappe halten. Die Promillegrenze für Autofahrer in Norwegen ist null Komma zwei. Auf See ist die Grenze null Komma acht, was bedeutet, dass du gerade so viel trinken darfst, dass du ein Niveau erreichst, wo es dir schwerfällt einzuschätzen, wie viel genau du trinken darfst, um exakt dieses Niveau zu erreichen. Die meisten Norweger sind der Ansicht, die Promillegrenze sollte auf See so niedrig sein wie an Land. Aber die meisten Norweger haben auch kein Boot und deshalb keine Ahnung, wovon sie reden. Und Versuche, ein Verbot gegen das Führen eines Bootes mit Promille auf See einzuführen, werden rituell und vorhersehbar als Angriff auf – genau – die Freiheit der Sportschiffer angesehen.

Denn wenn Steine oder Wasser mit dabei sind, oder Hänge oder Schnee, dann gelten andere Regeln. Dann wollen wir frei sein. Und da können wir auf uns selbst aufpassen, danke bestens. Zieh dich zurück, Staat!

In einem der vielen Jubiläumsbücher über Den Norske Turistforening steht ein Interview mit einem Mann, der eine dieser

Hütten in den Bergen bewirtschaftet. Er soll anonym bleiben. Im Interview sagt er: »Warum soll ich träumen, wo ich doch das Leben führe, von dem andere Menschen träumen?«

In dem Buch ist er abgebildet. Er ist kein alter Mann. Aber er hat also schon aufgehört zu träumen. Eigentlich ist das traurig. Aber wenn ich es nun schaffe, jedes Mitleid mit diesem Mann beiseite zu lassen, und das dürfte kein Problem für mich sein, dann stellt sich die Frage: Was ist das eigentlich für eine Aussage?! Und wer sonst könnte damit durchkommen, so etwas zu sagen?

Ein Popstar oder ein Realitypromi würden als dämlich angesehen.

Wer sonst? Ein Steuerberater? Ein Chirurg? Ein Lehrer? Ein Minister? Der Ministerpräsident? Der König?

Nein. Nein. Nein. Nein. Nein. Nein. Nein.

Aus unterschiedlichen Gründen, aber nein.

Es ist schön, dass du glücklich bist da oben auf deiner winzigen Hütte. Aber vorauszusetzen, dass andere davon träumen, auf die gleiche Art und Weise glücklich zu sein wie du? Das lässt darauf schließen, dass frische Luft das Selbstbild aufbläht.

Aufhören zu träumen? Das nennen wir Stagnation. Aber nicht in der Natur. Denn da sind wir so, wie wir eigentlich alle sein wollen.

Vielleicht ist die Idee von Luxushotels in den Bergen deshalb nicht so erfolgreich gewesen, wie die Planer es im vergangenen Jahrtausend glaubten. Freie Menschen wohnen nicht im Hotel. Freie Menschen haben ihre eigenen Hütten. *Mit* Hotelstandard.

Und wenn jemand dann und wann andeutet, dass es in Zukunft vielleicht kein gangbarer Weg ist, wenn alle ihre Hütten behalten, die den größten Teil des Jahres leer stehen, oder dass die Art und Weise, wie wir die Natur gegenwärtig nutzen, dazu beiträgt, ebendiese Natur zu zerstören, dann ist das die nationale Version der Szene vom Gründonnerstag am langen Tisch von Krækkja, als die Frage gestellt wurde, ob es nicht eigentlich ziemlich langweilig sei, Ski zu laufen.

Über so was kann man nachdenken, während man bei Minusgraden in der Hütte in Krækkja liegt. Und man kann sich lustig machen über Menschen, die so davon in Anspruch genommen sind, sich in der Natur frei zu fühlen, dass sie nicht einmal einräumen, Hilfe zu brauchen, wenn sie sie wirklich nötig haben. Das ist leicht.

Doch dann, plötzlich eines Tages, stehst du selbst da, in einer Situation, in der du wählen musst.

Und genau das passiert uns am nächsten Tag an einer Stelle zwischen Krækkja und Tuva. Mitten auf der Vidda. Das Unglück ist geschehen. Und jetzt müssen wir zeigen, wer wir sind, woraus wir gemacht sind, auf welcher Seite wir stehen, ob wir für uns oder gegen uns sind, was all diese Witzeleien über die Naturfreunde eigentlich wert sind, wenn es darauf ankommt, wenn etwas auf dem Spiel steht. Denn jetzt stehen wir selbst da. Wir können den Weg zu den Leuten der Wildnis wählen, oder wir können uns geschlagen geben. Wir können uns selbst helfen oder um Hilfe bitten, um die Hilfe der Zivilisation. Jetzt zeigen wir, wer wir sind. Mensch oder Maus?

21

MENSCH ODER MAUS?

**Vierte Etappe: Krækkja–Tuva. Auf Skiern.
Vielleicht zwanzig Kilometer.**

Bevor es zur Krise kommt, ist dieser Tag ein Fest.
Ja gut, wir erwachen in einem Zimmer mit Minusgraden, und mehrere von uns haben schlecht geschlafen, aber der gestrige Tag und der Rotwein und der Beschluss, unsere Route zu ändern, machen uns locker und versetzen uns in eine Bombenstimmung. Die Gruppe ist optimistisch. »Der frohe Wandersmann« wird gesummt. Ich selbst friere so, dass ich in einem Augenblick von Verwirrung überzeugt bin, es müsste draußen wärmer sein als drinnen. Wir müssen raus! Schnell! Der Besorgnisbeauftragte erinnert vorsichtig daran, dass wir heute beinahe genauso weit laufen wie gestern und dass diese Blasen nur größer und schmerzhafter werden. Aber das ficht uns nicht an. Wir tapen und verpflastern uns, ziehen uns an, gehen zum Frühstück und stellen uns nicht ein einziges Mal in die falsche Schlange, *we are on a roll,* und wir danken allen für den gestrigen Abend, und alle sind Freunde, und wir wissen, was wir mit unseren Thermoskannen machen sollen, und wir packen unsere Proviantpakete, und der Mann an der Rezeption dankt für unseren Besuch und erzählt, dass die Holzskulptur von ihm das Werk eines lokalen Motorsägenkünstlers ist und bald einen zentralen Platz bekommen soll. Und wir kommen nach draußen und finden beinahe sofort die richtige Loipe, und heute ist das Wetter, wie es sein soll, und Ostern sieht aus wie Ostern in der Werbung und die Sonne wärmt und wir sind gut in Schwung und es ist flach und wir machen Bilder und wir sehen gut aus und die Stöcke der SAB

halten, und es ist beinahe, als wären sie über Nacht länger geworden, und nach einer Weile kreuzen wir eine Straße und wir knipsen neckische Bilder von uns selbst mit Asphalt unter den Füßen, und wir wissen, dass wir beim Überqueren der Straße, egal auf wen wir hören, schon ungefähr ein Drittel der Tagesstrecke zurückgelegt haben, und ist das nicht ziemlich schnell gegangen? Und jenseits der Straße sind präparierte Loipen wie bei den Olympischen Winterspielen! Und wir gleiten vorwärts, und überall auf dieser Seite sehen wir private Hütten, und auf dieser Seite sind weit mehr Menschen auf den Loipen unterwegs und sie laufen schneller und haben teurere Kleidung und teurere Ausrüstung und sie haben es zu eilig, um »Hei« zu sagen, denn sie wollen eine gewisse Anzahl Kilometer hinter sich bringen, bevor sie zur Hütte zurückmüssen, um interessantes, kurz gereistes, handgepresstes Essen für die Hüttennachbarn zuzubereiten, bevor sie früh zu Bett gehen, um ausgeruht zu sein, weil sie morgen wieder eine stattliche Anzahl Kilometer zurücklegen wollen, und sie müssen überhaupt noch eine ganze Menge schaffen, bevor sie sterben, was ja *jeden Augenblick geschehen kann*, und wir bleiben kurz stehen und unterhalten uns über den gewaltigen Unterschied auf den zwei Seiten der Straße, und wir sind uns einig, dass die äußerst wenigen, die wir auf den angeblich überfüllten Loipen auf der anderen Seite getroffen haben, netter waren als die etwas zahlreicheren Menschen, die wir hier treffen, sie sagten wenigstens »Hei«, wir mögen Leute, die »Hei« sagen, sind wir uns einig, aber die Loipen sind fantastisch, und es ist immer noch flach und schön, und seht euch die Sonne an! So soll es sein, das ist echt Ostern, das ist es, worüber sie alle reden, und kann es eigentlich noch besser werden, und was kann jetzt noch schiefgehen, und die Seychellen?! *Don't get me started on Seychellen!* Und wir haben unsere Lunchpause gemacht, ohne uns kaputt zu frieren, und wir haben eine Schnaps-und-Zigarillo-Pause gemacht, ohne dass jemand davon Notiz genommen hat, und das Einzige, was wir uns jetzt fragen, ist, ob wir uns nicht bald dieser Hütte nähern. Und da geschieht es.

Die Dokubeauftragte und ich gleiten ein wenig besser als die anderen und lassen sie nach einem kleinen Abwärtshang hinter uns. Wir halten an und warten, denn so sind wir. Und wir finden, dass es ein wenig zu lange dauert. Als wir uns umdrehen, sehen wir die SAB und den Besorgnisbeauftragten mitten auf dem Hang stehen. Und da bleiben sie stehen.

Schließlich drehen wir um und gehen zu ihnen, denn so sind wir.

Die SAB sieht uns mit echter Verzweiflung an.

»Mir ist der Schuh gebrochen«, sagt sie.

»Dir ist was?«

»Der Schuh gebrochen.«

»Entschuldigung, noch einmal. Was ist dir gebrochen?«

»Der Schuh.«

»Der Schuh?«

»Der Schuh.«

»Kann man sich einen Schuh brechen?«

Man kann. Ein Stück des Schuhs steckt in der Skibindung fest. Der Rest sitzt am Fuß.

Da hat man geplant und sich eingelesen, man hat Tipps von Leuten mit Erfahrung bekommen, man glaubt, auf alles vorbereitet zu sein, was in der Natur schiefgehen kann, und hat dementsprechend gepackt.

Spaten? Check.

Extra Skispitze? Check.

Reichlich Wasser? Check.

Stirnlampe? Check.

Bandagen? Check.

Schuster? Mist.

Und dies ist der Punkt, an dem du zeigst, auf welche Seite du gehörst. Denn im Prinzip wissen wir ja alle, dass wir nicht allzu viele Kilometer von einer Touristenhütte entfernt sind, die von Leuten bewirtschaftet wird, die daran gewöhnt sind, dass in den Bergen so einiges passieren kann, und wir haben sogar die Nummer der Hütte, und wir haben Telefone, die funktionieren, und auf dieser Hütte haben sie wahrscheinlich einen Schneescooter, so dass sie kommen und die SAB holen könnten. Das alles wissen wir. Im Prinzip. Auch wenn es aussieht, als seien wir da, wo wir gerade stehen, mitten auf einer Hochebene mit einem halben Schuh, endlos weit von der Zivilisation entfernt.

In diesem Moment erwacht das Wildtier in der SAB. Kommt nicht in Frage, nach einem Schneescooter zu telefonieren. Ein Schneescooter ist peinlich. Das kriegen wir hin.

MacGyver macht sich an die Arbeit. Wir brauchen Gaffa-Tape, sagt sie. Das haben wir nicht. Wir haben lediglich ein ziemlich schlechtes Bandagen-Tape für den Fall dabei, dass jemand sich ein Körperteil bricht – aber nicht einen Schuh.

Es erfolgt ein erster Versuch, den Schuh mit Schnüren und Tape zu reparieren. Es hält genau siebenundzwanzig Meter.

Die Schneescooter-Alternative wird erneut erwogen, kommt aber überhaupt nicht in Frage. Die SAB findet heraus, dass sie vorankommt, wenn sie den rechten Fuß einfach nicht anhebt. Zumindest, solange es flach ist.

Ich sehe ein kleines Zucken im Gesicht der Dokubeauftragten. Und wir denken wohl das Gleiche über die neue Technik der SAB: »Ja, es geht zwar vorwärts. Aber wenn wir auf den Schneescooter verzichten, dann müssen wir ja *alle* in deinem Tempo zur Hütte gehen, und dann schaffen wir es heute wieder nicht, vor dem Abendessen ein Bier an der Hüttenwand zu trinken, wenn wir es überhaupt schaffen, zum Abendessen hinzukommen.«

Aber dies ist nicht unsere Angelegenheit. Dies ist eine Sache zwischen der SAB und der Natur. Und sie hat ihre Wahl getroffen: mit eineinhalb Schuhen und einem losen Ski weiterzugehen.

Ich will nicht verhehlen, dass in der Gruppe jetzt Murren aufkommt. Es wird gefragt, leise, ob nicht auch Schneescooter dazu

da sind, benutzt zu werden, und ob es eigentlich zu verantworten ist, mit einer Ausrüstung aus dem vorigen Jahrhundert auf eine lange Wanderung zu gehen.

Es sind jetzt weniger Leute in der Loipe als noch vor Kurzem, doch dann kommt uns eine Frau entgegen. Wir erzählen von unserem Missgeschick und fragen, ob sie zufällig Gaffa-Tape oder einen Schuster im Rucksack hat. Sie hat nicht einmal einen Rucksack. Doch sie tröstet uns und sagt, dies sei alles kein Problem. Die Hütte liege nämlich gleich um die Ecke. Sie komme selbst gerade von dort. Das Beste sei es vielleicht, wenn einer von uns zur Hütte führe und Ersatzski und -schuhe holte, denn das hätten sie ganz sicher.

Diese Nachricht lässt die Gruppe erleichtert aufatmen. Jedenfalls drei Viertel der Gruppe. Denn mich beschleicht das Gefühl, dass dies nicht ganz stimmt. Ich erinnere mich nämlich, dass wir vor einigen Kilometern einem jungen Paar bei einem Schild begegnet sind. Dem Schild zufolge waren es sieben Komma zwei Kilometer bis Tuva. Das Paar, das selbst von Tuva gekommen war, berichtete, dass es zwischen Tuva und Krækkja nur zwei Schilder gebe. Das eine zeige sieben Komma zwei. Das andere zwei Komma sieben. Ich erinnere mich deshalb daran, weil wir darüber gewitzelt haben, dass diejenigen, die auf der Hardangervidda die Schilder machen, anscheinend nur die Ziffern sieben und zwei schreiben können.

Und ich kann mich nicht erinnern, an einem Schild vorbeigekommen zu sein, auf dem »Tuva 2,7« stand. Das wäre mir aufgefallen. Es gibt ja nicht gerade viel Variation hier auf der Vidda. Es erschöpft sich weitgehend in Schnee und Skispuren. Ein Schild erregt Aufmerksamkeit, und du hättest es bemerkt. Dazu kommt, dass ich auch weiter vorn kein Schild sehe. Und dies ist eine Hochebene. Man kann weit schauen. Das meiste deutet also darauf hin, dass es wenigstens drei Kilometer bis zur Hütte sind. Wahrscheinlich mehr. Vielleicht eine ganze Menge mehr. Wenn einer von uns zur Hütte liefe, die »gerade um die Ecke« liegt, und wieder zurück, würde das mindestens eine Stunde dauern. Und das auch nur, wenn wir die Fitteste und die Ungeduldigste von uns losschicken (die Dokubeauftragte). Es würde eineinhalb bis zwei Stunden dauern, wenn wir den von uns mit dem größten Hang zu Unsinn und Zigarillopausen schickten.

Die anderen haben angefangen zu gehen, oder zu hinken, oder, wie es auf Skiern heißt, nach der Hütte auszuschauen. Ich glaube nicht, dass sie das Gespräch bei dem Sieben-Komma-zwei-Schild mitbekommen haben. Ich beschließe für mich, dass ich mich verhört oder das Kunststück fertiggebracht habe, an einem Schild vorbeizugehen, ohne es zu bemerken.

Das muss die Erklärung sein. Es ist die einzig mögliche Erklärung.

Und so gehen und gehen wir. Vorneweg das Wildtier SAB, entschlossen hinkend, der Rest unmittelbar dahinter. Wir schaffen das. Wir sind Naturmenschen.

Es geht nicht besonders schnell, doch eins muss man der SAB lassen, sie findet ziemlich schnell eine Technik, die in ebenem Gelände imponierend gut funktioniert, sie findet einen Rhythmus und erreicht nach und nach beinahe normales Lauftempo. Wenn es eine WM in Langlauf mit losem Schuh gäbe, wäre sie bärenstark.

Und die Stimmung in der Gruppe steigt.

Und da sehen wir etwas, ein ganzes Stück vor uns.

Es ist keine Hütte, falls du das geglaubt hast. Das wäre natürlich toll gewesen.

Es ist eine Menschengruppe. Nach einer Weile erkennen wir, dass diese Menschengruppe etwas betrachtet. Sie betrachtet ein Schild. Ein Pfosten ist in den Schnee gerammt, und an dem Pfosten sind Schilder angebracht, die in alle Richtungen zeigen.

Wir sind zu einer Wegkreuzung auf der Vidda gekommen. Und wir sind, sehe ich ein, wahrscheinlich an dem Punkt der Tour angelangt, wo mindestens einer von uns durchdreht.

Der Besorgnisbeauftragte läuft zum Schild. Er liest. Er liest noch einmal. Dann geht er ein paar Meter zurück zu uns und sagt – schwer gekränkt:

»Es sind noch ZWEI KOMMA SIEBEN KILOMETER. AB HIER!!!«

»Nicht rufen«, sage ich. »Du kannst eine Lawine auslösen.«

Aber er hat jetzt ganz und gar keinen Sinn mehr für Humor.

Wir erzählen den Leuten am Schild von unserem Missgeschick. Sie zeigen Mitgefühl, können sich das Lachen aber nicht verkneifen.

»Aber von hier geht es fast den ganzen Weg nach Tuva leicht bergab«, sagt einer von ihnen.

Doch die Berge machen etwas mit dir: Ich bin jetzt so misstrauisch geworden, dass ich Kontrollfragen stelle.

»Kommt ihr jetzt aus Tuva?«

»Ja.«

»Ihr seid gerade die Strecke von Tuva hierher gelaufen, ist es das, was du sagen willst?«

»Ja.«

»Jetzt eben?«

»Ja.«

Und dann frage ich einen der anderen: »Und von hier aus geht es nur bergab?«

»Ja, von hier aus geht es den ganzen Weg leicht bergab.«

Nachdem wir zwanzig Minuten zweifelsfrei leicht bergauf gelaufen sind, müssen wir einsehen, dass wir nichts wissen. Es kann sein, dass es noch zehn Kilometer bis zur Hütte sind, und dass es die letzten vierhundert Meter senkrecht nach oben geht. Denn du kannst dich auf keine Information verlassen, die du hier von jemandem erhältst. Wir haben gerade von drei verschiedenen Quellen Information eingeholt. Keiner von ihnen hat ein einziges wahres Wort gesagt.

Der Besorgnisbeauftragte wird wütend. Die SAB konzentriert sich in erster Linie darauf, die Technik und ihre Stimmung hochzuhalten, irgendwo im Niemandsland zwischen tapfer und hysterisch. Die Dokubeauftragte und ich sind in dem ganzen Schlamassel ein bisschen froh, dass die anderen dies jetzt selbst erleben können. Nach unserer Jotunheimen-Tour haben wir viel darüber gesprochen, dass die Leute in den Bergen die ganze Zeit lügen und angeben. Und ich glaube, unsere Freunde haben gedacht, dass wir selbst bei unseren Erzählungen auch ziemlich stark übertreiben.

Aber jetzt haben wir mehrere Leute getroffen, die uns glatt ins Gesicht lügen. Und völlig ohne Grund! Denn was wir heute gehört haben, ist ja nicht einmal Angeberei. Es ist simples Lügen. Und sie lügen gegenüber jemandem, dem ein Missgeschick passiert ist und der mit kaputter Ausrüstung in halbem Tempo laufen muss. Einem Menschen in einer solchen Situation über Abstände und Terrain die Unwahrheit zu sagen, das ist einfach nur bösartig.

Was ist los mit diesen Menschen?

Hei! Du! Die Frau, die wir getroffen haben, wahrscheinlich vier Kilometer von der Hütte entfernt (doch wer weiß?): Machst du das immer so? Oder wirst du nur auf der Vidda verrückt? Wenn du dich im Zentrum einer Stadt befindest, und dir begegnet jemand im Rollstuhl, einem manuellen Rollstuhl, und er erzählt dir, dass der Rollstuhl defekt ist, dass das eine Rad nicht rund läuft, weshalb er zu einer Werkstatt muss, die das Rad reparieren kann, deren Adresse er herausgefunden hat, und du weißt, dass diese Adresse in einem Stadtteil fünf Kilometer vom Zentrum entfernt liegt, und er fragt dich, wie weit es ist bis dahin, was sagst du dann? Sagst du, es ist gleich um die Ecke und nur Jammerlappen nehmen ein Taxi?

Wahrscheinlich nicht. Denn so verhält sich niemand. Nicht in der Zivilisation. Aber in der Natur ist offenbar alles anders.

Liegt es an der Bergluft? Oder ist es vielleicht dieser Virus, der noch schlimmere Auswirkungen hat als Durchfall?

Ist vielleicht etwas im Essen? In all diesen Gerichten, die seit den Achtzigerjahren nirgendwo sonst mehr serviert worden

Es fühlt sich so gut an, wenn du schließlich dort angekommen bist.
Gut. Und kalt.

sind als in den Bergen? Vielleicht ist da irgendetwas in dem Jahrgangsessen aus den Achtzigerjahren, das die Unehrlichkeit in den Menschen hervortreten lässt? Verliert man vielleicht bei häufigem Verzehr von Schinkenbraten und *kabaret* die Fähigkeit, zwischen wahr und unwahr zu unterscheiden?

Ich weiß nicht, ob du, lieber Leser, alt genug bist, um dich an die Achtzigerjahre zu erinnern. Aber ich erinnere mich an sie. Und die Menschen in den Achtzigerjahren übertrieben auch nicht wenig. So große Schulterpolster sind wirklich völlig unnötig. Die Achtzigerjahre waren ein Jahrzehnt der Angeberei. Es handelt sich um eine Lebenseinstellung, die damals bejubelt wurde. Man sollte sich hart zeigen, so tun, als käme man mit allem klar und wäre Weltmeister in fast allem.

In der restlichen Gesellschaft ist diese Haltung mit den Achtzigerjahren ausgestorben. Aber nicht in den Bergen. Es muss etwas im Essen sein.

Es ist das *kabaret*, das spricht.

Es hilft immer, jemanden zu überholen. Und wenn man nur einen Fuß heben kann, ist es außerdem noch ziemlich imponierend.

Die Frau, die wir jetzt überholen, haben wir vorgestern in Finse beim Frühstück getroffen, und gestern sind wir ihr mit ihren Freundinnen in Krækkja begegnet. Es sind vielleicht nicht ganz so viele Menschen zu Ostern in den Bergen, wie manche behaupten, doch die wenigen, die da sind, treffen wir dafür ständig.

Die Stimmung in dieser Gruppe ist auch eher mittelprächtig. Dort sind Blasen das Problem.

Hah! Blasen. Darüber können wir nur lachen. Versucht mal, mit einem halben Schuh zu laufen!

Blasen haben wir alle.

Ich allerdings nicht, doch ich bin in der Lage mir vorzustellen, wie es sein muss.

Wir diskutieren, wie weit es zur Hütte noch sein mag. Sie wollen auch dorthin. Wir meinen alle, da vorn einen Wimpel oder so etwas sehen zu können. Kann das die Hütte sein? Es *muss* die Hütte sein, sagt eine der Freundinnen. Oder zumindest *eine* Hütte. Niemand pflanzt mitten auf der Vidda eine Fahnenstange in den Boden und zieht einen Wimpel auf, nur um die Leute zu veräppeln.

Was das betrifft, wäre ich mir nicht so sicher.

Wir lassen die Freundinnen hinter uns. Sie wollen ausruhen oder sich streiten oder Schuhe wechseln oder was auch immer. Wir haben das Ziel vor Augen und humpeln weiter dem Wimpel

entgegen. Als wir uns nähern, kommen wir an einen unerwarteten Abwärtshang. Das ist ein Problem. Die SAB kann nicht mit dem Schneepflug bremsen. Dann verliert sie den Ski. Sie muss die Ski abnehmen und zu Fuß gehen, auf die Gefahr hin, demütigendes Hinfallen im Tiefschnee zu riskieren. Oder sie muss es drauf ankommen lassen. Sie lässt es drauf ankommen. So ist die neue SAB. Sie fährt los, ohne Schneepflug, und nimmt mächtig Fahrt auf. Wir anderen kommen im Schneepflug hinterher und sehen die SAB in wildem Tempo mit losem Ski elegant auf den Platz vor einer plötzlich auftauchenden Hütte mit Wimpel einschwenken, und davor sitzen Leute in der Sonne, trinken Bier und sagen: »Frohe Ostern!«

An der Rezeption begegnen wir natürlich einem Paar, das wir schon in Finse und in Krækkja getroffen haben. Wir unterhalten uns locker. Jetzt ist alles gut.

Dann fragen wir nach der Möglichkeit einer Schuhreparatur. Die Frau in der Rezeption entgegnet lächelnd, ihr Mann kriege das ganz bestimmt hin, wenn er nach Hause komme. Es hört sich so an, als hätte die Hütte ihren eigenen MacGyver. Sie erzählt weiter, sie hätten genug überzählige Ausrüstung hier, falls man sie brauche. In der Gegend wird nämlich einmal im Jahr ein Skirennen veranstaltet. Nicht wenige der Teilnehmer sind ein wenig übertrieben ehrgeizige Männer mittleren Alters. Manche von denen, die wir heute in der Loipe getroffen haben, die es zu eilig hatten, um »Hei« zu sagen, werden wohl an diesem Rennen teilnehmen. Auf jeden Fall gibt es eine Stelle, wo Teilnehmer, die mit ihrer eigenen Leistung in diesem Rennen unzufrieden sind, voller Wut ihre Skiausrüstung wegwerfen, ein bisschen so wie der Fahrradschwede, an den du dich vielleicht erinnerst. Nachher geht jemand von der Hütte hier hin und sammelt alles ein, was weggeworfen worden ist, damit sie es dann an Gäste weitergeben können, die es möglicherweise brauchen. Dies ist die schönste Geschichte über Recycling, die ich seit Langem gehört habe.

Ich mag diese Hütte. Die Wirtin ist lustig. Die Hütte ist viel kleiner als die anderen beiden, auf denen wir gewesen sind. Und die Wirtin und der Mann, der bald den Schuh der SAB reparieren wird, haben die Bewirtschaftung der Hütte gerade von der vorigen Generation übernommen. Wir Bergfreunde lieben die Tradition.

Doch jetzt wollen wir nicht die Zeit verplappern. Denn heute schaffen wir es, vor dem Abendessen ein Bier an der Hüttenwand zu trinken.

Draußen finden wir einen Platz, prosten ein paar jovialen Bergensern und einigen Amerikanern zu, die die ersten ausländischen Touristen sind, die wir seit den verwirrten Holländern auf Finse treffen. Einer von ihnen hat eine Blase in der Größe eines Fußes. »*It's not a problem*«, sagt er. Er ist schon zu lange in den norwegischen Bergen gewesen.

Wir lehnen uns zurück, blinzeln in die Sonne und trinken. Es ist fantastisch. Und nach ein paar Minuten ist es eiskalt. Man vergisst es jedes Mal. Entweder das oder die Spätwirkungen des *kabarets* schlagen zu.

Und da kommen die Freundinnen, die wir eben überholt haben.

Und da kommen tatsächlich Per und Kari von gestern.

Ja, nun sind wohl alle, die dieses Jahr im Osterfjell unterwegs sind, versammelt, und das Abendessen kann serviert werden.

Möglicherweise sind dies alle, die zu Ostern unterwegs sind, denn auch hier – beim dritten Versuch von dreien – bekommen wir ein Vierbettzimmer für uns allein. Zwar ein kleines und seltsames Vierbettzimmer, das sich aber definitiv im Rahmen dessen bewegt, was als charmant durchgeht. Oder eng, um ein anderes Wort dafür zu benutzen. Das Zimmer liegt unter dem Dach. Du musst eine Leiter hinaufsteigen und durch eine niedrige und kleine Tür gehen. Oder kriechen. Ich kenne mehrere, die es einfach nicht geschafft hätten, durch diese Tür zu kommen, deshalb betrachte ich es als Kompliment, dass sie uns hier unterbringen. Es ist un-

möglich, hier aufrecht zu stehen. Wir ziehen uns im Winkel von neunzig Grad um und klettern hinunter zum Abendessen.
Und jetzt halt dich fest: Zum Abendessen gibt es Fisch! Und Reis! Hallo?!?!

Man merkt, dass hier eine neue Generation den Betrieb übernommen hat, und die ist frei von Schubladendenken. Sie hat die Hüttenregel außer Kraft gesetzt, nur Schwein und Rind anzubieten, so dass man zu jeder Zeit so viele Minoritäten wie möglich ausschließt.

Wir teilen uns einen schönen Ecktisch mit der Freundinnengruppe. Sie wollen morgen nach Geilo. Das wollen wir auch. Zumindest haben wir das geglaubt, bis zu dem Moment, als wir hören, dass der letzte Teil der Tour einen Abhang hinabgeht.

Also wir wollen ja nur nach Geilo, um den Zug nach Hause zu nehmen. Und man kann zu anderen Orten in der Nähe gehen, wo der Zug auch hält, und wo du nicht auf schmalen Skiern einen Abfahrtshang hinunterschießen musst. Ustaoset heißt zum Beispiel so ein Ort. Ja, richtig.

Dass es rein zufällig auch nur halb so weit dorthin ist, ist nicht ausschlaggebend. Hier geht es darum, dass wir solidarisch sind mit der einen Person in unserer Gruppe, die schlechte Stöcke hat und Schuhe, die brechen.

Und dass wir jetzt schon den zweiten Tag hintereinander unsere Route ändern und abkürzen, zeigt nur, dass wir über die alberne Machokultur in den Bergen erhaben sind und vernünftige Entscheidungen treffen, statt es uns selbst unnötig schwer zu machen.

Aber so viel ist auch klar: Als wir erfahren, dass eine der Freundinnen am Tisch morgen wegen einer Blase den Schneescooter nach Geilo nimmt, da reißen wir zehn, zwölf Witze darüber.

So albern und macho muss man sein dürfen. Es sind trotz allem Ferien.

Wir sind wieder einmal so zufrieden damit, unsere Route geändert zu haben, dass wir reichlich Wein bestellen. Die SAB bringt die Schadenszeichnung auf den Stand. In der Hauptsache sind es die Schäden bei unserem Besorgnisbeauftragten, die seit gestern eskaliert sind.

Der Hütten-MacGyver kommt an unseren Tisch und kann berichten, dass er den Schuh repariert hat. Er hat selbstverständlich strubbelige Haare und ist gesprächig und nett. Der Schuh ist mit Superkleber geklebt und wird auf jeden Fall eine Weile halten, sagt er. Das ist ja erst einmal beruhigend.

Ferner erzählt der Wirt, dass jeden Tag eine Art Schichtwechsel auf der Hütte stattfindet. Nach dem Frühstück begeben sich alle Übernachtungsgäste auf ihre jeweiligen Touren. Dann folgen ein bis zwei ruhige Stunden, bevor die Tagesgäste eintreffen. Das sind solche, die eigene Hütten in der Umgebung haben und auf ihren Trainingsläufen hier Halt machen, um Waffeln zu essen. Die Waffeln hier sind nämlich legendär. Natürlich sind sie das. Es ist mal wieder wie mit der Fischsuppe.

»Wir gehen hier nicht weg, bevor wir nicht die Waffeln probiert haben«, sagt die Dokubeauftragte.

Wir unterhalten uns ausgiebig mit Per und Kari. Und ein wenig mit den Freundinnen. Und ein wenig mit dem Paar, dem wir schon in Finse und Krækkja und vorhin in der Rezeption begegnet sind. Und es ist vielleicht ganz gut, dass dies der letzte Abend ist. Alles lässt darauf schließen, dass wir, wenn wir morgen noch zu einer weiteren Hütte gewandert wären, dieselben Leute noch einmal getroffen hätten. Und zum einen oder anderen Zeitpunkt hätten wir anfangen müssen, über etwas anderes als Berge und Ski und Abstände und Hütten und Blasen zu sprechen. Und da kann alles passieren. Wir wissen ja nicht, wer diese Menschen eigentlich sind. Wenn wir anfangen, über gewöhnliche Dinge zu sprechen, kann es sein, dass sie sich als Rassisten erweisen. Oder dass sie Yoga machen.

Das Gespräch am Tisch nimmt bereits eine bedrohliche Wendung in Richtung alltäglicher Themen zwischen normalen Menschen, doch zum Glück werden wir im letzten Moment gerettet.

Es ist elf Uhr. Der Strom wird abgeschaltet.

Es gibt noch etwas, das von Hütte zu Hütte variiert: die Temperatur. Es ist entweder absurd warm (Kaminstube in Finse) oder absurd kalt (der Schlafraum in Krækkja). Diesmal sind wir zurück bei absurd warm. Das Zimmer liegt nämlich so gut wie über dem Kamin. Und es hat wie gesagt eine Deckenhöhe von ungefähr einem halben Meter, ist also schnell geheizt. Außerdem nähert sich die Außentemperatur einem Kälterekord, so dass die Durchführung der Abendtoilette einer Expedition mit einem Temperaturunterschied von etwa sechzig Grad gleichkommt. Du gehst vom Schlafraum, in dem sicher dreißig Grad plus sind, eine Leiter hinunter und nach draußen, wo fast dreißig Grad minus sind, zum Plumpsklo, dessen Wände aus mehr Löchern als Holz bestehen, und wo es gefühlt noch kälter ist als draußen, und dann musst du wieder hinaus und zu einem dritten Gebäude, um dir die Hände zu waschen und die Zähne zu putzen, bevor du wieder in die Haupthütte gehst und in ein Bassin von Plusgraden eintauchst.

Bevor wir dies alles tun, beschließen wir, den letzten Abend ein kleines bisschen zu verlängern und das letzte Zigarillo zu teilen.

Ich will nicht behaupten, dass wir melancholisch oder sentimental werden, während wir dort stehen, aber es ist ziemlich schön, in der Dunkelheit und bei klirrender Kälte ein Zigarillo zu teilen, während im Hintergrund ein Amerikaner vorüberhinkt.

FJELLSPRACHE –
DIE WICHTIGSTEN BEGRIFFE

Nützliche Wörter und Ausdrücke, die man lernen sollte, wenn man eine Fjellwanderung machen möchte

Schön = kalt
Super = kalt
Prima = kalt
Superschön = kalt
Charmant = eng
Bewältigungsgefühl = endlich mit etwas fertig werden, das du seit Langem satthast
Kurz = weit
Nicht weit = weit
Null Problem = Problem
Gleich um die Ecke = fünf Kilometer
Abwärtshang = Aufwärtshang
Uneben = steil
Nicht steil = steil
Meditativ = langweilig
Luftig = senkrecht nach oben und lebensgefährlich

22

HÖR AUF UNERFAHRENE BERGWANDERER, TEIL 3

1. Nimm immer Gaffa-Tape, Ersatzskischuhe, Superkleber und MacGyver mit.

2. Es ist noch weit. Es ist immer noch weit.

3. Nimm immer reichlich Zigarillos oder etwas Entsprechendes mit, das du magst und das sich in den Bergen nicht gehört. Es gibt viele Dinge, die du beim Packen vergessen kannst, ohne dass es auf einer Bergwanderung zur Krise kommt. Erstaunlich viel kannst du auf Berghütten kaufen oder leihen. Aber Zigarillos bekommst du bestimmt nicht.

4. Es ist keine Schande, einen Schneescooter zu bestellen.

5. Es ist auf keinen Fall eine Schande, die Route zu ändern, zu keiner Zeit.

23

WEISSE, DIE ÜBER BLASEN REDEN

Letzte Etappe: Tuva–Ustaoset. Auf Skiern. Zehn Kilometer.

Wir werden die sagenumwobenen Waffeln probieren. Es ist ein letzter Test des Wahrheitsgehalts in den Bergen. Deshalb bleiben wir sitzen, als das Frühstück zu Ende ist. Und wir bleiben sitzen, als alle anderen gegangen sind.

Dann brechen Per und Kari auf. Macht's gut, ja. Und schöne Tour dann.

Und dann bricht die Freundinnengruppe auf. Einige von ihnen auf dem Schneescooter. Schwächlinge.

Und dann bricht das Paar auf, das wir in Finse getroffen haben. Und in Krækkja. Und gestern Abend. Und heute beim Frühstück.

Ja, macht's gut.

Herrlich jetzt da draußen.

Fantastisch, wenn es so ist.

Die Seychellen, weißt du.

Ostern liegt früh dieses Jahr.

Schöne Tour.

Grün.

Und dann sind nur noch wir da. Wir haben Zeit. Denn heute wollen wir tatsächlich nicht weit laufen. Es sind zehn Kilometer, und zum großen Teil bergab. Und auch nicht so steil bergab, das hat die Wirtin uns versichert. Nicht steil, nur Spaß, wie sie sagte.

Also entspannen wir uns, lesen ein bisschen und warten auf die berühmten Waffeln. Hängen ab. Dösen an der Hüttenwand, eventuell. Vielleicht geraten wir völlig außer Rand und Band und

genehmigen uns ein letztes Bier im Freien, bevor wir aufbrechen. Deshalb sitzen wir um halb elf im Kaminzimmer und plaudern.

Etwas Derartiges ist auf einer Touristenhütte in der Geschichte der Hardangervidda anscheinend noch nie vorgekommen. Es ist eine Störung der Routine. Die Leute treffen am Nachmittag ein, beantworten Fragen nach Thermoskannen und Lunchpaketen, stellen ihre Rucksäcke in winzig kleinen Zimmern ab, die entweder zu kalt oder zu warm sind, essen gemeinsam mit anderen Wanderern, die sie gestern schon auf einer anderen Hütte getroffen haben, zu Abend, reden über Blasen, gehen früh ins Bett, stehen früh auf, frühstücken und ziehen los. Es ist wahrscheinlich noch nie vorgekommen, dass Leute hier einfach so sitzen, am Tage und ohne Grund.

Die Hütte soll jetzt geputzt werden. Die Frau, die sie putzt, kommt ins Kaminzimmer. Sie bleibt einen Moment stehen und sieht uns an. Und dann geht sie einfach wieder. Wahrscheinlich beruft sie im Hinterzimmer ein Krisentreffen ein.

»Da sind Leute.«
»Leute? Hier? Jetzt?«
»Ja.«
»Was für Leute?«
»Gäste, glaube ich.«
»Gäste? Jetzt? Es ist doch nach zehn.«
»Ich weiß.«
»Was machen sie?«
»Sie sitzen nur da.«
»Warum denn?«
»Das weiß ich doch nicht. Hängen ab oder so.«
»Hängen ab? Wie krank ist das denn, es sind doch Ferien?«
»Was weiß ich!«
»Wollen sie noch lange sitzen bleiben?«
»Sie sagen, sie wollen Waffeln essen.«
»Waffeln? Aber sie haben doch gefrühstückt. Die Waffeln sind doch für die Tagesgäste. Und die kommen erst in einer Stunde.

Wir können nicht anfangen, Tagesgäste und Übernachtungsgäste zu vermischen, das begreift doch jeder? Wo kämen wir denn da hin?!«

»Was sollen wir tun?«

»Wir haben so etwas noch nie erlebt. Wir hatten einmal zu Ostern viertausend Gäste in zwei Zimmern, und wir haben den Virusausbruch überlebt, aber so etwas Verrücktes hat es noch nie gegeben.«

Sie servieren uns Waffeln. Wahrscheinlich begreifen sie, dass das die einzige Möglichkeit ist, uns loszuwerden. Die Waffeln sind übrigens wirklich gut. Die besten der Welt wäre vielleicht gelinde übertrieben, aber absolut knusprig und sehr gut. Da sind wir uns alle einig. Aber es kann daran liegen, dass wir zu lange im Fjell gewesen sind und vergessen haben, wie gewöhnliches Essen schmeckt. Und es kann auch daran liegen, dass der Koch *kabaret* in den Teig gerührt hat.

Wenn du auf einer Vidda auf Skitour bist, kann es witzigerweise passieren, dass du anfängst, Songs zu summen, die auf die eine oder andere Art davon handeln, was du gerade tust. Und dabei denke ich nicht daran, dass »Der frohe Wandersmann« in gewissen Abständen immer mal wieder auftaucht. Mir geht es um etwas anderes. In der ersten Pause reden wir darüber, was wir summen und singen, wenn wir so in unserer eigenen Welt unterwegs sind.

»*It's a long way to Tipperary,* ehrlich gesagt.«

»Jesses.«

»Ich weiß. Ich bin selbst schockiert.«

»*Over the hills and far away.*«

»Natürlich!«

»Seit wir die Hütte verlassen haben, habe ich gesungen *He ain't heavy, he's my brother.* Und ich habe keine Ahnung, warum.«

»Vermutlich, weil es mit den Worten beginnt: *The road is long, with many a winding turn.*«

Wir schauen auf die Loipe vor uns. Sie ist lang. Hat viele Kurven. Wir nicken.

Und dann summen wir *He ain't heavy, he's my brother,* nachdenklich und mehrstimmig. Und nicht besonders schön.

»Okay«, sagte die Dokubeauftragte. »Aber kann einer von euch mir erklären, warum ich das Kirchenlied *Näher, mein Gott, zu Dir* summe?«

Darüber wollen wir lieber nicht nachdenken.

Besonders nicht die SAB, die angefangen hat, sich ernstlich über die lange Abfahrt Sorgen zu machen, die vor uns liegt. Wir müssen hinunter ins Tal. Zwangsläufig muss es zu irgendeinem Zeitpunkt abwärtsgehen. Aber die Wirtin hat doch gesagt, es sei nicht so steil. Und eigentlich vertrauen wir ihr, obwohl sie ein Mensch der Berge ist. Über die Waffeln hat sie beispielsweise annähernd die Wahrheit gesagt. Und gemessen am Bergfreundestandard ist »annähernd die Wahrheit« wirklich nicht schlecht. Die SAB befürchtet, ihr Schuh könnte mitten an einem steilen Hang den Geist aufgeben. Nicht ganz unbegründet. Was wir vor uns sehen, gleicht verteufelt einem ziemlich steilen und ziemlich langen abwärtsführenden Hang. Einer von uns summt halblaut Bruce Springsteens *I'm going down.*

Doch da unten stehen mehrere Schilder, es ist nicht sicher, dass wir die steilste Partie hinuntermüssen. Es führen Loipen in verschiedene Richtungen.

Hier sind nicht wenige Leute unterwegs, also fragen wir diejenigen, die über Ortskenntnisse verfügen, ob der Weg nach Ustaoset steil ist.

»Aber nein«, sagt der Erste, »der ist sanft und schön.«

Die SAB erzählt, dass sie einen kaputten Schuh habe.

»Null Problem«, sagt ein anderer.

»Ich bin da erst gestern mit einer kaputten Bindung hintergefahren«, sagt ein Dritter.

»Das mache ich jeden Tag.«

»Habe ich gesagt, mit *einer* kaputten Bindung? Ich meinte natürlich zwei. Und ich mache es auch jeden Tag. Sogar im Sommer, wenn kein Schnee liegt.«

»Luxusleben! Ich jage diesen Hang viermal täglich hinunter, das ganze Jahr, ohne Ski, Schuhe und Bindungen.«

»Kinderspiel. Als ich klein war, wohnten wir in einem Badezuber ohne Wasser den ganzen Winter draußen. Jeden Tag mussten wir aufstehen, bevor wir uns hingelegt hatten, den Badezuber ohne Wasser putzen und diesen Hang zwanzigmal hinauf- und hinunterlaufen, nackt, und wenn wir zum Badezuber zurückkamen, was kriegten wir da? Frühstück? Denkste. Wir kriegten Prügel. Wenn wir Glück hatten!«

»Hm. Aber erzähl das mal den jungen Leuten heutzutage, die glauben dir kein Wort.«

»Nein, so weit ist es gekommen. Also, gute Tour weiterhin.«

»Dir auch! Herrlich jetzt hier draußen.«

»Fantastisch, solche Ostern.«

»Grün.«

»Die Seychellen können einpacken.«

Du hast es selbstverständlich schon lange erraten, und du hast die Wortliste vor diesem Kapitel gelesen, weil du ein smarter Typ bist, der die Dinge in der richtigen Reihenfolge liest und nicht wild in einem Buch vor und zurück springt: Es *ist* steil. Es ist sehr steil. Und als wir zu den Schildern kommen, zeigt sich selbstverständlich, dass wir die steilste Partie hinuntermüssen. Und plötzlich kommt jemand in Schussfahrt mit hundert Stundenkilometern die Piste herabgesaust.

Und ja, der Schuh der SAB bricht in der ersten Kurve. So viel zu MacGyver.

Was nun? Mensch oder Maus? Rick Astley oder die Sowjetunion?

Die SAB kann eigentlich nur eins machen. Sie muss die Ski abschnallen und zu Fuß gehen. Auf Schnee geht man idiotisch lang-

sam. Besonders an einem steilen Abfahrtshang, wo Rechtsanwälte in Latex-Overalls vorbeisausen, damit sie in Form kommen, bis sie nach einem Rennen, das nicht das Geringste bedeutet, vor Wut ihre Ski wegwerfen.

Und was sollen wir anderen tun? Wir sind nicht verrückt genug, im Schuss abwärts zu fahren. Mitten auf der Loipe im Schneepflug zu fahren, ist auch nicht empfehlenswert, denn da riskierst du, dass eine Midlife-Crisis in Schussfahrt von hinten auf dich aufprallt. Und dann bekommst *du* was zu hören.

Wir beschließen, im Tiefschnee neben der Loipe zickzack zu fahren. Das ist nicht stilvoll, aber wir halten zumindest in etwa das gleiche Tempo wie die SAB. Wir sind und bleiben eine solidarische Gemeinschaft.

»Aha, du wagst es nicht, Schuss zu fahren? Es ist doch nicht steil!«, sagt jemand im Vorbeifahren zu mir. Ich blicke auf. Sehe einen Rücken. Irgendetwas Bekanntes?

Nein.

»Hab gehört, ihr raucht Zigarillos in der Natur?«
Wer hat das gesagt?

»Du machst dich also lustig über die Namen der norwegischen Berge? Wichtelschniedelwutz? Nixenvagina? Soll das komisch sein? Oder was?«

Ich drehe mich um, begreife nicht, wer das gesagt hat.

»Man soll die Natur respektieren.«

Jetzt sehe ich ihn. Ist es ein er? Ist es der Mann, der uns begegnete, als wir kurz vor Krækkja eine Zigarillopause gemacht haben? Oder ist es die Frau, die uns bei unserer ersten Zigarillopause so giftig angesehen hat? Oder sogar die Frau, die uns in der Abendessenschlange in Finse angemeckert hat? Ich finde, er gleicht allen dreien.

»Die Natur ist launisch«, sagt er. »Und der Abhang ist nicht steil. Und fünfundzwanzig Kilometer ist nicht weit.«

Dann geht er.

»Herrlich jetzt hier draußen. Fantastisch, wenn Ostern so ist wie jetzt. Gibt nichts Schöneres. Wir leben im schönsten Land der Welt, da soll keiner was anderes behaupten, wir haben ...«

Seine Stimme verklingt.

Ein Mann kommt auf mich zu. Er trägt ein Netzunterhemd am Oberkörper und sonst nichts. Er verdrückt eine Portion Lasagne mit Kartoffeln. Er bleibt stehen. Steht da und sieht mich eine Weile an, während er kaut, bevor er dicht an mich herantritt.

»Altes Essen?«, sagt er und hält mir ein Stücke Lasagne mit Kartoffeln hin.

»Nein danke.«

»Solltest du probieren. Ist gar nicht so übel. Es hilft dir zu vergessen.«

»Zu vergessen?«

»Ich habe *kabaret* in der Gesäßtasche, wenn du das lieber möchtest.«

»Nein danke.«

»Ein bisschen Lasagne mit Kartoffeln und eine Portion *kabaret*, und der Abhang ist absolut nicht mehr steil. Ein Stück Schinkenbraten obendrauf, und er wird geradezu flach.«

»Nein danke.«

»Okay. Deine Entscheidung.«

Er verschwindet.

Ich muss sehen, dass ich in die Loipe zurückkomme.

Ich drehe mich um. Nirgendwo sehe ich die Loipe. Und die Dokubeauftragte sehe ich auch nicht, ebenso wenig die SAB oder den Besorgnisbeauftragten. Weit entfernt sehe ich eine Frau mit Schlitten, die langsam vorbeigeht und mich ansieht. Sonst nichts.

Ich blicke hinter mich, vor mich, nach links, nach rechts ...

Wer ist die Person, die dort drüben am Waldrand steht und mich anstarrt?

Ich habe sie schon einmal gesehen.

Ist es ...? Es kann doch nicht ...?

Doch, es ist die Wirtin der Hütte beim Galdhøpiggen. Die behauptete, dass es auf jeden Fall eine schöne Wanderung sei, auch bei null Sicht und Mistwetter. Ja, sie ist es. Sie isst Fleisch und starrt mich an. Sie summt »Der frohe Wandersmann«, glaube ich.

Sie wendet sich ab und verschwindet im Wald.

Und wen sehe ich da hinten? Am Berghang auf der anderen Talseite? Sie sieht aus wie ... Julie Andrews? Die mit Jim Carrey tanzt? Und »Der frohe Wandersmann« singt?

Nein. Das kann nicht stimmen.

Aber jemand singt »Der frohe Wandersmann«. Ich höre es. Es ist ein ganzer Chor. Und er wird lauter und lauter. Ich drehe mich um und sehe eine lange, lange Reihe singender Menschen auf mich zukommen. Einige von ihnen schieben sich Stücke von Schinkenbraten in den Mund. Während des Singens tauschen sie kurze Bemerkungen aus.

»Herrlich jetzt.«

»Fantastisch.«

»Gut, den Körper zu bewegen.«

»Besser wird es nicht.«

»Aber nein, es ist nicht weit.«

Ich erkenne sie alle wieder. Da sind Per und Kari. Und die Freundinnen von gestern. Die, die den Schneescooter genommen hat, ist auch dabei und geht zu Fuß. Die anderen stopfen ihr Fleisch in den Mund. Und sie geht zu Fuß.

Und da ist tatsächlich die Ölplattformgang, die wir im Sommer vor unserer Tour über den Besseggen kennengelernt haben. Ich freue mich und winke ihnen zu. Sie winken nicht zurück. Ich gehe zu einem von ihnen und frage, wohin sie wollen.

»Frag so etwas nicht«, sagt er ernst. »Schinkenbraten?«

Dann gehen sie weiter.

Und da ist die Frau, die in Australien lebt. Und die andere, die in Krækkja auftauchte, nachdem sie dreieinhalb Stunden im Dunkeln gelaufen war. Und der Typ mit seiner Teenagertochter.

Und Herrschaft Erwin, da sind die Kanadier, die wir im Sommer auf dem Besseggen und am Preikestolen getroffen haben. Wo wollen sie alle hin?

Es ist, als wollten sie etwas von mir. Der Kanadier nickt mir zu, als wolle er mich zum Mitkommen auffordern. Frau Kanada zuckt nur mit den Schultern.

Ich folge ihnen. Sie gehen, rhythmisch. Alle murmeln, dass es fantastisch schön und nicht steil und nicht weit ist. Ein Schinkenbraten wird herumgereicht. Es wird gesummt.

The road is long.
Do re mi.
Falleri.
Fallera.

Und dann öffnet es sich. Wir kommen zu einer weiten Ebene.

Und da sind sie. Alle Freunde, die ich im Laufe der Jahre an die Natur verloren habe. Da laufen sie. Sie laufen im Kreis. Alle aus der Reihe, mit der ich hergekommen bin, fügen sich in den Kreis ein. Und laufen rund und rund und rund. Alle grüßen einander die ganze Zeit, als hätten sie sich noch nie gesehen. »Hei! Schön«, sagen sie. Fantastisch. Nicht weit. Nicht steil. Super. Wird nicht besser. Die besten Waffeln der Welt. Dies ist das Leben.

Ich geh zu einem ehemaligen Studienfreund hinüber.

»Jesses, ist das lange her«, sage ich.

»Nein«, erwidert er. »Es ist nicht lange her. *Kabaret?*«

»Warum lauft ihr hier herum?«, frage ich einen anderen.

»Was meinst du?«, antwortet er. »Besser wird's nicht.«

»Aber du warst doch so witzig?«

»Das hört sich nicht nach mir an«, sagt er. »Nimm ein bisschen altes Konfirmationsessen und komm mit.«

»Aber ihr lauft im Kreis?«, sage ich.

»Nein«, erwidert einer, mit dem ich in den Neunzigerjahren

zusammen gearbeitet und gefeiert habe. »Das tun wir nicht. Früher oder später erreichen wir eine Hütte, wo Weiße sich über Blasen unterhalten. Was kann das Leben mehr zu bieten haben?«

»Äh ... mir würde da so einiges einfallen!«

»Nein, würde dir nicht. Komm jetzt mit uns.«

Alle im Kreis reden auf mich ein.

»Komm mit. Es ist so sorglos.«

»Null Problem.«

»Das Leben aussperren.«

»Die Zeit anhalten.«

»Es ist nicht weit.«

»Gleich hier.«

»Fantastisch.«

»Nur in der Begegnung mit der Natur verstehst du, wie klein du bist.«

»Besser wird's nicht.«

»Norwegen ist nicht dafür geschaffen, dass man auf dem Arsch sitzt.«

»Hier sind wir wir selbst.«

»Warum träumen, wenn du das Leben führst, von dem andere träumen?«

»Komm mit.«

»Komm mit.«

»Komm mit.«

Do – a deer, a female deer
Re - a drop of golden sun
Mi – a name I call myself
Fa – a long, long way to run
So – a needle pulling thread
La – a note to follow so
Ti – a drink with jam and bread
That will bring us back to Do, oh oh oh
Do - a deer, a female deer
Re – a drop of golden sun
Mi – a name I call myself
Fa – a long, long way to run
So – a needle pulling thread
La – a note to follow so
Ti – a drink with jam and bread
That will bring us back to Do, oh oh oh
Do – a deer, a female deer
Re – a drop of golden sun
Mi – a name I call myself
Fa – a long, long way to run
So – a needle pulling thread
La – a note to follow so
Ti – a drink with jam and bread
That will bring us Back to Do, oh oh oh
Do – a deer, a female deer
Re – a drop of golden sun
Mi – a name I call myself
Fa – a long, long way to run
So – a needle pulling thread
La – a note to follow so
Ti – a drink with jam and bread
That will bring us back to Do, oh oh oh
Do – a deer, a female deer
Re – a drop og golden sun
Mi – a name I call myself

Falleri
Fallera
Fallera-la-la-la-la-la-la-la

EIN JAHR SPÄTER

EINER VON DIESEN TAGEN

Es ist ein strahlend schöner Tag. Ich fühle es sofort. So ist das jetzt.
    Ich muss raus!
    Raus!
    Ich kann an einem solchen Tag unmöglich drinnen hocken.
    Ich rufe der Dokubeauftragten zu: »Wir müssen raus! Guck mal, wie schön es ist. Raus!«

Ich bin froh, dass wir beschlossen haben umzuziehen. Keine Umstände mehr. Keine Logistik mehr. Jetzt liegt alles direkt vor unserer Haustür. Jetzt brauchen wir einfach nur noch aus dem Haus zu gehen. Warum haben wir das nicht schon vor langer Zeit gemacht? Warum haben wir so viele Jahre vergeudet?
    Raus! Raus!

Wir laufen zur Tür, lassen den Alltag hinter uns, und dann sind wir draußen.
    Ich merke sogleich, wie ich ruhiger werde. Mich am ganzen Körper entspanne. So soll es sein. Ich lächle. Die Dokubeauftragte lächelt.
    Ich hole tief Luft, nehme alles in mich auf.

Ein Bus saust vorbei. Eine Familie redet laut in einer Sprache, die ich nicht verstehe. Jemand lacht über uns.
    Warum haben wir das nicht schon vor langer Zeit gemacht? Es war das einzig Richtige: In eine noch größere Stadt zu ziehen.

Es ist noch früh, aber die Straße ist voller Menschen, die wissen, dass es einer von diesen Tagen ist. Überall, wo ein Streifen Sonne sichtbar ist, stehen die Leute an die Hauswände gelehnt. Die Menschen bleiben mitten auf dem Bürgersteig stehen und wenden das Gesicht der Sonne zu. Leute in Anzügen und Kostümen haben sich im Park auf die Erde gesetzt. Das Pub an der Ecke öffnet die

Türen und Fenster und stellt eine Tafel raus, die mit ganztägigem Frühstück lockt. Eine Gruppe von Handwerkern macht auf einer Bank eine frühe Pause und diskutiert laut über Fußball. Eine Frau fährt im Auto vorbei, sie hat die Fenster geöffnet und spielt superlaute Musik. Sie grinst. Radfahrer haben die Jacken ausgezogen.

So ein Tag ist es, einer von diesen Tagen, an denen man nach der einzigen Lehre leben kann und muss, die es wert ist, aus dem Leben gezogen zu werden: An einem Biergarten in der Märzsonne geht man nicht vorbei.

Wir schauen uns um und gehen dorthin, wo der meiste Lärm und die meisten Leute sind.

UND WO IST DIE STUDIE, DIE DAS BELEGT?

Daran liegt es nicht
Die Angabe zur Wanderlust der Norweger am Anfang des Buches entstammt einer Untersuchung des Statistischen Zentralamts aus dem Jahr 2017 über die Lebensbedingungen in Norwegen.

Wenn ich schreibe, dass fast 80 % meiner Landsleute im Lauf der letzten zwölf Monate eine Wanderung »im Fjell oder im Wald« gemacht haben, dann heißt das, Wanderungen in Wohngebieten, in Parks, in Stadtzentren oder in der Natur im Flachland ohne Bäume zählen nicht.

Die Angaben über die Zunahme des Freiluftlebens in den letzten vierzig, fünfzig Jahren und über soziale Unterschiede bei Outdoor-Aktivitäten habe ich unter anderem der oben genannten Untersuchung entnommen. Auffällig ist, dass die sozialen Unterschiede beim Skilaufen besonders groß sind, vielleicht weil die Skier Geld kosten, doch vielleicht nicht nur deshalb. 33 % der Menschen mit Grundschulbildung laufen Ski, was ja ehrlich gesagt schon eine ziemlich hohe Zahl ist. Bei Menschen mit Gymnasial- und Universitätsbildung liegt der Anteil bei 71 %.

Interessanterweise deutet nicht nur die Zunahme der sportlichen Aktivitäten in den letzten vier Jahrzehnten darauf hin, dass wir mehr Freizeit zur Verfügung haben. Im gleichen Zeitraum ist auch die Nutzung kultureller Angebote kräftig gestiegen. Aus den Angaben, welche kulturellen Angebote im Laufe der letzten zwölf Monate genutzt wurden, lässt sich folgende Entwicklung ablesen: Der Kinobesuch ist von 58 % im Jahr 1991 auf 72 % im Jahr 2016 gestiegen, Theater- und Revuebesuche im gleichen Zeitraum von 44 % auf 50 %, Konzerte von 48 % auf 62 % und das Interesse an Ballett und Tanz hat sich, ebenfalls in dieser Periode, nahezu verdoppelt. Es sieht also nicht danach aus, als könnten wir allein von der Natur leben, wenn wir erst einmal ein Zivilisationsniveau wie das unsere erreicht haben.

Viele Informationen über gesellschaftliche Entwicklungen und soziale Unterschiede im Freiluftleben habe ich in dem 2016 erschienenen Buch »Ute« gefunden (dt. »Draußen«, Fagbokforlaget 2016). Die Autoren kommen zu dem Schluss, dass die Zunahme der Outdoor-Aktivitäten seit den Achtzigerjahren nicht das Resultat einer veränderten Bevölkerungsstruktur ist, sondern sie sprechen vom Anbruch einer neuen Epoche.

Dinge, die ich nicht verstehe

In diesem Kapitel suche ich nach Antworten auf die Frage, ob Natur und Freiluftleben in den vergangenen dreißig, vierzig Jahren den Platz der Religion eingenommen haben. Natürlich mache ich da auch das eine oder andere Späßchen, aber ich habe mir die Antworten auch nicht aus den Fingern gesogen. Es gibt mehrere Untersuchungen, die die skandinavischen Länder weltweit zu den am wenigsten religiösen zählen. Eine von Gallup International, einem der führenden Markt- und Meinungsforschungsinstitute, 2005 in 65 Ländern durchgeführte Untersuchung stufte Westeuropa als am wenigsten religiös in der Welt ein, und Norwegen als am wenigsten religiös in Westeuropa. Im Januar 2018 wertete *The Telegraph* drei Untersuchungen aus den Jahren 2008, 2009 und 2015 aus, in denen Menschen gefragt wurden, für wie religiös sie sich halten, und erstellte eine Rangliste der religiösesten und der am wenigsten religiösen Länder auf der Welt. Schweden und Norwegen nehmen die Plätze vier und fünf der Liste der am wenigsten religiösen Länder ein. Innerhalb Europas liegen sie auf den Plätzen zwei und drei, nur geschlagen von Estland – auch ein skandinavisches Land. Und dass Gott vor dreißig, vierzig Jahren noch einen besseren Stand hatte, zeigt *Norsk Monitor,* eine umfassende Bestandsaufnahme des Wertesystems der Norweger, die seit 1985 alle zwei Jahre erhoben wird. 1985 antworteten über 50 %, dass sie an Gott glaubten, etwas über 20 %, dass sie es nicht täten. 2015 hatte sich das Verhältnis beinahe umgekehrt: 39 % gaben an, nicht an Gott zu glauben, 37 % bezeichneten sich als gläubig.

Ein anderes lustiges Beispiel dafür, wie stark die Menschen sich durch traditionelle, religiös bestimmte Vorstellungen von Familie leiten lassen, bietet die Übersicht von Eurostat über den Anteil der unehelich geborenen Kinder in Europa. Norwegen, Schweden, Island und Dänemark finden sich sämtlich auf der exklusiven Liste von Ländern, in denen die Mehrzahl der Kinder außerehelich geboren werden, und das – bis auf Dänemark – ist schon lange so. Ebenfalls Mitglied in diesem »Klub« ist ein Land aus dem ehemaligen Osteuropa: unser alter nordischer Bekannter Estland. Island belegt seit 2005 einen souveränen ersten Platz.

Erwähnen möchte ich auch, dass ich in diesem Kapitel aus folgenden Büchern zitiert habe:

William Cecil Slingsby: *Norway, the northern playground. Sketches of climbing and mountain exploration in Norway between 1872 and 1903* (man bevorzugte damals Titel, die nicht allzu viel der Fantasie überließen). Edinburgh 1904.

Erling Kagge: *Stille: Ein Wegweiser.* Berlin 2017.

Thomas Thwaites: *Goatman: How I Took a Holiday from Being Human.* New York 2016.

Jon Krakauer: *Into the wild.* New York 1996; dt.: *In die Wildnis.* München 1996.

Das leicht befremdende Ibsen-Zitat entstammt dem Gedicht »Paa Vidderne«, dt. »Auf den Höhen«, hier zitiert nach Projekt Gutenberg.de, Henrik Ibsen: Gedichte.

Die glücklichsten Länder der Welt werden im *World Happiness Report* aufgelistet, der vom United Nations Sustainable Development Solutions Network (puh!) erstellt wird. Im Bericht von 2018 befindet sich der gesamte Norden Europas unter den Top Ten. Die vier glücklichsten Länder sind alle skandinavisch: Finnland, Norwegen, Dänemark und Island. Schweden liegt weit abgeschlagen auf dem neunten Platz.

Wenn wir in Norwegen gern sagen, dass die Vereinten Nationen uns ständig zum besten Land der Welt küren, wird in der Regel auf den *Human Development Index* des UNDPs verwiesen, der Länder nach dem Stand ihrer Entwicklung bewertet. Dort schneiden die Schweiz, Kanada und Deutschland im Allgemeinen gut ab, zusätzlich zu den skandinavischen Ländern. Wahrscheinlich nicht, weil dies (mit Ausnahme von Dänemark) zufällig auch Länder sind, in denen die Menschen viel in den Bergen wandern, sondern weil es uns so gut geht, dass wir die Zeit haben, uns mit dergleichen zu beschäftigen.

Ein paar Zahlen des Statistischen Zentralamts Norwegens, die etwas darüber sagen, in welchem Maß wir uns im täglichen Leben von der Natur entfernt haben: In meinem Geburtsjahr 1969 gab es in Norwegen über 150.000 landwirtschaftliche Betriebe, 2010 waren es noch 46.000.

Dass das Wort *boredom* zur gleichen Zeit in der englischen Sprache auftauchte, als die Engländer anfingen, in Norwegen zu wandern, ist natürlich ein lustiger Zufall, vielleicht aber auch doch nicht so ganz zufällig. Als ich Lars Fr. H. Svendsens *Kleine Philosophie der Langeweile* (dt. Ausgabe, Frankfurt 2002) las, was sich natürlich anbietet, wenn man in den Bergen wandern will, stieß ich dort auf die Information, dass der Gebrauch des Wortes *boredom* zum ersten Mal in den 1870er-Jahren registriert wurde. Slingsbys erste Norwegenreise fand 1872 statt. Das nur nebenbei.

Über die Gründung von Den Norske Turistforening habe ich vieles in den Jahrbüchern des Vereins und in den Büchern von Rune Slagstad *(Da fjellet ble dannet,* Oslo 2018) und Per Roger Lauritzen *(Norske fjell og vidder,* Oslo 2011) gelesen.

Indoorberge und Popcorn fürs Lagerfeuer

Dass die ganze Weltbevölkerung in Østfold Platz fände, habe ich der faktenorientierten humoristischen Quiz Show »Brille« entnommen. Aber sicherheitshalber habe ich selbst nachgerechnet. Es stimmt.

Ich werde dir nicht verraten, wie das hier erwähnte Pub in Edinburgh heißt. Du willst nicht dahin.

Nach Jotunheimen, um bekehrt zu werden

Die norwegische Tageszeitung *Aftenposten* forderte ihre Leser 2008 auf, das hässlichste Bauwerk des Landes zu wählen. Den souveränen ersten Platz belegte die Galleri Oslo, die unter anderem das Busterminal beherbergt. Sie wurde ungefähr gleichzeitig mit dem Oslo Plaza eröffnet und gilt als Skandinaviens längste überdachte Einkaufsstraße. Damals war es in Skandinavien wichtig, am längsten und höchsten zu sein.

Das deutsche Original des Liedes *Den glade vandrer* ist *Der fröhliche Wanderer,* nach der ersten Zeile auch *Mein Vater war ein Wandersmann* genannt. Die Musik wurde von Friedrich Wilhelm Möller komponiert, der Text von Friedrich Sigismund geschrieben. Es gibt verschiedene norwegische Versionen.

Do-Re-Mi stammt natürlich aus dem Musical *The Sound of Music* von Richard Rodgers und Oscar Hammerstein.

Das John-Irving-Zitat über das Geräusch eines Menschen, der versucht, kein Geräusch zu machen, stammt ursprünglich aus dem Roman *Witwe für ein Jahr,* in dem ein fiktiver Kinderbuchautor ein Buch zu schreiben versucht. Später gab Irving selbst ein Kinderbuch unter dem Titel *Ein Geräusch, wie wenn einer versucht, kein Geräusch zu machen* heraus.

Die Zahl derer, die jährlich über den Bessegen wandern, stammt von der Webseite www.nasjonalparkriket.no, die diese Wanderung als »obligatorisch für jeden Norweger« bezeichnet.

Die Übernachtungszahlen auf Gjendesheim stammen von der Website der Hütte. Du musst selbst entscheiden, für wie glaubwürdig du sie hältst.

Dass du vom Besseggengrat 400 Meter abstürzen kannst, erfährst du unter anderem auf der Homepage von Visit Jotunheimen, die nicht daran interessiert sein dürfte, Menschen abzuschrecken.

Dass fünfzehn- bis zwanzigmal pro Jahr Menschen Hilfe benötigen, um vom Besseggen herunterzukommen, sagte der Wirt der Gjendesheim-Hütte in einem Interview mit *Aftenposten*.

Das Buch mit allgemeinen Ratschlägen und Tipps fürs Freiluftleben, das so vielversprechend begann, ist *Schöne Wanderung, Handbuch fürs Freiluftleben* von Sigri Sandberg (ja, die mit dem Menschenlärm).

Mehr über den etwas kindischen Streit zwischen Heftye und Slingsby findest du bei Wikipedia oder in dem Buch *Frykt og jubel i Jotunheimen* (Furcht und Jubel in Jotunheimen) von Sigri Sandberg (ja, dieselbe).

Über die Verdoppelung des für Hütten genutzten Areals las ich in einem Artikel von Carlo Aall in der Zeitschrift *Syn og Segn*. In derselben Ausgabe fand ich auch die Geschichte über die Tourismusplaner in Oppland, die glaubten, die Zukunft gehöre den Fjellhotels.

Die Zahlen über Strom- und Wasserversorgung in den Hütten stammen aus einer Untersuchung aus dem Jahr 2014.

Die Informationen über das nicht besonders typische norwegische Jedermannsrecht habe ich auf Wikipedia und auf www.allemannsrett.no gefunden, einer Internetseite der Juristin Marianne Reusch, die eine Dissertation über das Jedermannsrecht geschrieben hat.

Die Angaben zu den Besucherzahlen des Preikestolen verdanke ich www.preikestolen.no. Du kannst selbst entscheiden, ob du ihnen glauben willst.

Ich gehe in mich und ich gehe in die Stadt

Die Diskussion darüber, wie gefährlich die Wanderung zum Gipfel des Slogen ist, wurde im Sommer 2016 in verschiedenen Medien im Nordwesten des Landes geführt. Ich habe sie auf den Internetseiten des regionalen Rundfunksenders *Møre og Romsdal* und in der Zeitung *Sunnmørsposten* verfolgt. Der Mann, der die Debatte anstieß, als er erklärte, die Slogen-Wanderung sei riskant und für kleine Kinder ungeeignet, heißt Jan-Gunnar Hole und ist der Lei-

ter der Alpinen Rettungsgruppe Sunnmøre. Mit anderen Worten keiner, dem die Gefahren in den Bergen unbekannt sind.

Im Abschnitt über die Roboterisierung beziehe ich mich unter anderem auf das Buch *Rise of the robots* von Martin Ford und auf den Bericht *Norway's new jobs in the wake oft the digital revolution* des schwedischen Ökonomen Stefan Fölster. Oder, um ehrlich zu sein: Ich habe seinen zehn Minuten dauernden Vortrag über die Ergebnisse seines Berichts angesehen. Er ist im Internet zu finden.

Zur Hardangervidda, um Leute zu treffen

Der Website von Den Norske Turistforeningen zufolge war die Hardangervidda sowohl an Ostern 2017 als auch an Ostern 2018 die beliebteste Ferienregion im norwegischen Gebirge. Finsehytta war die meistbesuchte Hütte in Norwegen zu Ostern 2017 und Nummer zwei an Ostern 2018. Die Hütte Krækkja war auch unter den ersten fünf.

Das Rick-Astley-Album, das es in Großbritannien 2016 an die Spitze der Charts schaffte, anderswo aber kaum beachtet wurde, heißt *50*, was wahrscheinlich ein Hinweis auf das Alter des Sängers ist. Er hielt sich da ganz an Adele, auch wenn er eine deutlich höhere Zahl nehmen musste.

Drehort für einen *Star Wars*-Film wurde Finse 1979, als dort für *Das Imperium schlägt zurück* Szenen vom Planeten Hoth gedreht wurden. Seitdem pilgern Fans jährlich zu der Veranstaltung *Visit Hoth* nach Finse, sodass es an diesen Tagen nicht unwahrscheinlich ist, Wesen aus anderen Galaxien auf der Vidda zu treffen.

Der Trollpikken fiel tatsächlich im Jahr 2017 einem Akt von Vandalismus zum Opfer. Der drei Meter lange Fels wurde schlichtweg abgehackt, und die Nachricht darüber ging um die Welt. Inzwischen ist er repariert.

Mein Arzt ist Asle T. Johansen und ich habe bei der Arbeit an diesem Buch viel Freude an seinem Buch *Til Sydpolen 100 år etter* (»Zum Südpol. 100 Jahre später«, Oslo 2012) gehabt.

Über die Geschichte der Krækkja-Hütte habe ich mich auf www.ut.no, auf der Website der Hütte selbst und bei Wikipedia informiert, drei Internetauftritte, die sich allem Anschein nach gegenseitig zitieren.

Die von der Königin eröffnete Seilbahn ist der Loen Skylift am Nordfjord. Die Zitate sind einem Artikel darüber auf www.nrk.no vom 23. Mai 2017 entnommen.

Hovden Alpinsenter war das erste norwegische Skigebiet, das 2017 die Helmpflicht einführte und damit Anlass zu dieser Debatte gab.

Dass die Norweger im Allgemeinen nicht der Meinung sind, es sollte erlaubt sein, leicht angetrunken ein Boot zu führen, habe ich einer Untersuchung aus dem Jahr 2017 entnommen, die zeigte, dass über 70 % der Menschen meinen, auf See sollte die gleiche Promillegrenze gelten wie im Straßenverkehr.

Das Zitat darüber, ein Leben zu führen, von dem andere träumen, stammt aus dem Buch *Kunsten å vandre* (»Die Kunst des Wanderns«), das 2018 aus Anlass des hundertfünfzigjährigen Jubiläums von Den Norske Turistforeningen herausgegeben wurde.

Ich habe auch eine Reihe anderer Bücher gelesen, die mir Ideen vermittelt oder Vorurteile bestätigt haben, darunter

Eivind Eidslott: *Helt ute, et skråblick på fjellfolk, skiturer, turistforeningshytter og løping generelt.* Oslo 2014.

Bjørn Gabrielsen: *Vinterkrigen, nordmenns fåfengte kamp mot den kalde årstid.* Oslo 2002. (Ein sehr lustiges Buch. Ich habe ein klitzekleines Zitat aus diesem Buch in meinen Text übernommen. Das ist volle Absicht und als Huldigung gemeint.)

Magnus Helgerud: *Si meg hvor du reiser og jeg skal si deg hvem du er.* Oslo 2018.

Erlend Loe: *Doppler.* Köln 2007.

Erlend Loe: *Slutten på verden slik vi kenner den.* Oslo 2015.

Lars Backe Madsen: *Gullracet, medaljer, makt og mysterier i norsk langrenn.* Oslo 2017.

Agnes Ravatn: *Verda er ein skandale, ei bok om livet på landet.* Oslo 2017.

Peter Wessel Zapffe: *Barske glæder og andre temaer fra et liv under åpen himmel.* Oslo 2012.

Tomas Espedal: *Gehen: oder die Kunst, ein wildes und poetisches Leben zu führen.* Berlin 2011.

Ian McEwan: *Solar.* Zürich 2010. (Ein ungewöhnlich witziger Roman, dessen Hauptperson unter anderem in die Arktis reist, um die Welt zu retten, und schon beim Anziehen seinen Penis in einem Reißverschluss einklemmt. Ein etwas tristes Bild unserer Zeit, denke ich.)

Auch auf den folgenden Websites habe ich mich umgesehen, ohne dass ich sie unbedingt empfehlen möchte:
www.harvest.no, www.ut.no, www.dnt.no, www.fjellforum.no

Die Bilder in diesem Buch sind weitgehend von der Dokubeauftragten aufgenommen worden, ausgenommen das Bild, auf dem sie den Schuh der SAB repariert, das hat vermutlich der Autor selbst gemacht, und die Kinderbilder am Anfang hat sicher die Mutter des Autors geknipst. Das Foto der Stabburtreppe stammt vom Bruder des Autors. Die ganze Familie am Werk! Für die Zeichnungen ist die SAB verantwortlich.

Dank an Arne Flatin, Erland Grev Hesthagen, Tommy Hovde, Jens M. Johansson, Siri Vaggen Kanedal, Berit Susanne Kjølås, Ane Kolberg, Lisbeth Koppang, Morten Lorentzen, Julie Maske, Øyvind Starheim und alle anderen alten, neuen, verlorenen und wiedergefundenen Freunde, die ich vor, während und nach den Touren gequält habe.